—— 编委会 ——

总 主 编：王海燕

副总主编：尹 航　许 浩

总 审 定：武传涛

本册主编：李 杨

王海燕 ◎ 总主编　　尹航　许浩 ◎ 副总主编

播音与主持艺术专业"十三五"规划教材·播音主持实务教程

BROADCAST PERFORMANCE

演播实务教程

YANBO SHIWU JIAOCHENG

中国传媒大学 出版社
·北京·

序

曾志华

2016年中国的传媒生态发生了很大的变化：新媒体发展迅猛，传统媒体陷入困境。互联网有声书的强势来袭使2016年被称作有声出版元年，同时传统媒体则遭遇收听、收视、阅读率下滑，收入下降，人才外流等紧迫问题。业界开始找寻突围之路，学界也开始研究对策，而进行专门教育的高等院校，则思考着包括教材、教程在内的所有教学活动是紧跟一线迅速调整还是墨守成规，变与不变，变在哪儿，不变的又是什么，以及变的"度"如何把握等课题。

山东青年政治学院播音与主持艺术专业的老师们，直面传媒生态急剧变化和专业教材奇缺的现实，围绕有声语言教学总结出"播、说、诵、演"四大基本能力的训练方式，并避开以往教材多以某种具体媒介统领教学的常态，将落点放在了不同类型的节目形态和语言样态上，编写出这套"播音主持实务教程"。望着电脑屏幕上几十万字的书稿，想象着老师们在忙完了白天的教学工作之后，挑灯夜战，在键盘上手指翻飞的情形，我的心里除了感动，更有感慨与钦佩——

是的，这是一个人人都有话筒，人人都是主播，人人都可以是信息传播者的时代，传播生态发生了前所未有的变化。而"所有这一切变化，变革了我们对世界的看法，也改变了我们了解世界的能力"。我们生逢其时！

由此，直面是一种真诚、一种还原，更是一种态度、一种精神。而直面之后的行动，才是真正意义上的责任与担当——向所有为书稿呕心沥血的老师们致敬！

教育，是以现有的学识和经验教化培育人才的工作。教育的本质应该是对人潜能的最大开发。从这个角度而言，播音主持的专业教学，既要将不同类型节目形态、语言样态的基本形式告知学生,又要避免千人一声的单一化。教材、教师、学生是课堂教学活动的基本要素,也是教学质量生成的三种基本要素。因此,我们唯有从教材的编写开始,注重个性化、差异化,小心呵护教材使用者的想象力和创新能力,才能调动学生的自主学习性,使他们成为他们"能够成为""应该成为"的模样。

这些日子,正在上映的印度电影《摔跤吧,爸爸》好评颇多,忽然想起这部电影的男主演阿米尔汗的另一部电影《三傻大闹宝莱坞》,其中有这样一段场景:

课堂上,老教授叫 Rancho 解释"机器"的概念,Rancho 回答道——

"机器是所有能减少人类劳动的事物,任何能简化劳动和节约时间的就是机器。

"今天很热,按下按钮,一阵凉风——风扇,是机器;

"跟千里之外的朋友通话——电话,是机器;

"几秒钟内进行数百万次计算——计算机,是机器;

"我们被机器包围着,从钢笔尖到裤子拉链,拉链,上下上下……"

可思维刻板的老教授却只局限于课本的定义:"机器是由相对运动固定的、相互连接的零件组成的,它意味着能量和动量的相互转换。就像螺丝钉和螺帽,或者杠杆。"

结果,"用简单的、形象的语言表达了同样意思"的 Rancho 被赶出了教室。尽管接下来 Rancho 以近乎反讽的方式巧妙地化解了自己的难堪,但留给我们的绝不仅仅是幽默之后的欢笑。

美国未来学家阿尔温·托夫勒说,第二次浪潮以后,学校崇尚的是"守时、服从、机械地重复作业",教师只是将教材上的知识灌输给学生,学生也只会将教材上的知识"转移"到自己的脑子中去。个人的观点创见、情感交流以及团队协作等,都难以呈现,都被这种"工业化社会的标准化、同步化"所淹没。这是对教材使用的误读和浅读,是教学程式化的一种表现。

本人非常赞同这样一个观点:老师和学生,不是大木桶和小木桶的关系,教学不是大木桶里的水倒一些给小木桶那么简单。老师应该注重培养学生学习的独立性和能动性,还应该关注学生的成长,包括精神的成长和专业的成长。

如果说学习机械制造的工科学生都不应该死记硬背,那么,专门学习有声语言表达的播音与主持艺术专业的学生,则更应该追求语言的鲜活和表达的多样!从他们跨进大学的那一天起,我们的教学就应该遵循因材施教、因人而异的原则,我们的课堂就应该呈现开放包容的气氛,我们的教材就应该是在"变与不变"基础上既有继承又有创新的智慧结晶。

现在,山东青年政治学院播音主持教师团队在原院长武传涛、专业负责人王海燕老师带领下,编写出了这套教材,尽管在框架的构建、体例的完善、行文的严谨以及教学步骤的针对性上还显青涩,还有不少值得推敲、打磨之处,更有待于多轮教学实践的印证。但是,仅从稿件的搜集、案例的采集和相关理论观点的汇集上来看,本教材有着积极的实用价值。这当然也是团队成员殚精竭力付出了巨大心血的结果。

我和海燕相识有七八年了。在她身上,有着浓厚的山东姑娘的特性:美丽大方,热情爽朗,脚踏实地,乐于助人。在一线积累了较为丰富的实践经验后,她毅然来到高校,担负起培育新主播新主持的工作。张颂老师曾经这样要求,作为播音与主持艺术专业的教师应该具有"教学、科研、播音"三位一体的综合能力。海燕是具备了这种能力的,加上她勤奋好学,孜孜以求,相信她会不断地"更上一层楼"!

我很欣赏一位女作家张曼菱,记得她在北京大学的一次演讲中提到,毕业于西南联大的著名物理学家李政道说过这样一句话:西南联大的学生,不是一个模子出来的,每个人都像一粒种子。而教育是配合这个学生的个性来实施的。

是啊,我们的学生本身就是一颗又一颗的星星,身为播音主持专业教师的职责就是把他们安放在星空上那个最适合他们的位置。

为着这份美好又诗意的职业,不忘初心,我们一起同行!

曾志华
2017 年 5 月 16 日

构建播音主持专业核心能力体系

(代前言)

武传涛

一

长期以来,一直有人问我,你们播音与主持艺术专业学什么？我往往觉得难以回答,因为把专业主干课程一一介绍挺啰嗦的。倒是有一位想到高校应聘播音专业教师的年轻人的回答启发了我们,我问她你在大学里都学了些什么,她不假思索地脱口而出:"声台形表啊！"我立刻知道,她所在的学校播音专业是与表演专业紧密联系的。可是,"声台形表"作为表演专业"声乐艺术""台词艺术""形体艺术"和"表演艺术"四门核心课程或者说四项专业能力的简称,简明扼要而蕴含丰富,为很多人所熟知,要用"声台形表"来表述播音与主持艺术专业的学习内容和专业能力显然不妥。不过,"声台形表"的确启发了我们,由此还联想到了京剧艺术的"唱念做打"和相声艺术的"说学逗唱"等一系列的"四字真经"。那我们播音与主持艺术专业可不可以也来一个"四字真经"呢？

在总结概括了大量的播音主持创作实践、分析研究了播音与主持艺术专业的课程体系之后,我们提炼出"播""说""诵""演"四个字,简练、概括地表述播音与主持艺术专业的核心课程和专业核心能力,用以构建播音与主持艺术专业的核心能力体系。

二

播,就是播音,播读,播报,播送,是指播音员、主持人运用有声语言和副语言,通过广播、电视、网络等媒介进行的有声语言传播活动。这是播音员、主持人第一位的专业能力。播,有广义与狭义之分。广义的播音,也称大播音,就是有声语言传播,包括有稿播音和无稿播音,包括新闻性的播报和艺术性的演播。狭义的播音,是典型的播音,只包括有稿播音,是完全以文本为依托的,是要忠实于文本的,是把文字语言转化为有声语言的传播活动,如新闻播音、知识介绍、文稿宣读和纪录片解说。

播,是广播电视媒体传播信息的基本手段,是播音主持人才的基本技能。没有播,电台、电视台就不能称其为电台、电视台;不会播,播音员、主持人就不能算作播音员、主持人。70多年的人民广播事业,造就了许多代表中国气派话语风格的播音艺术家,50多年的播音与主持艺术教育,培养了大批堪称规范的汉语普通话楷模的播音主持人才。

要播好音,必须坚持正确的播音主持创作道路,当好党、政府和人民的喉舌。每一个国家的每一个媒体,都必然会体现国家意志,我们国家也不例外。播音是"党、政府和人民的喉舌",是维护国家利益、弘扬民族精神、传承民族文化、体现时代精神、充满人文关怀的新闻工作。这个认识是不能改变的,忠诚于党、忠诚于国家、忠诚于人民的信念是不能动摇的,必须堂堂正正、理直气壮。在这样的前提下,通过对播音作品的深入理解与感受,通过扎实的语言功力,我们才能完成好播音的任务。

要播好音,必须遵循现代汉语规范,在语音、词汇、语法等方面一定要符合现代汉语普通话的规定,努力承担好推广普通话的责任。这首先是国家法律法规的要求,国家发展建设的需要,同时也是大众传媒广泛信息传播的需要。播音过程中,要力戒语音不正、词汇不当、语法不通的现象,为全社会学习和使用普通话提供示范和表率。

要播好音,必须体现中国气派的话语风格,既庄重大气、掷地有声,又朴实亲切、活泼生动,成为真正的"中国之声"。

要播好音,必须运用有声语言的各种创作手段,体现出审美价值。播音绝不是简单的"念字出声",而是一种创作性的艰苦劳动,要经历"深入理解—具体感受—形之于声—及于受众"的过程,要从有声语言的生存空间进入规范空间,进而提升到审美空间。所以我们反对"千篇一律""千人一声",我们提倡因文而异,因人而异,因情而异,因时而异,努力追求有声语言的美感,给人以"声情并茂""悦耳动听"的愉快体验。

说,就是说话,说明,讲述,谈论,是人们现想现说、用话语表达意思的口语交际。是一种由内部语言转化为外部语言的口语传播活动,包括独白性口语表达和对话性口语表达,是主持人节目中基本的语言表达方式。

说话，因为是现想现说，所以是"即兴话语"，具有"直接性"的特点。说话是口头创作，具有"一过性"，说出去的话收不回来。说话对语境的依赖性强，与听话人的交流感强，语言灵活多变，通俗易懂。说话能够运用丰富多彩的语音、语势、语气、节奏、表情、姿态、手势等口语的特有手段来传情达意。

说话，是播音员、主持人话筒前、镜头前的一种口语表达活动，特别是在主持节目时，是一种高质量的即兴话语，是口语化、自然流畅的表达，是符合语言规范和审美要求的高水平口语。这对播音员、主持人的学识、才华与能力提出了较高的要求：首先，要具有组织内部语言的能力，以历史的积淀、现实的感悟、教育的浸润、经验的积累为基础，在话筒前迅速、有条理地组织内部语言，使在临场发挥中即兴产生的语言动机，具有强烈的目的性、鲜明的倾向性和严密的逻辑性；其次，要有语言外化的能力，能够将内部语言阶段大脑中形成的一些"语点"，按照一定的语法规则，选择恰当的词语，快速地扩展、丰富、编码为完整的句子，顺利完成由"想"到"说"的过程；最后，要有表情达意及调节、整理语言的能力，以良好的声音状态、娴熟的发音和语言表达技巧去传情达意，善于体察受众、营造语境，能及时地对自己的有声语言和副语言进行检验和调整。

诵，就是朗诵，诵读，咏诵，是人们运用艺术语言表达的各种手段将文学作品的文字语言转化为有声语言、艺术地再现或体现出来的创作活动。朗诵是用清晰、响亮的声音，结合各种语言表达手段来完善地表达作品思想感情的一门艺术。朗诵是播音员主持人必备的一种有声语言运用能力，能为增强播音主持的生动性服务，也能直接成为广播电视的节目。

朗诵是以情感人的有声语言艺术，是一种创作活动，是一项复杂的系统性工程。朗诵具有音声性、规范性、文学性、艺术性、综合性、依赖性、创作性、欣赏性、大众性、激励性的特点。朗诵艺术在推广语言规范、促进思想交流、净化人们心灵、开展审美教育、提升双方素养、传承优秀文化等方面，都具有十分重要的作用。

朗诵需要有对文学作品的深入理解与感受。朗诵是一种理清思路、调整心路的艰辛劳动，朗诵者只有在深入理解和具体感受的前提下，让文字作品入脑入心，才能激发起丰富的思想感情，才有强烈的创作、表达愿望。

朗诵需要良好的声音条件和表达技巧。在将文字语言转化为有声语言的艺术创作过程中，朗诵者对文字作品思想内涵的深入理解、其良好的文学修养和艺术素养、对朗诵文本精妙的整体设计，最终都要体现在朗诵者的声音表达上。朗诵者纯正的语音、动听的音色、丰富的语气、变化的节奏等，都是朗诵艺术的魅力所在。

朗诵是训练语言能力的有效手段。从古至今，从小到大，朗诵都是锻炼人们语言能力的重要手段，也是提高阅读质量、汲取文化营养的有效途径。特别是在播音主持人才培养的过程中，朗诵不仅帮助学生提高了思想品德修养和文学艺术素养，还培养了学生"音准、声美、语感好"的专业基础能力，更提升了学生踊跃登台、积极传播的综合素质。

演，就是表演，演出，演播，是通过人的演唱、演奏或人体动作、表情及有声语言来塑造形象、传达情感从而展示技艺、表现生活的艺术。广义的表演，涵盖所有的表现情节或技艺的演出；狭义的表演只指表演者面对观众扮演角色并通过舞台行动而创造人物形象的过程。从播音主持人才培养的角度来看表演，既有广义上的，也有狭义上的，强调播音员、主持人的声音表演能力，或称演播能力，是播音员、主持人适应媒体发展需要、丰富广播电视节目内容不可或缺的专业能力。

演，就是要感情投入地去扮演、表演。在播音员、主持人的工作中，会演播寓言童话、长篇小说，会演播广播剧，会给影视剧、动画片、广告配音，需要其懂得表演艺术特点和规律，掌握必要的表演技巧，善于二度创作乃至三度创作，否则就无法向受众提供高质量的艺术作品。

演，要求播音员、主持人多才多艺。艺术都是相通的，播音员、主持人既是新闻工作者，也是文艺工作者，播音主持艺术也是在向姊妹艺术的学习借鉴中，发展成长起来的。播音员、主持人不是演员，但应当具有演员的素质，或会演小品，或会说相声，或会唱歌跳舞，或会演奏器乐，多才多艺的主持人总是受到人们欢迎的。

演，就是要尽快适应媒体发展的需要。随着经济、社会的发展，人们精神需求的提高，科技的进步，新媒体时代的到来，逼迫以广播电视为代表的传统媒体在变革中求发展，形式更加丰富多彩，内容更加活泼生动，这给播音员主持人提出了更高的要求。特别是综艺娱乐类电视节目日益增多，只有具有表演能力的主持人才能熟练地驾驭节目，与嘉宾和观众形成良好的互动。

需要强调的是，我们把"演"作为播音员主持人的一项专业能力，绝不是要把学生培养成演员，也绝不是要否定新闻传播的真实性。我们希望播音员、主持人在播音主持创作中能够借鉴好、运用好表演艺术的元素，丰富播音主持艺术的手段，提高播音主持的质量。我们坚决反对矫揉造作、故作姿态、拿腔拿调、生硬蹩脚的表演，也不允许在新闻类节目的播音主持中表演。

三

"播说诵演"四者之间的关系,不是简单地平等并列关系,而是有着严格的逻辑顺序区分的。"播"是老大,占有主导地位,最具代表性,主持日常工作;"说"是老二,与老大相辅相成,时常替代老大主持工作;"诵"是老三,是为"播""说""演"提供支持和帮助的;"演"是老四,最具节目样态发展的适应性,能为老二、老三提供支持。"播""说"重在体现播音主持艺术的新闻性,"诵""演"重在体现播音主持艺术的艺术性。我们采用这种比拟的表述,无非是想说明"播""说""诵""演"四项专业核心能力是有主次之分的,是教、学、做过程中必须注意的。

播音与主持艺术专业的实践教学体系,要充分体现"播说诵演"四种专业核心能力的培养,就应当有配套的课程、配套的教材和配套的专业实践活动。按照这样一个思路,我们山东青年政治学院播音与主持艺术专业组织编写了"播音主持实务教程"这套实训教材,分为"播""说""诵""演"四册,分别叫作《播音实务教程》《主持实务教程》《朗诵实务教程》和《演播实务教程》。主要供学习了语音与发声、播音主持创作基础等课程的高年级学生训练播音主持业务能力使用,也是在职播音员、主持人提高业务能力的重要参考书。

希望我们的大胆尝试,能为构建播音主持专业核心能力体系奠定基础,能为播音主持艺术界的同仁们带来启发,能为中国的播音主持教育事业作出积极的贡献!

目 录

第一章　表演基础训练 / 1
第一节　理论概述 / 1
　一、什么是表演 / 1
　二、表演的特性 / 1
　三、表演的实质 / 2
　四、解放天性 / 2
　五、表演交流 / 3
第二节　练习分析 / 4
　一、规定情境动作练习 / 4
　二、无实物动作练习 / 4
　三、有目的动作练习 / 5
　四、想象练习 / 5
　五、改变物体练习 / 6
　六、故事接力练习 / 6
　七、动作接力练习 / 7
　八、传递"怪相"练习 / 7
　九、交流练习 / 7
　十、动物模仿练习 / 8
　十一、照镜子练习 / 8
　十二、物体模仿练习 / 9

十三、"人的一生"成长练习 / 9

十四、性格化练习 / 9

十五、六句话表演练习 / 10

第三节　练习内容 / 10

一、规定情境动作练习 / 10

二、无实物动作练习 / 11

三、有目的动作练习 / 11

四、想象练习 / 12

五、改变物体练习 / 12

六、故事接力练习 / 13

七、动作接力练习 / 13

八、传递"怪相"练习 / 13

九、交流练习 / 14

十、动物模仿练习 / 14

十一、物体模拟练习 / 14

十二、"人的一生"成长练习 / 15

十三、性格化练习 / 16

十四、六句话练习 / 16

第二章　广播剧演播 / 19

第一节　理论概述 / 19

一、广播剧的概念与特征 / 19

二、广播剧的类别 / 20

三、广播剧的构成元素 / 20

四、广播剧的演播 / 21

第二节　示例分析 / 23

示例一　聊斋志异之青梅(片段) / 23

示例二　到北京去放羊(片段) / 27

示例三　希腊棺材之谜(片段) / 32

示例四　随风逝去的日子 / 36

示例五　华胥引之浮生尽(第一集片段) / 43

第三节　　训练稿件　/ 50

　　　　稿件一　一刻不能没有党(第一集片段)　/ 50

　　　　稿件二　正道(第一集片段)　/ 53

　　　　稿件三　因果(第一集片段)　/ 57

第三章　　影视剧配音　/ 64

第一节　　理论概述　/ 64

　　　　一、影视剧配音的概念　/ 64

　　　　二、影视剧台词　/ 64

　　　　三、影视剧配音的技巧　/ 65

第二节　　示例分析　/ 69

　　　　示例一　战狼(片段)　/ 69

　　　　示例二　雷雨(片段)　/ 70

　　　　示例三　奋斗(片段)　/ 71

　　　　示例四　办公室的故事(片段)　/ 73

　　　　示例五　风声(片段)　/ 77

　　　　示例六　芈月传(片段)　/ 78

第三节　　训练稿件　/ 80

　　　　稿件一　炮神(片段)　/ 80

　　　　稿件二　康熙王朝(片段)　/ 82

　　　　稿件三　永恒的爱情(片段)　/ 83

　　　　稿件四　亮剑(片段)　/ 83

　　　　稿件五　花千骨(片段)　/ 85

　　　　稿件六　秋瑾(片段)　/ 86

　　　　稿件七　哈姆雷特(片段)　/ 88

　　　　稿件八　日出(片段)　/ 89

　　　　稿件九　无辜的罪人(片段)　/ 90

　　　　稿件十　原野(片段)　/ 91

　　　　稿件十一　阮玲玉(片段)　/ 92

　　　　稿件十二　雷电颂　/ 93

　　　　稿件十三　第十二夜(片段)　/ 95

稿件十四　虎符(片段) / 97

稿件十五　伪装者(片段) / 98

第四章　小说演播 / 100
第一节　理论概述 / 100
一、小说演播的概念和分类 / 100

二、小说演播的技巧 / 101

第二节　示例分析 / 103
示例一　林海雪原(片段) / 103

示例二　御繁华(片段) / 106

示例三　战争从未如此热血(片段) / 110

示例四　盗墓笔记·青眼狐尸(片段) / 114

示例五　忘川(片段) / 117

示例六　斗罗大陆(片段) / 120

第三节　训练稿件 / 123
稿件一　致我们终将逝去的青春(第一章片段) / 123

稿件二　琅琊榜(第一章片段) / 125

稿件三　斗破苍穹(片段) / 129

稿件四　永不瞑目(片段) / 132

第五章　电视纪录片解说 / 135
第一节　理论概述 / 135
一、电视纪录片的概念和解说类型 / 135

二、电视纪录片解说的备稿 / 135

第二节　示例分析 / 136
示例一　大国崛起(第一集片段) / 136

示例二　独领风骚·诗人毛泽东(片段) / 137

示例三　大美青海(片段) / 139

示例四　故宫(第二集片段) / 142

示例五　小留学生(片段) / 146

第三节　训练稿件 / 149

稿件一　中国通史·贞观之治(片段) / 149

稿件二　舌尖上的中国(第二季第一集片段) / 150

稿件三　敦煌(第一集片段) / 152

稿件四　信仰(片段) / 152

稿件五　复兴之路(第一集片段) / 154

稿件六　抗战(第十二集片段) / 156

稿件七　人民艺术家——老舍(片段) / 158

稿件八　京剧(第一集片段) / 160

稿件九　最后的山神(片段) / 161

第六章　广告配音 / 165

第一节　理论概述 / 165

一、广告配音的概念 / 165

二、广告配音的特点 / 165

三、广告配音的功能 / 166

四、广告配音的要求 / 167

第二节　示例分析 / 168

示例一　食品类 / 168

示例二　饮料类 / 169

示例三　药品类 / 170

示例四　酒类 / 171

示例五　家居类 / 171

示例六　金融类 / 172

示例七　房地产类 / 172

示例八　汽车类 / 173

第三节　训练稿件 / 173

稿件一　食品类 / 173

稿件二　饮料类 / 178

稿件三　药品类 / 181

稿件四　酒类 / 183

稿件五　家居类　/ 184

稿件六　金融类　/ 187

稿件七　房地产类　/ 188

稿件八　汽车类　/ 190

参考文献　/ 193

后记　/ 194

第一章　表演基础训练

教学目标: 认识表演基础理论的发展历史和现实意义,掌握单人小品、双人小品以及多人小品的快速构思和即兴表演。

教学重点: 表演理论与实践的结合。

教学难点: 表演训练中把握细节的分寸感、双人小品的快速构思。

课时分配: 16 课时。

第一节　理论概述

表演是一种用综合表现手段呈现的艺术创作活动,有着独具特色的艺术活动规律。了解表演的艺术创作规律,熟悉围绕表演艺术活动的其他辅助手段,并且将表演创作手法用于演播等有声语言艺术创作,是开设这门课程的目的。

一、什么是表演

表演是由演员面对观众扮演角色并通过舞台行动而创造人物形象的过程。

表演的任务是通过各种载体和丰富的表现手段,来呈现社会众生相,塑造具有鲜明特点的艺术人物形象。

二、表演的特性

1.虚构性

首先要强调的是,无论演员的表演如何真实,都不会改变表演的虚构性。

2.现身说法

表演必须用演员的身体去完成。演员要现身说法,身体力行,要把虚构的当成真实的去做。

3.当众孤独

表演是在当众孤独的状态下进行的。所谓"当众孤独",就是在表演过程当中,表演者从生理到心理的一种化解紧张、达到自然放松的状态。这需要表演者自如控制身体,排除杂念、注意力集中。

三、表演的实质

表演是"三位一体"的创作过程。所谓"三位一体",指的是创作者、创作工具和材料以及创作的结果都统一于演员自身。"三位一体"的特点决定了演员要像音乐家掌握乐器、文学家掌握语言那样去磨炼自身的外部表现工具——形体、五官、声音、语言以及各种外部技能,并掌握一整套表达内心世界及情感的内部心理技巧,还包括演员自身对生活的理解积累及各方面的修养提升等。在表演的艺术创作中,演员一方面塑造人物形象——角色,另一方面又是形象的主人——创作者,两者既矛盾又统一。双重人格是演员表演时所具有的一种独特的心理状态。演员要化身为角色,进入角色的规定情境,过着角色的精神生活;同时演员作为角色的创作者,又时刻监督着自己的表演,驾驭表演角色的整个进程,使其沿着正确的创作目标行进,这就是演员创作角色时的双重生活。

四、解放天性

在表演艺术领域中,首先提出"天性"学说的是斯坦尼斯拉夫斯基。斯坦尼斯拉夫斯基说:"最完善的演员技术也都不能跟那不可捉摸的、难以揣测的、极其细致的天性的艺术相比。"[①]斯坦尼斯拉夫斯基所强调的天性创作,是指演员在表演创作中表现出来的自然、和谐、顺畅的状态,这种状态有创造性的特征,与日常生活中的人的本能性天性有所区别。天性创作符合人的行为的自然和谐规律。

解放天性的训练能使人从自然状态中到当众状态下依然符合行为的自然、和谐规律,做到"心无杂念",解决的是舞台信念感的问题。

---

① 林洪桐.表演艺术教程——演员学习手册[M].北京:中国传媒大学出版社,2000:18.

五、表演交流

1.表演艺术是交流的艺术

表演艺术是建立在剧中人物的彼此交流与自我交流的基础上的。戏剧的技巧就是交流的技巧。交流与适应是演员舞台感觉的重要元素。交流是指演员在表演过程中与对手之间的思想、感情、意志、愿望、动作等的相互传递、相互作用和相互影响,也包括演员的自我交流,某种特殊风格演出中与观众的交流及电影创作中的无对象交流等。交流中,传达和接受的过程是相互交替进行的,演员在表达的同时,也在不断接受。交流必须真实、自然、富有情感。演员要感觉到在言语交流和无言语交流时彼此的内在联系,如果使体验和情感合乎逻辑地联系起来,就会发展成一种交流的力量。交流有外部的形体交流,还有内部的精神交流。

正确的交流建立在对剧本思想内容、事件、规定情境的分析和挖掘上,特别是对人物关系的体验与开掘上,同样的事件与冲突,不同的人物关系会产生完全不同的交流方式与结果,演员要学会运用好台词、潜台词、内心独白进行多种方式的交流。

掌握交流,要做到真听、真看、真感受。表演时,真正看到对方在做什么,听到对方在说什么,从对方的态度反应中接受刺激,感受对方的思想情感,在"活"的交流中,促使自己说出要说的话,做出要做的动作,产生相应的心理活动,使人物"活"起来。著名演员张瑞芳谈她的创作经验时说过:我是非常看重并且依靠对手给我的刺激和交流来获得准确的自我感觉的,并且时时刻刻想引起对方的反应。演员不但要分析人物之间这种互相交流的关系,更重要的是要全身心地感受到这种关系,把这种感情落实到具体人的身上。……我觉得没有真挚的交流,就很难找到感染与适应,只有真正的交流,才能唤起内心的真实感,引发出人物心灵深处的秘密,加深动作的意义,使表演变得真实可信、顺畅自如。……这种具体的、活生生的交流,是我表演上重要的依靠![1]

2.有机交流的"五个阶段"

斯坦尼斯拉夫斯基提出有机交流的五个阶段,分别是:

第一阶段,演员判断周围情况,并选择对象。

第二阶段,走到对象跟前,借助动作和语调等吸引对象的注意。

第三阶段,用眼睛试探对象,与对象产生默契。

第四阶段,把眼神、声音、语言、语调传递给对象,使对象不仅听到、理解到,还要感受到。

---

[1] 林洪桐.表演艺术教程——演员学习手册[M].北京:中国传媒大学出版社,2000:55.

第五阶段,对象给予反应,双方交互传递心灵的潜流。

每一次表演交流都应遵循这五个阶段。这五个阶段并非机械去完成的,而是综合地在一瞬间实现的。

第二节　练习分析

一、规定情境动作练习

演员在组织动作的创作中着力抓"怎么做"。不同演员在分析同一个剧本的同一人物时,对"做什么""为什么"的理解往往大同小异,而"怎么做"却可能完全不同,显示出不同演员艺术水平的高低。"怎么做"涉及最重要的一个命题,就是规定情境。

规定情境分为外部规定情境和内部规定情境。外部规定情境包含三个方面:一是,人物所处的环境、时间、地点(包括时代背景、风俗民俗等)。二是,过去与现在发生的多种多样的事件对人的直接影响。事件的价值是由其对人的命运的影响的深度来判断的。三是,人物关系的构思与处理。事件对人的作用是有限的,而人物关系的作用是无限的、永恒的。

比如说,大街上发生一起车祸,主人公经过出事地点,尽管整个车上二三十人均死亡,但由于死亡的人与主人公没有人物关系,不构成戏,主人公并未改变自己的行为,仅仅觉得今后要注意安全。如果车祸的事件没那么大,仅仅撞伤一个人,但他是主人公的同学或朋友,那么主人公就会停下车,改变行为,构成戏。倘若撞伤的是主人公的妻子、子女,那么就构成强烈的戏剧性。

内部规定情境,即人的精神生活。它的意义和作用更为深刻,因为支配戏剧人物行动的是人的精神世界。

规定情境与动作密切相关,二者相互作用、相互依存,正如斯坦尼斯拉夫斯基指出的:"没有规定情境就没有动作,动作永远是对规定情境的回答。"[①]规定情境是角色展开动作的依据和条件,它制约着角色动作的性质、样式和角色的心理活动。演员创作不能脱离规定情境。

二、无实物动作练习

无实物动作练习,也称为想象物动作练习。

[①] 林洪桐.表演艺术教程——演员学习手册[M].北京:中国传媒大学出版社,2000:74.

无实物动作练习要求学生注意力高度集中,运用敏锐的观察与丰富的想象。这种练习涉及的都是学生十分熟悉的日常生活中的行动,没有复杂的心理内容,适合初学者。无实物动作练习是学生从有意识表演过渡到无意识表演的第一步,使舞台上的行动变成本能。斯氏说过:由于"没有实物,就会促使你们更加细致、更加深入地注意形体动作的性质、对它进行研究"。"无实物练习强制学员从小的真实入手,从微妙的细节入手。""要善于创造小的真实……谁能执行小的形体行动,他就通晓体系的一半。"只有极其精确、细致而自然(近乎下意识)地执行无实物动作,达到技巧尽可能完美的程度,才能起到锻炼演员表演天性的作用。①

无实物动作练习的要求有以下几点:

(1)选择具有外部特征和较复杂程序的动作。要求学员将动作分解为若干小动作、若干程序。

(2)注意力高度集中,做到真实、细腻、准确。

(3)要有信念感,发挥想象力,动作要符合生活逻辑,有分寸感。

(4)通过微妙的表演,反映出一定的生活情趣。

(5)要反复练习,从不准确到准确,从困难到容易,再到流畅、自然、和美,达到动作的"下意识状态"。

三、有目的动作练习

该练习是为了某种有目的的动作能真实而生动。有任务、有目的的动作才是舞台上需要的艺术的动作,也合乎生活的真实性。

比如坐着为了休息一会儿,为了躲藏起来,为了不被人找到,为了听隔壁房间里在做什么,为了观察对面窗子里的人在做什么,为了瞧瞧天上的云,为了在候诊室里等大夫,为了守护病人或睡着的婴孩,为了抽一支好雪茄或烟卷,为了看书、读报,为了观察周围的情况,为了回想起已经忘掉的曲调……

四、想象练习

想象是演员进行形象思维的重要前提。演员正是依据剧本提供的虚构事实和人物,用自己在生活中积累的素材,进入艺术构思的想象过程。舞台上的每一个动作、每一句话,都是想象的结果。想象是演员最重要的创作能力之一,演员在艺术工作和舞台生活中的每一瞬间都离不开丰富而特殊的艺术想象。

---

① 林洪桐.表演艺术教程——演员学习手册[M].北京:中国传媒大学出版社,2000:416.

五、改变物体练习

改变物体练习既锻炼想象、信念，又锻炼感觉。教师给学生一条围巾或一个盒子，让学员将其想象成其他物体，并捕捉拿着这种物体的感觉。练习时十人左右为一组；让一组同学围成圈、站成半圆、站成一队或相对的两队进行传递。要求每个学生马上对传到手中的物品产生信念，调动生活的记忆和创造性的想象，获取真实的感觉与反应。如开始时教师说："这是块刚出炉的烤红薯"，于是烫手的"烤红薯"在学生间传递。教师可继续把它变换为"一个雪球""一条活鲤鱼""一只刺猬""一条刚满月的白色小狗"等。

进行改变物体的练习时要注意以下问题：

(1)教师选择的物品多变而有引发性，使学生的想象更自由丰富。

(2)鼓励学生发挥丰富贴切的想象以及对物品真实的信念和感觉，注重行为逻辑和趣味。

(3)练习过程中，物品的改变不要太快，给每位同学充分的想象、体会的时间。

(4)切忌过火表演，或只用语言来说明。

六、故事接力练习

故事接力是由几个人一起编一个故事。一个人开头，讲到紧要关头，另一个人截住并按自己的思路接着讲下去。

练习时任何形式的开头都可以，能讲到哪里就讲到哪里，故事情节也不必有头有尾，尽量少用些形容词，多用生活化的语言。此外，讲故事的同学要尽可能留出时间来让接力的同学把所讲的故事中的行动细致地表现出来。让学生充分地展开想象把故事演示出来。如果故事讲不下去了，或者故事过于怪诞离奇演不下去了，教师可以让练习先停下来，大家一起找出原因后再进行练习。

一个同学讲故事其他同学可参与表演。例如：讲故事的同学说："在很久很久以前，在一个蛮荒的大森林里"，这时，其他同学就可以展开想象，有的想象自己是一棵大树，有的想象自己是一块岩石，有的想象自己是森林中的野兽等，并且形象地表演起来。讲故事的同学接着说："有一天，有一个猎人来到这个森林里。"这时，有一个同学来扮演猎人，他(她)可以扛着枪，也可以拿刀和弓箭，在同学们扮演的树林中穿行。故事就这样延续下去，当第一个同学讲完一个段落后，他(她)就可以去拍另一个同学的肩膀，被拍肩膀的同学接着第一个同学所讲的故事讲下去。大家就这样一边讲故事，一边把故事演出来。

七、动作接力练习

动作接力练习训练学生多方面的创作能力,比如观察力、判断力、理解力、表现力等。这个练习主要强调注意力集中,首尾贯通。

练习时学生们站成一排。第一个学生用他(她)的肢体做几个动作,这些动作要表明其正在做一件具体的事情。老师根据学生做的情况随时喊停,再由第二个学生展开想象顺着第一个学生的动作往下发展,要符合生活逻辑。依次类推,直到最后一个同学做完,为这件事情收尾。

"其实演员在表演过程当中,经常会碰到这样的问题。临时出现情况需要演员马上做出判断,并下意识地即兴地表演出来。而一些演员会被这种'即兴'所卡住,反而转入一种理性思考,头脑里分析着'下一步我该怎么办'?其实这时演员的表演出现了'断层'。为了解决这个问题,始终保持注意力的高度集中,是必须要做到的。表演的可看性就在于它是一种真实、形象、连贯、感性的表达。理性分析是案头工作,即使中间出现了需要临时判断如何适应的地方,演员也应该凭着自己强烈的自信心和注意力的高度集中,去更加真实、自然、流畅地衔接表演前后的动作。这是作为演员,必须具备的一种极为重要的能力。"[①]

八、传递"怪相"练习

大家围坐一圈,由一人进入圈内做一个节奏鲜明、形体动作幅度较大甚至变形的丑陋而夸张的动作,并发出与这个动作相符的声音。然后,选中一个对象,停留在他的面前,不断重复这个动作。被选中的人应仔细观察"怪相"的一举一动,然后走入圈内将其模仿出来,再从模仿来的动作变化出另一个"怪相"动作,并发出声音,寻找下一个对象……依次类推,直至全部做完。

在别人笑你时,你怎么想的?当时的心理感受如何?为什么这个游戏在做过数轮之后,你不再笑了?有什么原因?那是一种什么感觉?请将这种感觉记下来。

九、交流练习

做交流练习时注意以下几个方面:

(1)设置规定情境与人物关系。

---

① 林洪桐.表演应试手册——芝麻芝麻把门开[M].北京:中国电影出版社,2007:148.

（2）真实地通过动作与语言进行交流，更多地通过动作（含语言动作）交流，防止交待性语言的概念化交流。

（3）按照有机交流的五个阶段进行真实的交流。

（4）逐步从外部交流过渡到内心交流，以至灵魂交流。[①]

十、动物模仿练习

演员的任务是要创造出各种各样、丰富多彩、真实鲜明的人物形象。生活就是表演艺术的源泉，因此，观察生活是演员至关重要的基本功，而模仿又是观察生活获取创作素材的重要手段。观察是模仿的基础，模仿是观察的体现，这二者是相辅相成的。观察与模仿是演员创造的基石，因此，观察能力和模仿能力是演员必须具备的创作素质。动物模仿练习可以训练学生的观察能力和模仿能力。

动物模仿练习有利于学生放松肌体，摆脱拘束，大胆想象。由于动物有鲜明的性格和独特的造型，学生模拟时能较好地掌握特性。模仿动物还能培养学员的幽默感，因为动物的性格与动作中蕴含着喜剧因素和讽刺意味。这种练习不仅培养学生细致的观察力、逼真的模仿力，还能提高学生想象力、形体的表现力、心理的神似力等。

动物模仿练习以 8 至 10 人为宜，抓住动物的特征，并想象这些动物之间可能会有什么样的关系，例如：狼和羊、猫和鼠、猴子和大象、孔雀和乌鸦、狗和兔、蛇和虎等。学生们自由组合，即兴练习，逐渐发展出情节，发生一个个事件。

十一、照镜子练习

1.两人一组

两位学生面对面站立，想象两人之间有一面镜子，甲为镜中人，乙为照镜子的人，乙做一些生活中与照镜子有关的动作，如：梳头、刮脸、化妆等；甲在乙做动作时，进行同步模仿。该练习要求双方默契配合，特别是乙要将自己的每一个动作及动作与动作之间的转换，清晰地传达给甲。为此，有些动作要适度夸张。当甲乙动作、表情、姿态、手势都达到一致、配合默契之后，练习即可结束。甲乙互换，继续再做。

2.四人一组

四人一组做照镜子练习时，两人为镜中人，另外两人为照镜子的人。照镜子的两位学生可以先商量找出一个合理的动作，动作要符合生活逻辑，如理发、帮助

---

① 林洪桐.表演应试手册——芝麻芝麻把门开[M].北京：中国电影出版社，2007：59.

打扮……

3.集体练习

学生分成两组,想象舞台的中线是镜子,一组做照镜子的人,另一组做镜中人。照镜子的人和镜中人要一一对应进行表演。照镜子的多人可以表演一个命题,比如出嫁之前。作为镜中人的表演者们要模仿自己固定对手的动作表情。

4.哈哈镜双人练习

两位表演者面对面站立,甲为照镜子的人,乙为哈哈镜中的人。甲想象自己在一个一个地照哈哈镜,乙则想象每一个哈哈镜中可能出现的形象,如镜中人可能是矮胖、细高、横宽、上身短下身长或上身长下身短等。这个练习的难度在甲身上,因为乙是不断变化着的有趣形象,他可以不受约束地创造哈哈镜中的形象,而甲从开始到结束,都是原模原样,这就要看甲对镜中不断变化的形象的反应是否准确了。因此,做这个练习,对甲来说,是一个考验。

十二、物体模仿练习

模仿物体时,形态要具体、准确、鲜明,并有心理变化,要形神兼备。学生在教师的指导下,想象与模仿某种物体的运动过程。教师要选择运动起来有形体变化的物体来对学生进行训练。

十三、"人的一生"成长练习

学生根据自己对生活的记忆、观察与想象去捕捉、揣摩、把握、体现人一生中不同年龄段的形体感觉及变化。练习时,首先学生以最放松、最舒服的姿势躺在地上闭目养神;然后,跟着教师的引导,寻找、体会不同年龄段的形体感觉。教师的引导要具体、细腻,语速慢些,段落之间要清晰,给学生把握感觉、即兴发展行为的空间。学生要尽力做到在一个成长阶段中感觉的连贯和延伸,有跟着感觉"走"的自由,有动作、有行为、有声音、有语言,也可有即兴的交流与适应。

十四、性格化练习

表演时抓住人物的年龄、职业及性格特征,进行简单的人物造型,并努力将人物间的差距拉开,比如这次出场时是个大款,下次出场成了乞丐;此时出场是个尼姑,彼时出场变成了妓女……总之,塑造的跨度要大。这个练习主要培养学生观察人物、捕捉人物年龄、职业、性格特点的能力,以及"化身"及"塑造"(指扮演角色时,往往需要改变演员所固有的某些形态,使之符合影片中的角色要求。包括改变演员的容貌、形象、声音、外部体态、表情神态、仪表动作、性格习性以及内在气质等)的能力。表演时,首先做到形似,包括对服饰造型的设计及外部形象的塑造,进而要求神似,即对人物心理、气质的塑造。

十五、六句话表演练习

先规定六句话,要求学生演绎出不同规定情境、不同人物关系、不同人物动作、不同情节情调、不同心理状态的小品。只允许说这六句话,不能更改,不能添加,甚至感叹词,顺序也不能变。演员可以通过情境、事件与动作的设置,演绎出千变万化的小品。

做这个练习时要注意以下几点:

(1)根据这六句话展开想象,挖掘和组织规定情境和人物关系及一系列心理动作和外部动作。

(2)这六句话本身决定了规定情境比较尖锐,因此,需构思好冲突及后景戏。

(3)除了把六句话的潜台词表达出来之外,还要挖掘这六句话之间的心理动作和外部动作。

(4)表演要真切,并组织好心理动作,注意表演的节奏。

(5)同样对话可以改变人物关系,也可以改变风格,如喜剧、悲剧等。

第三节 练习内容

一、规定情境动作练习

设置规定情境,完成以下动作:

(1)要钱;

(2)等待。

训练提示:人物的一举一动、一言一行,都是在一定的规定情境中进行的。同样的动作,一旦改变规定情境,则必然使人物动作的方式和心理活动发生相应的变化。

动作要钱。向妈妈要与向爸爸要不一样,向朋友要与向上级要不一样,向宠爱自己的妈妈要与向讨厌自己的后妈要也不一样,这都是因为人物关系不一样。要钱买张电影票,还是为恋人买生日礼物;是立即就需要,还是可有可无,这些情境都制约着动作。

动作"等待"。等恋人与等朋友不一样。时间的紧迫感、环境的不同,动作也不一样。在公园等与在家里等不一样,而在家里,只有自己等和与父母一起等又不一样。因此,演员在创作中对角色的规定情境感受得愈具体、深入、生动、敏锐,动作就愈鲜明、形象、准确、恰如其分。反之,其动作就会流于一般化。

二、无实物动作练习

根据以下选题做无实物练习:包饺子、洗(晾)衣服、炒菜(鸡蛋)、杀鸡或鸭、杀鱼做鱼、修台灯(收音机)、熨衣服、修自行车(打气)、给汽车换轮胎、生炉子、钓鱼、抓鸟、擦(修)皮鞋、扫雪、滚雪球、堆雪人、搓草绳、割草、砍柴、打草鞋、刮胡子、洗脸……

训练提示:鸡蛋炒饭为例,可以设计以下动作:(1)洗好大葱。(2)葱切成葱花备用。(3)打开炉火,并调到合适火候。(4)取出两个鸡蛋,敲开倒入碗里。(5)用筷子搅拌鸡蛋至均匀。(6)取过油瓶,打开盖子,倒进适量的油。(7)油热后,鸡蛋倒入锅中,用铲子炒鸡蛋。(8)鸡蛋熟后盛在碗里备用。(9)再取过油瓶,打开盖子,倒适量的油。(10)油热后,放入切好的葱末。(11)将准备好的米饭倒入油锅里,用铲子翻炒……

三、有目的动作练习

围绕以下动作设计动作练习:
(1)进门;
(2)问候;
(3)站住;
(4)走来走去。

训练提示:进门为了看看亲人和朋友,为了同陌生人认识,为了躲避不愉快的会见,为了吓唬别人,为了偷看房间里的情形,为了接近心爱的女人,为了放进讨厌或危险的人(正在敲门的仇人、陌生人),为了知道门后有没有人。

向大家问候为了表示欢迎,为了表现自己的优越,为了博得欢心,为了拍马屁,为了尽可能不受到注意,为了向所有的人显示自己,为了表示亲近,为了使大家发笑,为了表示自己的哀悼之情……

站住为了隐蔽自己,为了等待轮到自己,为了表现自己,为了站岗,为了更清楚地看到,为了让别人给自己照相,为了监视,为了让位子给朋友,为了不让职位比你低的人坐下,为了表示自己的抗议或委屈……

走来走去为了思考或回忆某一件事,为了消磨时间,为了数脚步或量距离,为了消除愤怒或激动的心情,为了使自己平静下来,为了使自己暖和起来,为了振作精神……

四、想象练习

根据以下题目做想象练习,表演要有层次变化。
(1)看海面上的黑点越来越近;
(2)火车站迎接变心的恋人。

训练提示:看海面上的黑点越来越近,可以想象一个士兵正在海边站岗巡逻,这时在水天相接的地方出现了一个小小的黑点,这个黑点引起了士兵的注意。起先黑点很遥远,看不清是什么东西,但士兵能感觉它正朝自己的方位移动。它越来越近,终于能看清这是一只船了。再近些,看见船上有一个人正向自己招手,直到船快接近岸边时,士兵才看清楚,原来是自己的战友巡逻来了。练习者从头至尾都与自己想象的对象交流,要让大家看到自己视线及内心的变化。

火车站迎接变心的恋人也是情感变化与眼睛表现力的练习。

五、改变物体练习

根据以下题目,做改变物体练习。
(1)报纸的传递;
(2)一次性木筷子的传递;
(3)一条大围巾的传递。

训练提示:报纸的传递:教师拿出一张报纸。第一个接过报纸的学生把它折叠成花束的形状,传给下一位同学时说:"这束'鲜花'送给你,祝你生日快乐!"下一位同学接过"鲜花",又把它叠成顶帽子,给下一位同学戴上,并嘱咐道:"刷墙的时候小心点,别摔下来。"下一位同学又把报纸叠成一支手电筒,交给下一位同学……报纸在传递中,被同学改变成多种多样的物品。

一次性木筷子的传递:教师拿出一双相连的一次性木筷子。拿到筷子的同学把它当作毛笔写起字来,下一位同学立即作出反应,如走到一旁观看。当他(她)接过毛笔后,第一个同学就退到侧面。这时,第二位同学把它想象为指挥棒,指挥起乐队来。接过指挥棒的同学又把它当作蜡烛来点燃……传递过程中,同学们可以把这双筷子想象为笛子、箫、剑、痒痒挠、吸管、梳子等。当教师把相连的木筷子掰开后,同学们又把它想象为毛衣针、羊肉中的钎子、一炷香、飞镖、鼓槌儿、小提琴与琴弓、扬琴的琴竹、刀叉等。

一条大围巾的传递:可以将其想象为哈达、小猫、小狗、炸药、蛋糕、名画、母亲遗留的日记等。

六、故事接力练习

围绕以下命题发挥想象,讲述故事:说一件自己最感动的事、说一件可笑的事、说一件可气的事、赞美自己的一位老师、说一段可怕的经历、夸自己的一个朋友、说段伤心的经历、形容一个生活中所见的印象最深的人、说一段自己最喜欢的表演、说一场激烈的争论……

训练提示: 展开丰富的想象,可以讲怪诞离奇的故事,也可以讲神话故事。一位同学讲完,下一位同学接着上一位同学的故事情节继续讲。

七、动作接力练习

根据以下命题做动作接力练习:

(1)洗手;
(2)打扫房间;
(3)种花。

训练提示: 女生 A 开始表演,她站在水池边,用手打开水笼头洗手。她洗得很仔细,双手轻轻揉搓着,好像在感受水在指间流动的感觉。洗了一会儿,她从旁边拿了块肥皂,沾了点儿水,在手上搓了几下,又把肥皂放了回去,然后,两手交替揉搓。她正准备把手上的肥皂冲掉的时候,老师喊"停",接着由女生 B 继续往下做。女生 B 把手放在水下冲洗干净,然后从旁边架子上取下一条毛巾,用它擦了擦手,又把毛巾放回原处。做到这里,女生 C 将动作接了下去。她把手冲干净,关好水龙头。然后蹲下身子,把双手放进盆里,开始搓衣服。她洗了一会儿,老师叫停。最后是女生 D,她接着洗衣服的动作,把盆里的衣服提起来放下去,又提起来放下去,然后把衣服使劲拧干,最后做晾衣服的动作。这时,老师喊"停",练习结束。

八、传递"怪相"练习

每个人设计"怪相",并传递给下一位同学。

训练提示: 大家围坐成一圈,随意让一人先做一个鬼脸,然后转身让他旁边的人看清楚鬼脸的形状与感觉。第二个人模仿,然后做出下一个鬼脸,再传递给第三个人……依次类推,直至传到第一个人为止。试试将此游戏多做几轮,看看会发生什么变化。

九、交流练习

不规定对话内容,仅规定人物间的任务,进行真实的交流与适应:

(1)甲让乙感到歉意。

(2)甲让乙感到愉快。

(3)甲让乙激动起来。

(4)甲让乙紧张起来。

(5)甲让乙对自己有好感,甚至爱上自己。

(6)甲让乙感到恐怖。①

训练提示:设置规定情境和人物关系。可以设置为情人节,甲乙为恋人关系。甲为乙准备了烛光晚餐、一大束鲜花和礼物,甲设计多种动作和情节,最终达到让乙愉快的目的。

十、动物模仿练习

先模仿一种动物,比如老虎、狮子、大象、老鼠、蛇等。然后,设置不同动物的关系,多位同学共同表演出动物之间的故事。

训练提示:两只羊机智地对付一只想欺负它们的狼,一只机敏的小老鼠戏弄一只又懒又馋的猫等。该练习一方面要求同学们必须在观察的基础上抓住所模仿动物的特征,另一方面要充分展开想象,做到既合情合理,又具体生动。也可采取"拟人化"手法,使动物具有人的情感、人的意志与欲望,如恋爱、妒忌等。同学们可以在寓言故事和动画里寻找到相应的素材,通过想象与创造加以体现。

十一、物体模拟练习

根据以下命题,做物体模拟练习:

(1)一块抹布;

(2)一块口香糖;

(3)一块烤面包;

(4)一个拖把。

训练提示:一块抹布。每位同学都趴在地毯上,想象自己是一块抹布。教师提示:

---

① 林洪桐.表演艺术教程——演员学习手册[M].北京:中国传媒大学出版社,2000:440.

抹布被扔进水里了,在水里被泡开了,整个抹布都浸满了水。同学们把肢体舒展开。**教师提示**:我把抹布搓一搓,仔细地洗。学生们晃动身体,折叠身体,用力摆动起来。**教师提示**:我要把抹布拧干。学生们边收缩边扭动肢体。**教师提示**:我使劲儿拧干抹布。学生们加大收缩与扭动的幅度。**教师提示**:我用抹布擦地。学生们伸直了身体,在地毯上移动着、滚动着。**教师提示**:这块地板特别脏,要用力擦,还不干净,再擦。学生的身体用力地在地毯上蹭着,反复地扭动着、翻转着……

一块口香糖。想象自己是一块口香糖,主人把它扔进嘴里使劲儿地嚼。紧接着,又把它吹成了泡泡,吹得好大好大。"砰"的一声泡泡被吹破了。主人把口香糖吐在了地上。突然,一只脚踩在口香糖上,口香糖粘在了鞋上。这个人好不容易才把口香糖弄了下来。最后,它被扔进了垃圾筒里。

一块烤面包。每位同学都是一盆面粉,师傅开始和面,他不停地加水、加盐、揉面、使劲地揉。面和好后,做成了各种形状的面包:有牛角的、圆的、圈状的、椭圆的、棍形的、花的,等等。它们都被放进了烤箱里,随着烤箱温度的升高,面渐渐地膨胀了起来,越来越大……散发着香气的金黄的面包终于烤好了。它们被摆放在柜台上,迎接着顾客的挑选。

一个拖把。想象自己是一个拖把。在教师的指令下模拟洗、涮、拧、拖等的运动过程以及心理感觉和神态。

十二、"人的一生"成长练习

可把人的一生分为胎儿、婴幼儿、青少年、中青年、老年几个阶段。

训练提示:胎儿。我的身体缩呀缩呀,都缩成了一团。这是怎么了?原来,我是在妈妈的肚子里,是个胎儿。我睁开眼睛,伸伸懒腰,又蹬又踹。我一天天地长大,长大……

婴幼儿。我会爬了,我会坐了,我会站起来了,我要走路啦……哇,摔倒了,好疼啊!我会走了,真好!想拿什么就去拿。我会说话啦,这真太有意思了。我又长大了,做游戏、学儿歌……

青少年。我自己去上学。放学了,我们都戴上小黄帽,路队长拿着小黄旗在整队(路队要多一些,可三四人一队)。老师再见,同学再见,我们走出了校门口……

我已经17岁了,是高二的学生,下午放学了,打篮球,骑自行车回家。

我上大学了,大学的生活紧张而多彩。在排演室里……在宿舍……在操场……在校园……

中青年。接着到了30岁,面孔上有了沧桑感……

老年。在幼儿园门口接孙子。

在敬老院里。散散步、打打拳、浇花养草、跳舞扭秧歌……

练习之后,让学生们坐下来静静地想一想,回味一下"自己的这一生"。然后,座谈体会与感受。①

十三、性格化练习

(一)服装、化装造型改变练习

选一个人物,如医生、军官、飞行员、囚犯……用服装、鞋帽改变形象。

(二)改变声音练习

模仿大家熟悉的有特点的人,让大家猜是谁。在电话里学方言,让对方听不出来是谁。

(三)改变形体动作练习

过桥。每人用五至十种不同形象来过桥。目的、动作、速度、节奏、方式、方法都不能雷同。

学十种不同人物的外部动作。要有特点,要自然。

模仿大家熟悉的有特点的人,让大家猜是谁。

十四、六句话练习

根据以下六句话做练习。

甲:你真的要走吗?

乙:是的。

甲:不回来了?

乙:哪能啊。

甲:那就滚吧。

乙:谢谢!

训练提示: 比如恶别。女孩出场,手里拿着酒瓶,略带醉意地走向被捆绑在椅子上的男孩,弯下身子,向昏迷的男孩脸上吹了一下,并泼洒一杯水。男孩惊醒,女孩起身,看着挣扎的男孩。他们对视片刻,女孩说:"你真的要走吗?"男孩努力挣开捆绑,无果,愤愤地回答:"是的。"女孩听后,笑了笑,问:"不回来了?"男孩有点害怕,连连地摇

---

① 崔新琴,霍璇.影视表演艺术与演员的培养[M].北京:中国戏剧出版社,2005:247-250.

头,略带敷衍地回答:哪能啊。(音乐起)女孩放下手里的酒瓶,拿起地上的胶布,用嘴撕开,走到男孩身后,用力将男孩的嘴封上。男孩闭眼挣扎,女孩不理睬男孩的反抗,走到桌子前,一只手缓缓拿起两人的合影,举向男孩,另一只手拿着打火机,将照片烧掉。

随后,女孩愤怒地奔向男孩,从身上掏出一把刀,架在男孩的脖子上。男孩痛苦地闭上眼睛。女孩坐在男孩腿上,从腰上解下一条丝巾,蒙在男孩的眼睛上,然后用刀从男孩脖子划到胸前。

最后,女孩起身,解开男孩身上捆绑的绳子。男孩惊恐地起身,环顾四周。女孩失落地走到桌前,拿起另一张两个人的合影,看了看,将全部的痛苦爆发出来,并扔掉了合影喊道:"那就滚吧。"女孩跪倒在地痛哭。

男孩慌忙拾起地上的东西,准备离开的时候,看到了地上的丝巾,慢慢地捡起,走到女孩背后,将丝巾围在女孩的脖子上,并最后拥抱了女孩,说:"谢谢!"女孩抬起头,拉住男孩的双臂,两人不舍地告别。

男孩毅然转身,带戏下场。

女孩绝望地低下了头。

比如斥别。厕所女管理员穿着军大衣,手里拿着一大串钥匙,锁上了女厕所的门,擦了一把鼻涕,在大衣上抹了抹手,坐在了桌子前,把钥匙放在大衣兜里,端起饭盒,大口大口地吃起了面条。这时,一个男人,扭曲着身体,双手扶在下身,扭捏着身子,躲闪着靠近女管理员。他看到女管理员附近的地上有一个塑料袋,拿起来后,走到一个角落里,背对着管理员,准备解手,却发现塑料袋是破的,沮丧地扔掉袋子。他的身子扭动得愈发厉害了,表情也愈发痛苦。女管理员一边大口吃着面条,一边站起来,似乎没有看到旁边的男人,准备离开……男人趁女管理员不注意,迅速跑到了女厕所门口,回头问:"你真的要走吗?"女管理员转身看着他,不屑地回答:"是的。"男人掏出一张20元的人民币,痛苦地闭着眼问:"不回来了?"女管理员见到人民币眼睛顿时一亮,跑过去一把抓住钱,高兴地放在衣服口袋里说:"哪能啊。"一边说一边掏出钥匙,给男人打开了厕所的门,男人着急地又蹦又跳,似乎快要坚持不住了……突然,男人不动了。这时,女管理员已经将门打开,走到男人身边拍了拍他,对他指了指厕所,示意他可以进去。男人却舒服地笑着,似乎在享受着某种感觉,这时忽然发现女管理员好奇地望着他,他脸色顿时沉了下来,抖了抖湿了的裤子,气愤地对着管理员喊道:"那就滚吧!"女管理员全然不顾他的愤怒,只看着手中的人民币,大声回答:"谢谢!"

思考题

1. 什么是表演？表演的实质是什么？
2. 无实物练习的要求是什么？
3. 交流练习的要求是什么？
4. 有机交流的五个阶段是什么？
5. 六句话表演练习要注意哪些方面？

第二章　广播剧演播

教学目标：认识广播剧的发展历史和现实意义，熟悉广播剧的录制流程，掌握广播剧的演播技巧。

教学重点：广播剧的概念、类别及构成要素。

教学难点：广播剧的演播技巧。

课时分配：12课时。

第一节　理论概述

一、广播剧的概念与特征

广播剧是戏剧形式的一种，适应广播的特点，用对白、音乐、音响效果等艺术手段创造听觉形象，展开剧情，刻画人物。有时穿插必要的解说，帮助听众了解剧情。与电视剧、舞台剧相比，电视剧、舞台剧是给人看的，其特征是通过特定环境（真实或艺术化的）、人物形态以及做、念、唱、打等方式，让受众直观地感受人物情感、矛盾冲突，是立体的形象的艺术。广播剧是给人听的，其特征是运用声音手段塑造人物、烘托环境、展现剧情，受众是在听觉与思想情感的转换中理解剧情，是线性的想象的艺术。精品广播剧的生产，从剧本创作到演播都必须把握好和运用好广播剧的基本特征和艺术规律。由于广播剧只有听觉手段，故不宜表现人物众多的场面、复杂而多头绪的情节，要求故事线索单纯清晰、人物集中。

二、广播剧的类别

1. 按样式分类

（1）小说式广播剧：根据小说来取材的广播剧，同时为了满足受众的听觉审美，增强文学性，编导在录制过程中借鉴小说中的一些表现手法，用作者的口气介绍、叙述和描写。如《森林里来的孩子》。

（2）话剧式广播剧：广播剧在最初曾有"播音话剧"之名。剧作者大多是从事话剧创作的作家，因此剧本也继承了话剧的许多特点。如剧中人物少、冲突尖锐、场景集中、戏剧性比较突出。

（3）电影式广播剧：除了电影录音剪辑，广播剧的录制借鉴电影蒙太奇的表现手法，丰富广播剧的表现力。如场景的变换用音乐、音响或画外音进行切换，避免了话剧式单一场景。

（4）戏曲式广播剧：戏曲广播剧既是戏曲又是广播剧。这种样式的广播剧在艺术处理上，保留了戏曲中的一些程式化的表现手法。

（5）音乐式广播剧：集中而完整地介绍作曲家的生活道路和音乐创作实践中富有戏剧性的事件，形成了音乐广播剧。如《莫扎特》《贝多芬的故事》。

（6）纪实式广播剧：有些像电视纪录片。根据现实生活中的真人真事进行创作，并进行大量采访录音，将这些录音用在广播剧当中，这些声音素材具有纪实效果。

2. 按长短分类

（1）单本剧：由单一的情节构成一个完整的故事。它可长可短，短的几分钟，长的几十分钟。如日本作家创作的8分钟的广播剧《回声》。

（2）连续剧：一般根据长篇小说改编，也可专门创作，其情节比较复杂、人物众多、情节多变。采用连续方式播出，就像电视连续剧。

（3）系列剧：是一种结构庞大的剧集。系列就是指若干个剧排列在一起。大体分为两种情况：一种是主要人物贯穿全剧，但每集故事相对完整独立；另一种是故事与人物每集都更新，各个单剧的人物与情节可以完全没有关系。[①]

三、广播剧的构成元素

由于听众只能凭听觉进行欣赏，广播剧以人物对话和解说为基础，并充分运用音

---

① 朱宝贺.广播剧编剧艺术[M].北京：中国广播电视出版社，2001：239.

乐伴奏、音响效果来烘托气氛。人物对话是推动剧情发展的主要手段。演播者演播时要做到吐字清楚圆润，表达准确生动，感情充沛真挚。配乐特色鲜明，波澜起伏，动人心魄。音响效果逼真。解说词应当帮助听众了解剧中情景和人物的动作状态。语言、音乐、音响是广播剧不可或缺的要素。

1.语言

语言分为人物语言和解说语言。人物语言又分为三种：对白、独白、旁白。

对白，即两个或两个以上人物间的语言交流。

独白，即一个人独处时内心活动的表露。

旁白，即现场对他人行为进行评价的语言。

人物语言的作用：性格化的语言能使人物鲜活，戏剧化的语言有戏剧性，提示性的语言能使人听得清楚。人物语言能够显示人物的内心、表现交流情绪。

常见的解说有两种：介绍性解说和自述性解说。介绍型解说常用第三人称。自述型解说用第一人称。

解说的作用：介绍背景、推进剧情、展现人物。

2.音响

音响分为主观音响、客观音响。音响的主要作用是交代剧中的时间、地点，表现人物的形象、动作、情绪、性格和关系，替代解说，转换场景。

3.音乐

音乐分为有声源音乐（写实性音乐）与无声源音乐（写意性音乐）。音乐的作用是描绘环境、景物，烘托气氛，渲染情感，推动情节发展变化，代替语言抒情，衔接转场。

四、广播剧的演播

1.解读剧本

（1）分析剧本：分析剧本的题材和主题，了解全剧，理清人物关系，熟悉人物语言和解说语言，明确规定情境，想象规定情境要具体。

（2）分析角色：分析角色的性格、气质、谈吐，把握人物个性。

2.塑造人物形象应遵循的三个原则

（1）宜少不宜多：指的是人物设置不宜多，这是给编剧提的要求。演播者在演播时只能用声音体现人物的性格、样貌、姿态，一部剧中人物过多，听众难免会混淆。

（2）人物性格必须单纯：即具备一种主要性格特征与一种主导情绪。广播剧是用听觉感知的艺术，只能依赖声音。而声音作用于受众是不具体、不确切的。如果人物性格过于复杂,一般观众很难根据自己的想象、经验来完成最终的人物形象塑造。

(3)在共性中突出个性:广播剧的听众是伴随性收听,所以要特别突出人物个性,要塑造出黑格尔所说的"这一个",才能在最初的几分钟内引起听众对人物的兴趣。①

3.演播的技巧

(1)找准人物基调:把握性格是创造人物的基石。从剧本提供给我们的各种线索中去寻找,活化人物的外貌、内心、行为、习惯、兴趣、经历等各方面,分析出人物个性,进行人物塑造。

(2)注意时代感和地域感:在影视剧中,观众可以从人物化妆、服装造型及舞台背景等方面了解故事发生的时代和地域,而在广播剧中,却只有语言造型这一个途径来体现时代和地域,所以在语言节奏与演播风格上要格外注意。

(3)人物关系恰当:理清不同人物之间的关系。人物关系不同,交流方式也不同。

(4)抓住规定情境:一是准备中分析、想象规定情境要合理;二是演播中始终沉浸于规定情境之中;三是想象规定情境要具体再具体。

(5)注意语言的节奏感及动作性:语言的动作性对于广播剧有着特殊的意义。广播剧需要表演,需要演播者面部表情和模拟的形体动作与语言相配合,由语言表现出动作与情感。

4.掌握录音技巧

(1)与话筒的交流:舞台表演和影视表演是面对观众或对手交流,观众的反应及对手的反应都会刺激到表演者,有利于激发表演者的情感。广播剧演播者主要是与话筒交流。即便有演播对手,也不能直接交流而是通过话筒来完成。

(2)配合音响效果:在广播剧演播中,为了追求音响的真实感,要求演播者自己做些伴随性动效,如打信纸、敲门声等,有时会有专人去做,但需要演播者跟上相应的感觉出声音、气息。

(3)学会接戏和改错:出错后,在衔接处之前进入状态,进入相应的情感和规定情境之中,与前边的戏情绪相接,保持一致。

(4)合理添加水词儿:所谓"水词儿"指原剧本台词中没有而又为演播中表情达意所需,由演播者自己合理添加的简短话语。"水词儿"可以填补和丰富人物语言,要符合人物身份的需要。②

---

① 王雪梅.广播剧史论[M].北京:中国传媒大学出版社,2007:203.
② 罗莉.文艺作品演播[M].北京:中国传媒大学出版社,2003:262.

第二节 示例分析

示例一

聊斋志异之青梅(片段)

出场人物：程堂叔、路人、王阿喜、青梅、王夫人、张介受、侯媒婆

第一幕
【大街上】
【嘈杂的人声】

程堂叔：(高喊)来来来,都来看一看啊！我家青梅年方十五,知书达理,秀外慧中,家里想要婢女小妾的,只要四两银子,您就能把人领走啦！

路　人：(不忍)老程,这不是你家那个狐妖生的侄女吗？她爹刚去世,你这样可不厚道啊！

程堂叔：(理直气壮)卖了怎么了？她后母再嫁,走之前说好人交给我处置。这要是个男娃,我还能指望他给我养老送终,女娃迟早是要嫁人的,我养她我不是傻吗？她那跑了的狐狸娘都说,程家的赔钱货,打了杀了都由程家处置,她不管！

路　人：(自言自语,低声)明明是你家大哥不厚道,嫌人家生不出儿子又另娶他人,才把那狐狸气走的,现在倒把错推得一干二净,(厌恶)呸,一家子都不是好东西！

王阿喜：(怜悯)爹爹,这小姐姐好生可怜,您不是要给我添一个婢女吗？不如我们将她买下来,好不好？

王进士：(慈爱)好好好,都听阿喜的。(向程堂叔,扬声)这个女娃娃我买了！

程堂叔：(讨好)是王进士啊,我家青梅能进您家,真是她上辈子修来的福气啊！(拉着青梅,凶狠)喂,还不过来给王老爷见礼！

【青梅上前】

青　梅：(大大方方)王老爷好,王小姐好。

王阿喜：(开心)你叫青梅是吗？那以后就有人陪着我啦！

【两年后,程府,进比较活泼的背景音乐】

王阿喜：(装可怜)青梅,我特别想吃巷口的那家桂花糕,你替我去买吧。

青　梅：(温顺)好,妾这就去。

王阿喜：(哀求)青梅,先生布置的功课我不会,你替我写了吧。

青　梅：(无奈)好吧,这是最后一次了,下次小姐可要自己做功课。

王阿喜：(耍无赖)青梅,我都绣了一下午牡丹了,你就替我绣一会嘛。

青　梅：(为难)小姐昨日也是这么说的,万一夫人发现了……

王阿喜：(不以为然)若是母亲发现了,我便去找爹爹求情,这下你该放心了吧!

【背景音乐淡出,推门声,脚步声】

王夫人：(怒)好啊,你竟敢对母亲耍花招了!

王阿喜：(不知所措)母亲,我……

王夫人：(威严)青梅,你身为婢女,居然帮着小姐偷懒,太没规矩了!阿喜,你今晚只准吃馒头!青梅关进柴房,两日不得进食!

【柴房,夜晚】

【虫鸣音效,轻轻的推门声,脚步声】

王阿喜：(轻声)青梅。

青　梅：(惊讶)这么晚了,小姐怎么来了?

王阿喜：(得意)今晚有两个馒头,我偷偷给你留了一个,喏!

青　梅：(感激)小姐……

王阿喜：(懊恼)都是我不好,害你受苦了。

青　梅：(愧疚)小姐不必这么说,妾是小姐的婢女,没照顾好小姐当然是妾的责任。

王阿喜：(难过)青梅,你不要这样说。你我相识两年,在我心中,早将你当作自己的姐姐了。

青　梅：(感激)妾也将小姐当作自己的亲妹妹!

王阿喜：(笑嘻嘻)等明日爹爹回来,我就去找他求情,到时你就能出来啦。

第二幕

【第二天,王府大厅】

【喝茶音效,放茶杯的音效】

王进士：(和蔼)青梅的事就算了,下不为例。但是罚还是要罚的,明日便是端午了,我打算给那些房客送些节礼,青梅就负责这件事吧。

青　梅：(恭敬)是。

【张介受家】

【脚步声,敲门声,开门声】

张介受：姑娘有何事?

青　梅：妾是王进士府上的婢女,奉老爷之命,前来给公子送端午节礼。

张介受：(期待)王进士府上？那,阿喜小姐近日可好？

青　梅：(好奇)你认得我家小姐？

张介受：(怀念)有过一面之缘罢了……(回神)呃,在下真是失礼了,怎么能让姑娘一直站在门口呢。家中刚好做了饭食,若不嫌弃就进来随便用一些吧。

青　梅：那便打扰了。

【王府,夜晚】

【虫鸣音效,阿喜走向青梅】

王阿喜：青梅,你从外头回来便一直若有所思的,怎么啦？

青　梅：(微笑)妾今天去送节礼的时候,遇上一位叫张介受的公子。(赞叹)中午用饭时,他吃糠咽粥,父母桌上摆的却是肉食。父亲病重,他亲自侍奉,一点也没有为难的意思。妾觉得,这位公子日后绝非常人,小姐若想找一位东床快婿,他一定是上佳人选。

王阿喜：(害羞)你说的这个人我知道,爹爹也曾提过他,说他勤奋好学,秉性纯良。去年中秋时他来家中拜访,我还见了他一面,确是谈吐出众,一表人才。

青　梅：(试探)那小姐也对他有意了？

王阿喜：(为难)可他只是个穷书生,我怕爹爹不会同意。

青　梅：(胸有成竹)只要小姐点头,妾便与张家商量,找人为你俩做媒。只要夫人找小姐商量时,小姐说愿意结这门亲事,想必老爷和夫人也不会阻拦。

王阿喜：(担心)我还是有些担心,结这样一门婚事,被旁人笑话怎么办？

青　梅：妾的母亲是狐族,自小妾在看相上就颇有些天分。张公子日后必是人中龙凤,小姐尽可放心。

王阿喜：(害羞)那好吧,都听你的。

【几日后,王府】

【鸟鸣音效】

王夫人：(吃惊)你方才说什么？

侯媒婆：老身是替张介受公子来向贵府小姐提亲的。

王进士：张介受……就是租了我家房子的那个张公子？

侯媒婆：正是正是,王老爷好记性。

王进士：(疑惑)张介受怎会到我家来提亲,真是怪事一桩。既是如此,便让人把阿喜叫来,我问问她的意思。

【喝茶音效,二人脚步声】

王阿喜：爹爹,您叫女儿？

王进士:阿喜啊,张介受张公子找人向你提亲来了,爹想问问你的意思。

青　梅:(急忙)禀告老爷,这位张公子人品上佳,且日后必居高位,绝对是佳婿人选。

王夫人:(不满)你一个婢女插什么嘴。(开玩笑的语气)阿喜,这可是你的终身大事,若你愿意一辈子吃糠咽菜,那我便答应这门亲事。

王阿喜:(认真)贫富这种事都是命中注定的。如果一个人注定富贵,那他穷也穷不了多久;若一个人注定潦倒,即便他是世家子弟,也免不了家破人亡。那些富家公子哥沦落街头的也不少啊……(停顿一下,害羞)既然青梅说这位张公子人品出众,想必也是可托付终身之人。

王进士:(吃惊,不满)怎么,你还真打算嫁给那个穷书生?

王夫人:(着急)阿喜,你糊涂了?

王阿喜:(犹豫)我……

王进士:(怒)贱骨头!你是想以后上街讨饭为生吗?丢人现眼的东西,滚!

王阿喜:(羞愤)(哭)呜呜……【跑出正厅】

青　梅:(急)小姐!【追出去】

示例分析:(1)创作背景:该作品改编自蒲松龄的《聊斋志异》。在《聊斋志异》500余篇作品中,描述女性的作品占一半以上。蒲松龄笔下往返于幽冥仙界的花妖狐魅、精灵鬼怪多具人性,和蔼可亲,大部分是温柔贤惠、美丽多情女性的。《聊斋志异·青梅》中狐女青梅作为婢子深得王进士全家人喜欢,与王阿喜产生美好情谊,同时在自己已经与张介受互生好感之后,还不忘主仆之情,劝王阿喜嫁入张生府中。

(2)人物形象:以剧中主角"青梅"为例。《聊斋志异·青梅》中狐女青梅是由狐母与人结合所生,兼具了狐和人的智慧、美貌,又有过人的胆识、眼光,无所畏惧又善良多情。

①外貌:韶秀狐女,天生佳丽。其绝色容颜,让张生一见倾心。

②性格:聪慧灵秀,善良多情。面对张生的孝顺之举,青梅表现出同情与赏识。当看到张生被拒绝,她又表现出善良多情的一面。同时,青梅又顾念主仆之情。总体来说,青梅具有善良乖巧的性格。

③德行:恪守妇德,深明大义。青梅身世飘零,却没有改变自身乐观向上的个性。进入进士府之后并未自怨自艾,而是忠于职守。几经曲折,嫁于张介受后,她恪守妇德,凭一技之长(刺绣)维持生计,解除丈夫的后顾之忧,使之专心读书。在与身处困厄中的阿喜邂逅后,引之与张生成婚。青梅深明大义,是传统意义上的贤妻。

(3)演播技巧:演播该作品时需要注意理清人物关系,尤其要找准人物基调。该剧是古装剧,在语言处理上应区别于现代戏的语言风格,体现时代背景。狐仙与世人结合所生的青梅具有异于常人的技能,在语言节奏的把握上,应注意青梅社会身份变化带来的时间感和空间感。剧中还有同样青春年少的女性王阿喜,在语言上注意区分。

示例二

到北京去放羊(片段)

出场人物: 阿宝(山宝)、小美(毛丫)、马小强、阿宝奶奶、阿宝妈(常玉凤)、村长(李大山)、周老师、卖菜人、马学文

第一幕

【(外)大山(日)】

绵延的山峦,树木葱翠。一群雪白的羊群在山坡上吃草,高亢悠绵的曲调在山涧回荡……

(阿宝靠在奶奶的怀里,看着远处的山)

阿　宝:奶奶,你说北京有多大?

奶　奶:望不到边。

阿　宝:离俺这有多远?

奶　奶:远着呢,在山那一头呢!咋,你又动啥心眼子呢。

阿　宝:你说北京有放羊的么?

奶　奶:你想啥着呢?北京城里的人吃的羊肉都是从俺们这拉走的!

(阿宝若有所思地看着远方的大山。一个七八岁的小姑娘出现在山脚下)

小　美:哥……村长说上课啦!

阿　宝:你个小丫头敢骗我,村长拿啥上呢?

小　美:村长从北京把老师接来了。

阿　宝:你给我编,村长啥时候去北京呢?我咋不知道?看我不捶你!

(小美转身就跑,阿宝急忙追赶,边跑边喊)

小　美:你敢捶我就告新来的老师。

阿　宝:你就给我跑,我非撵上你!

第二幕(略)

第三幕

【(内)教室(日)】

孩子们兴奋地跑回教室,打打闹闹乱成一锅。

村　　长:都坐好了,我给你们介绍新来的周老师。

(一男生掐了同桌女生一下,女生尖叫)

村　　长:马小强,你个坏娃,放学回去可让你爷爷狠狠捶你一顿。周老师不好意思,娃娃们都没有个人样,你多担待着点!

周老师:没关系,我有准备。

村　　长:周老师是从北京……啥大学?

周老师:师范大学。

村　　长:对,吃饭大学来支教的……

马小强:村长,周老师说的是师范大学,不是吃饭大学,还没到中午呢,你就饿啦!

村　　长:你说啥,书念不好,舌头还嚼得挺烂的。

马小强:你连普通话都听不懂,还怪别人。

周老师:村长,我来说几句。同学们,我很喜欢你们,从今天起,我和你们一起学习,共同生活,你们欢迎吗?

小　　美:老师,你说共同生活,你可以住到我家吗?

(周老师一愣,不知该怎样回答)

马小强:你想的美,你们家穷得叮当响呢,咋让老师住呢?老师到俺们家住?我让俺爷爷天天给你做羊肉臊子面……

阿　　宝:俺们家再穷,也轮不到你笑话,你再欺负俺妹妹,俺就天天捶你!

(俩人搂抱着倒在地上,滚作一团,教室大乱。村长赶忙跑上前拉架,村长气得拧着两人的耳朵出了教室)

村　　长:周老师对不住了,你给娃娃们上课,我到外面教训这两个坏娃。

周老师:村长……村长……

(此时的周老师一脸无奈,她心有余悸,回不过神来,教室里死一般沉寂,有个女生小声地问)

小　　美:老师,上课吗?

(周老师寻声望去,还是刚才的那个女生怯怯地望着自己)

周老师:你叫什么名字?

小　　美:小美。

周老师:很好听的名字,刚才打架的是你哥哥吗?你告诉老师为什么让我到你家住？

小　美：俺娘很久没回家了。

（此时的周敏已泪眼模糊）

周老师：你娘她……？

小　美：俺娘在你们北京挣钱。

周老师：噢！多久没回来了？

（周老师似乎觉得问得不妥，环顾四周，有好些女生都在默默流泪）

周老师：好，同学们，今天我就给你们讲讲北京。庄严辉煌的天安门，人民大会堂，高楼林立的城区，车水马龙、人群熙攘的街道，水立方，鸟巢……

第四幕

【（内）北京（日）】

（北大附近一菜市场，阿宝妈妈提着菜篮子在买菜，给她称菜的是一个十岁左右的小男孩，还有一个八岁大小的女孩在一张小凳上写作业。阿宝妈妈看得钱也忘了给，男孩叫了几声，惊动卖菜的大人）

卖菜人：大妹子是你啊，又来买菜啊？你在王教授家干了有两年了吧？

阿宝妈：两年多了，这俩孩子是你的吧？

卖菜人：是啊！刚从老家接来，在北京上学。

阿宝妈：你真有福气，一家人能在一起！

卖菜人：大妹子你也有孩子？

阿宝妈：和你一样，两个。

卖菜人：多久没回去了？

阿宝妈：来北京后就没回去过！

卖菜人：伺候完老的又伺候小的，你可真不容易！找机会回家看看，娃娃没人管太可怜了！

阿宝妈：嗯，多挣几个钱给娃娃上学么，那我先走了。

第五幕

【（内）村长家（夜）】

村　长：周老师，我们这个村分前山村和后山村，你来的是后山村，这里实在是太穷了！我们的主要粮食就是山芋，交通也不方便。村里的壮劳力大部分进城谋生去了，剩下就是我们这些老弱病残，原村长进城做了包工头，也就是马小强他爹，我这个老村长只好出来管管，唉，难呀！光这些可怜的娃娃就让你操不完的心！

周老师：孩子的父母出去打工是在本省呢还是在外省？

村　　长：哪里都有,南方的,邻省的,还有北京的,山宝兄妹俩的母亲就在北京。

周老师：我正想问问这俩孩子的情况,听说跟着一个瞎眼的奶奶生活?

村　　长：山宝他爷爷死得早,山宝爸爸五年前在山上放羊,一只头羊爬到山尖蹄子被卡进石头缝里,唉!羊没救下来,人却掉了下来,那正是个冬天,乡亲们晚上找到他的尸体都已经冻成冰疙瘩了。唉,那个惨呀!家里唯一的支柱啊,这一走……

周老师：那现在谁照顾这一家老小啊?

村　　长：这几年都是她媳妇,日子也是过得紧巴巴,为给他娘治眼睛,跟上村里人跑到北京去挣钱。这不,一去两年多了没回来过。

周老师：村长,你早点休息吧,我想上阿宝家看看。

村　　长：周老师,你等等,我陪你去,黑灯瞎火的,山路又不平。

第六—九幕(略)

第十幕

【(内)教室(日)】

(上课)

周老师：同学们,我看了你们交来的作业,作文写得最好的是小美,还有好多同学没有交作业,什么原因?马小强,听其他老师说你很少交作业,你能告诉我不写作业的原因吗?

(没交作业的同学都低着头,不敢看老师,其他同学都看着马小强)

周老师：马小强,为什么不回答老师?

马小强：老师,你偏心!

周老师：为什么说老师偏心,你能告诉我吗?

(倔强的马小强梗着脑袋,涨红着脸)

马小强：你在阿宝家住了!还……护着他们!

(咯咯咯咯……周老师笑弯了腰)

周老师：马小强同学,你很可爱!老师是在家访,我已经去过好多同学的家了,他们的爸爸妈妈都不在身边,家里还有病残的老人,老师没有偏心!下礼拜就去你们家,你还有什么问题吗?

马小强：我也让你住到俺们家!

马学文：老师你不要住到他家,他爹是色狼!

(同学们哈哈大笑,惹急了马小强)

马小强：你说啥呢,我才不怕你!下课我跟你单挑。

周老师：马小强同学,说什么呢。马学文同学,以后不许在同学面前揭别人家的短。

马学文:老师,我没骗你!他爹是包工头,在城里找了小老婆,不要他妈了,他妈没脸回村子……

周老师:住嘴,马学文同学,你太不像话了!谁都不许说了。老师知道,老师原先布置的作文可能有些不合适了,你们写不好,老师不怪你们,老师决定换一个题目,题目就叫《我的梦想》。大家回去好好想一想,下个礼拜一交给我。好,那我们就接着上课。请把书翻到第23页……

示例分析:(1)创作背景:随着农村父母离乡进城打工、经商人数的增多,农村留守儿童的人数也在不断增多。调查显示:我国有1.2亿农民常年在城市务工经商,产生了2 200多万义务教育阶段的留守儿童,他们失去父母庇护,面临着失管、失教和失衡,并由此引发了诸多社会问题。同时,目前很多教师因为某种目的才去支教或不能长久坚持,让孩子们无法持续接受教育,经常要经历分别的场面。本剧正是在这样的社会背景下创作的。刚刚大学毕业的小周满怀憧憬,从北京来到山区支教。在这群山环抱、交通闭塞的山区,小周遇到了家庭贫困但心地善良的阿宝一家。阿宝和妹妹小美是典型的留守儿童,母亲去了大城市打工,留下他们和奶奶在一起。阿宝的梦想就是去北京找妈妈。

(2)人物形象:以阿宝为例。留守儿童阿宝是家里唯一的男子汉,父母不在身边,只有一个眼瞎的奶奶"照顾"兄妹两人的学习生活。

①外貌:不重细节,不爱干净,是个一贫如洗的苦孩子。经常跟同学扭打在一起,衣服上沾满灰土。质朴的形象是其最鲜明的外在特征。

②性格:机灵直爽,冲动强势,重感情。班上有同学攻击他和妹妹,二话不说上来就打。强势是为了隐藏软弱空虚的一面。因为爸爸去世,妈妈外出打工,他没有足够的安全感,内心充满自卑。

③德行:心地善良,朴实无华,孝顺。阿宝表面叛逆,内心是一个听话懂事的孩子。他期盼能有老师给大家上课,想去北京找妈妈,甚至去放羊都可以,只有这样他才可以一直待在妈妈的身边。他从小跟随奶奶长大,对奶奶有深厚的感情。奶奶身体虚弱,当奶奶倒下时阿宝紧张害怕,但还是机智地配合村长把奶奶送到医院。小小年纪的他把太多的责任放在心里,慢慢学会自己承担。

(3)演播技巧:该作品带有浓重的陕北特色。农村孩子说一口标准的普通话会让听众感觉不够贴近现实,全盘采用地道的陕北方言又会令人听不懂。因此,可以把在山区里的对话改为略带陕北口音的普通话。在某些特色用语上,可以设计几个具有地域特征的词语。为了区分农村和北京,可以把阿宝妈妈在北京的对话用标准的普通话,这样听众在听觉上可以明确区分对话的地点,增强空间感。

示例三

希腊棺材之谜(片段)

出场人物:奎恩、安磊、伍德拉夫、德尔菲娜·斯隆、吉尔伯特·斯隆、布莱恩、切尼

解说:在美国纽约市宽阔的马路上,一辆银灰色的马车缓缓行驶。驾驶此车的是一个有着蓝眼睛的英俊的年轻人。他深邃的目光给人以精明、干练之感。他是纽约市近年来新露头角的著名的侦探长奎恩。美国许多重大的离奇案件都是经他手破案的。

(突然车上的对讲器响了。"呜呜")

奎恩:hello,我是奎恩。

安磊:奎恩探长,我是安磊,萨俊检察长请您马上赶到54号街,那儿出事了。

奎恩:好,知道了。(挂掉电话)

(警报器响起。奎恩探长打开警报器,以最快的速度赶到纽约偏僻冷静的住宅区——54号街)

安磊:奎恩探长

奎恩:安磊,出什么事了?

安磊:收藏家乔治·卡基斯的遗嘱被盗了。

奎恩:哦,遗嘱被盗了?

安磊:本来副检察官佩珀已经来检查过了,但是萨俊检察长说,卡基斯先生是纽约知名人士,拖得时间长了大家都不好看,所以坚持让您来接手。

奎恩:你带我去看一下。

安磊:好。

(脚步声下)

(电话铃声响,脚步声上)

安磊:我来介绍一下,这是我们的侦探长奎恩先生,这位是迈尔斯·伍德拉夫。

伍德拉夫:奎恩探长,您好。

奎恩:您好。

伍德拉夫:我是卡基斯先生的法律顾问,他的一切法律事务都是委托我经办的,包括他的遗嘱。卡基斯先生上个星期六因心力衰竭去世。我想您在报上已经看到这个消息了吧?

奎恩:是,我看到了。

伍德拉夫:我们昨天下午,为卡基斯先生举行了葬礼。可是就在举行葬礼这么会工夫,卡基斯先生的遗嘱就不见了。

奎恩:啊,遗嘱放在什么地方?

伍德拉夫:就锁在卡基斯先生的书房的保险箱里。

奎恩:您带我们去看一下。

伍德拉夫:好的,请。

(脚步声)

奎恩:伍德拉夫先生,除了卡基斯先生住在这里之外,还有谁住在这里?

伍德拉夫:卡基斯先生的妻子早年就去世了,也没有子女,只有一个妹妹德尔菲娜·斯隆,德尔菲娜的儿子切尼与他们同住。哦,到了,这就是保险箱。

奎恩:安磊,指纹检查过了吗?

安磊:检查过了,副检察长带回去化验。

奎恩:好。伍德拉夫先生您有保险箱的钥匙吗?

伍德拉夫:有。

奎恩:请您把它打开。

伍德拉夫:好的。

("咔嚓咔嚓"开保险箱声)

奎恩:那遗嘱放在什么地方?

伍德拉夫:就放在最上一层的铁盒里。不但遗嘱没有了,就连铁盒一起不见了!

奎恩:哦?那铁盒重不重?

伍德拉夫:不太重,是刚做的,很精致,像个糖果盒那么大。

奎恩:好,还丢了别的东西吗?

伍德拉夫:没有,契约、古代钱币、首饰和现款一件也没有少。

奎恩:那好请您关上吧。伍德拉夫先生,把当事人都请出来见见可以吗?

伍德拉夫:好。

(伍德拉夫下)

奎恩:安磊,都搜过了?

安磊:是的,副检察长带着大家都搜过了,什么也没发现。

奎恩:装遗嘱的铁盒呢?

安磊:也没发现。

(伍德拉夫带着卡基斯的亲戚上场)

伍德拉夫:奎恩探长,我来给你介绍一下。这就是卡基斯先生的妹妹德尔菲娜·斯隆。

德尔菲娜·斯隆:奎恩探长,我真是不幸,哥哥去世了,遗嘱又不见了……

奎恩:不要难过,德尔菲娜女士,我们一定尽力破案。

德尔菲娜·斯隆:谢谢。

伍德拉夫:这位是吉尔伯特·斯隆先生,德尔菲娜女士的丈夫,也是卡基斯先生收藏品总库经理。

吉尔伯特·斯隆:您好。

奎恩:您好先生,你也住在这儿吗?

吉尔伯特·斯隆:是的。和我妻子、儿子都住在这里。住在这里7年。

奎恩:这位年轻小姐?

伍德拉夫:琼·布莱恩,她是卡基斯先生的私人秘书。

奎恩:你好,布莱恩小姐。

布莱恩:你好,奎恩探长。

奎恩:你也住在这儿吗?

布莱恩:为了工作的方便,卡基斯先生给了我一个房间。

奎恩:你是什么时候担任卡机斯先生的秘书的?

布莱恩:半年前。我不是美国人,我是英国人。

奎恩:哦,英国人?

布莱恩:我在大学毕业后,到美国来碰碰运气。看到卡基斯先生招聘秘书的广告,我就来了。卡基斯先生录用了我。

奎恩:好。

奎恩:伍德拉夫先生还有其他人吗?

伍德拉夫:切尼先生呢?他怎么没有来?

德尔菲娜:我去看看,这个孩子!

伍德拉夫:切尼是德尔菲娜女士的儿子,和他们住在一起。

奎恩:好的。

切尼:我不去,妈!

伍德拉夫:好,切尼先生来了。这位是纽约警察局探长奎恩先生。

奎恩:你好,切尼先生。

切尼:(喝醉酒了)你好,你是探长?有什么事?

奎恩:我想了解有关情况。

切尼:你是警察,我什么也不知道,我不想见你。

德尔菲娜:你怎么能这样?

切尼:我没兴趣。

切尼:探长先生我不想见你,我谁都不想见。

奎恩:他是喝醉了,放他回去吧。

切尼:我……没醉,你放我走,我走啦,我这就走。

德尔菲娜:这个孩子,我真没办法,自从我哥哥去世,他就像变了一个人一样。整天喝得醉醺醺的,也不知道他都想些什么,可能是受了刺激了,唉!

奎恩:没什么德尔菲娜女士,那你能不能把情况简单介绍一下?

德尔菲娜:好,卡基斯只有我一个妹妹,再也没有其他亲人了。我和我丈夫商量了一下,决定葬礼事宜委托伍德拉夫先生办理。吉尔伯特,还是你来说吧。

吉尔伯特·斯隆:卡基斯先生生前有个愿望,葬礼从简,也不请其他朋友参加。我们把他这个愿望告诉了伍德拉夫先生。

伍德拉夫:卡基斯先生的安葬事务都是由我组织的,他就安葬在这个房子后面的教堂墓地。这个墓地是卡基斯先生生前自己选定的。

奎恩:啊,那请你把当时的情况详细地介绍一下,细节最好也不要漏掉。

伍德拉夫:那天我们都在卡基斯先生的书房里等着,准备开幕人一来,就举行葬礼。这个时候我想再检查一下遗嘱,于是我当着大家的面把保险箱打开了。

(音乐起)

吉尔伯特:伍德拉夫先生这会你打开保险箱干什么?

伍德拉夫:我想再看看遗嘱。

德尔菲娜:伍德拉夫先生你太仔细了,没有人会动遗嘱的。

切尼:哦,妈妈这个小铁盒很好看。

戴维那:别动!

……

示例分析:(1)创作背景:该剧讲述了一个相当离奇的故事。一位著名的收藏艺术家去世,遗嘱却神秘失踪。随着纽约探长埃勒里·奎恩介入调查,一系列蕴藏着更大阴谋的谋杀也随之展开。埃勒里·奎恩的推理围绕着令人费解的情节层层推进。原著中并没有多少场景的设置,只有大量对话,有关案情的蛛丝马迹往往就隐藏在这些悬念重重的对话中,而剧中人物形象的塑造也正是在案情的逐步推进中才慢慢丰富起来。

(2)人物形象:以剧中主角探长奎恩为例。奎恩具有超群的智慧以及惊人的观察力。他的大脑就像一部精确的计算机,可以在案件中找到的各种线索,抓住别人所无视或者忽视的细节,运用他所拥有的知识对案件进行分析并作出推论,使得案情得以破解。

①外貌:奎恩是一位精力特别充沛、渴望挑战性工作的壮年男子。

②性格:奎恩对于自己的事业拥有满腔热情,用敏锐的洞察力来寻找线索,尝试着打开被警察威利认为毫无头绪而放弃的疑团。

③性情:头脑冷静,机警过人,憎恨罪恶,有责任感。

(3)演播技巧:剧中出场人物众多,仅有名有姓的人物就有近二十人,如何在众多的人物中用声音来塑造人物形象是演播的重点。该剧是外国文艺作品,需要有不同于国内作品的语言节奏,但是又不可以一味地追求所谓的"洋味儿"。理清人物关系也是演播该作品的关键。由于案情的错综复杂,人物关系的盘根错节,都要求演播者在前期细致地排列出人物关系图表,研究人物的社会地位、职业特色。剧中多次出现的不同案发现场,也是典型性戏剧情境的设置,对于不同的规定情境,要注意分析人物语言的动作性和目的性。本剧对于场景的描写不多,由一位旁白来完成简单的交代,更多的情节展示是通过大量的人物对话来完成的,这尤其需要演播者注重对手之间的交流,从各方面营造出悬疑推理的效果。

示例四

随风逝去的日子

出场人物: 雅、蔚、欧文、小杏子

前奏

很多年以后我还依然记得那个冬天。阳光很好。空气中有晒过的棉被暖暖的味道。在每个天晴的日子里,我都会默默地回想起那段老不去的时光,那些——随风逝去的日子。

【空旷的演奏厅,23岁司徒雅单指敲琴键哼曲。手机铃声响起雅接电话】

雅:……

蔚:喂

雅:是蔚吗?

蔚:你好吗?

雅:我……很好。

蔚:要演奏了吧?加油!

雅：嗯……加油！

（电话嘟嘟声……渐远，主音乐起）

雅独白：(23岁的雅声音渐弱，18岁的雅声音渐强)原来时光是会跑的。我曾以为，蔚、小杏子、阿文，我们会一直在一起。可是慢慢的，一个个散在天涯了。蔚应该漫步在英国校园里，抱着一大摞书，对着满地的梧桐叶叹息。阿文呢，在东北的冰天雪地里爽朗地笑，激烈的地辩驳着。可爱的小杏子经常会跟我联系，她说要和我去最南边的海享受阳光沐浴。而我游走在东部许多个陌生而又相同的城市，举办着一场又一场演奏会，让梦想跳跃在黑白色的琴键上……(缓)

其实我一直在想关于爱，回想那些在我生命里闪耀的瞬间，我们欢笑，我们难过，我们吵闹。那是上帝赐予的一幅名为"爱"的画，即使我们老去，即将老去。当再次触碰那些微笑的脸，它们依旧温暖，而友情、爱情，淡化成岁月里一抹七彩的光，照射在我心灵最干涸的土壤上，然后一点一滴地从我的指间流出，成为如水的情感，幻化出最动人的乐章……

蔚，你好吗？你实现了你的梦想了吗？

当华美的叶片落尽，生命的脉络才依依可见。是不是我们的爱情，也会像冬天北方的树干一样清晰、勇敢，而又坚强！

第一幕：相遇

【教室（嘈杂声）】

雅：你们好，我叫司徒雅，来自音乐学院，我和小杏子是同学，也是从小一起长大的。

小杏子：我叫黎杏，叫小杏子就可以了！嘿！胖子，你真叫欧文啊？

雅：小杏子，别这么说话！

文：杏子同学，本人行不改名，坐不改姓。欧文！就是我！还有啊，我也就微胖，能算胖的吗？

小杏子：你还是健壮啊！拜托，我看你都快赛过一头幼年大象了。

文：瞧你个小孩样，没成年装什么大学生。

蔚：司徒雅，你好，我叫蔚蓝，跟你们一样，我和阿文是一起来的。

老师：安静！安静！各位同学，你们好，欢迎你们来到假期演讲与口才训练班来。我姓蓝，记住了！不是男，我是位女士。你们可以叫我蓝老师。我希望在一个月后，在座的35个同学都能学有所成，下面请大家按我点的名字的顺序依次上来做自我介绍。首先是黎杏。

小杏子：你们好，我叫小杏子，我说话的口音比较重，所以希望改好。我的爱好是音乐,很愿意和爱音乐的人做朋友。谢谢。

老师:好,下一个,欧文。

文:欧文!男,不是蓝啊,19岁,未婚!你们叫我阿文吧,不过我喜欢的是篮球,至于为什么取名叫欧文,不清楚原因。来学口才是因为平常废话太多。嗯,好,我完了。不,不,我说完了。

老师:欧文同学,你只要能认真学习,便能够改正。

文:是!男老师!哦不,是蓝老师。

老师:接下来,是,蔚蓝。

文:喂喂,蔚,该你啦!上!

蔚:嗯,我是蔚蓝,平常因为比较内向所以不多话,来学习只想能大声说出自己……就这样,谢谢。

18岁的雅独白:蔚总是很安静的样子,会呆呆地望着天空出神,或是微笑着看阿文和小杏子拌嘴,有时我会在小杏子一边,有时会站在蔚的身边,看他眼里的浮云。那个冬天,我们四个走在了一起,带着不相识又似曾相识的缘分度过了短短的一个月。冬日里的阳光漂浮在每天呼吸的空气里,那时的我们,轻快得像五月的花海,风吹过便有瑟瑟的笑声,追逐的年轻,坚定的目光……

第二幕:爱情

【教室(嘈杂声)】

小杏子:蔚!你怎么老是不讲话的啊?跟个闷葫芦一样。

蔚:我比较喜欢看书。

雅:蔚,今天看的是什么书呢?

蔚:就这个……

文:我来念!我来念!爱情是什么?它是全然的空想,全然的热情,全然的愿望,全然的崇拜、恭顺和尊敬,全然的谦卑,全然的忍耐和焦心,全然的纯洁,全然的磨炼,全然的服从……

小杏子:停、停,拜托,你这人做什么事都这么激动的吗?

雅:小杏子,阿文念得挺好的啊。

蔚:是啊,我就没这样的激情。

雅:蔚你也很棒的,是莎翁的……

小杏子:拜托,什么爱情爱情的,阿文才不懂呢,瞎念的嘞。

文:杏子,你跟我扛上了是吧?

小杏子:怎样!单挑吗?我跟你比五线谱!来不来?

文:行,算你狠,不过有种你跟我单挑篮球,我让你三个。

小杏子:除了篮球你还懂什么呀,你这个文明世界的野蛮人!

雅:小杏子,别闹了。

蔚:阿文,别跟小孩子计较啊。

小杏子:喂喂!闷葫芦!我哪里是小孩啊!哼!

雅独白:爱情,原本是很奇妙的东西吧。在阿文和小杏子的打闹里,我和蔚有了另外的默契,点点滴滴地萌发,蔚也发觉了,然而它只是悄悄长着,一直一直地生长。

第三幕:关于梦想

【麦当劳餐厅内,背景广播声】

蔚:雅,东西都差不多了吧,一会还要买点什么,你再点点看。

雅:嗯,两个帐篷,还有被子。烤肉的工具是阿文带,材料我拿,水果是小杏子负责的。对了,对了,一会再去买点调味料。

蔚:嗯,记得还有喝的啊!

小杏子:雅雅雅雅!报纸上说今晚的流星雨有上百颗流星啊!太棒了!我还没见过啊!要许什么愿望啊!雅雅你有什么愿望啊!

文:杏子,你还是把愿望都写下来吧,别一会都给忘了。

小杏子:这主意倒不错!哎,死阿文,那我也发挥一下我善良的本性,你有什么愿望没,我一起帮你许了。

文:我吗,我倒是没有,要不这样吧,我就愿你早日由女孩变成女人吧。

小杏子:臭屁文!缺不缺德啊你!哼!我跟你说……

雅:哎!小杏子,小杏子,你想不想知道我小时候的梦想啊?

小杏子:嗯?好啊好啊!

雅:呵呵,别笑话我就是了,我小时候最大的梦想就是拥有一个有功能的塑料文具盒。

文:我!我也是,还特别想要一块手表,就是那种液晶的电子表,很便宜的,大概五块钱一个。

小杏子:幼稚!哎?我怎么就没特别记得的梦想啊?蔚,你呢?

蔚:有啊,6岁的时候,我希望长大后能当个卖冰棍的叔叔,这样就有一车的冰棍可以吃了,左手一根,右手一根……

雅独白:这个冬天没有下雪,一个月满是阳光灿烂,但一开始就注定了,只有一个月,蔚要走了,去遥远的国度。生活在日日夜夜的轮回中悄悄演绎,一切都安静地延续着,在这个月里我们享受着简单的快乐,体验着酣畅的生活。走过的每一天,都留下了我们深深浅浅的足迹,那时候,梦想是我们执着的追求。在学习班的最后一天,我们大家约着一起去看狮子座的流星雨,在这之前,我没见过流星,在这之后也就再也没见过,而我们的梦想也许都已一一实现,也许我们的分开就是为了梦想的实现!

小杏子:都几点啦,再不来,我铁定就睡着了啊。

蔚:说是要凌晨两点吧。

阿文:美女啊,星星啊,快出来让帅哥我看一看吧。

雅:再晚些,天空更黑点,也就看得更清楚吧。嗯,还有一段时间呢,要不,我们来讲故事吧,轮着来。

文:好好!这个主意不错,我先来,好,我想好了一个。从前有座山,山上有座庙,庙里有个很老和尚正在和小和尚讲故事……

小杏子:是个很胖的和尚吧!死阿文,有没有搞错,你有点建设性好不好,再这么讲,我们全都给你弄睡着了。

雅:要不,我来讲吧。有一次,国王为美丽的公主开宴会,有个士兵在一旁站岗看到公主经过他面前,他立刻爱上了她,可是一个卑微的士兵,怎能配得上国王的女儿。但终于有一天,士兵勇敢地走到公主面前,说他爱她,并告诉公主没有她他活不下去。公主被士兵的深情感动,她对士兵说:"如果你能等我一百天,并且日日夜夜在我的阳台下等我,一百天之后,我将是你的……",听了这话,士兵在阳台下等,一天,两天,十天,二十天,公主每晚都往外看,士兵仍然屹立通宵,风雨都阻挡不了,一直一直等着……到第九十天时,士兵的全身已经苍白而消瘦,眼泪从眼眶里流出来,他支撑不住了,甚至连睡觉的力气也没有,公主一直注视着他,最后,在第九十九天的晚上,士兵站了起来,转身离开了,他走了……

小杏子:然后呢?

雅:嗯,没有然后了。

小杏子:这就是结局吗?士兵为什么离开了?他为什么不和公主一起?

文:嗯,我觉得这个很真实嘛。什么王子啊,公主啊,从此过着幸福的日子,都是骗你这样从幼稚园跑出来的小孩的,哪有那么完美的啊。

雅:呵呵,告诉我这个故事的人说,总有人会知道士兵为什么离去。

蔚:嗯,我想我知道的。

小杏子、文:是什么?是什么?

小杏子:你不是说这是骗人的么,那你干吗想知道?

文:这叫打破砂锅问到底,懂不懂啊你!

雅:你们俩别闹哦,听蔚怎么说。

蔚:我也是猜的,我想,也许士兵觉得如果到了第一百天,公主不兑现承诺,那他会伤心一辈子,但是只要他在最后一天离开,那公主便会记住他一辈子……

雅:蔚,如果你是那个士兵,你也会这么做吗?

蔚:我没有一百天可以等啊,我过几天就要走了。

小杏子:喂,蔚闷葫芦,你要是走了,不要忘记我们啊,我一定会给你写信的!

文:我也要回东北了,杏子!你会给我写信吗?

小杏子:你搞什么?那么沉闷干吗?得了!得了!你走了也就别回来,祸害党和人民!

雅:都最后一天了,小杏子,不和阿文斗气了噢!

蔚:我会记住你们的,嗯,也会写信。

小杏子:怎么一个月过得这么快啊?雅雅也要去外地学钢琴,你们全走了就只剩我一个了!

文:傻杏子!放心拉,又不是一辈子都不见了。再说……

小杏子:再说什么?

蔚:再说可以写信。

雅:还有打电话,上网啊!

小杏子:嗯,可是你们不在,我还是很难过的,哎……

雅:杏子!杏子!快看!

(进音乐 when Christmas comes to town)

文、蔚:流星!

小杏子:看到了看到了!好多啊!

文:杏子!别傻愣着啊!快许愿!

小杏子:我记录愿望的纸呢?啊!算了!能说几个就几个,你们也来一起喊吧!就像这样!我!黎杏!要成为一个幸福的人!玩遍天下,吃遍天下!还有还有!我要唱很多歌,要让听到我歌唱的人都很幸福!

文:我!欧文!要当一个最能干的律师!惩处罪犯!维护法律!伸张正义!

雅:我!司徒雅!要,要成为钢琴家!办一场最大的演奏会!弹奏自己写的曲子!

蔚:嗯,我!蔚蓝!要到英国去读文学,我要成为一名出色的文学家!

小杏子:我要我们的梦想全都实现!

四人:耶!

文:走!咱们去更高点儿的地方!

雅独白:满天的星光,满天的烟火,满天的快乐,我们带着崭新的希望和憧憬,倾听着彼此的梦想,让思绪摇曳在条条思绪和点点星光之间,守候着一片安宁,也让满天的流星陪着我们,一起守候希望的到来。

(四人欢呼)

结局:实现

【演奏厅】

(嘈杂声:"灯光,音响,准备!司徒雅,准备,演奏会马上开始。")

(安静……脚步声)

23岁的司徒雅:今天,我的梦想实现了。每个人都有梦想。为了追求梦想,我们也许错过了许多东西,但是,我们不曾后悔。因为,有了梦想,我们才懂得飞翔。下面这首曲子,是我写给我的朋友的,献给那些随风逝去的日子。

小杏子:喂,蔚闷葫芦!再见!

文:再见啊!保重!

示例分析:(1)创作背景:这是一个关于青春梦想的故事。这出青春气息浓郁的短篇广播剧,为很多还在纠结于"梦想"二字的青年指明了方向。剧中几个年轻人相识于十八九岁,每个人都有自己的发展方向,每个人都有鲜明的个性,因为一个共同的课外辅导班走到了一起。他们从相识到相知,经历了一段充满欢乐的时光,然后各奔东西,向着自己的梦想努力。剧中的主要讲述人"司徒雅"是个音乐学院键盘专业的学生,她的音乐梦想之路充满了艰辛,但是终于以个人专场演奏会的形式证明了她的成功。

(2)人物形象:以司徒雅为例。这是一个有着浓郁艺术气息的女孩,多年的钢琴演奏生涯,使得她具有异于常人的敏感和细腻。她外表柔弱,但内心无比强大。用声音塑造形象的时候,要柔中带刚,要有一份坚定。

(3)演播技巧:理清几个年轻人之间的关系,比如司徒雅和黎杏是发小,她们之间非常默契。司徒雅的成熟稳重和黎杏的单纯直率,蔚蓝的内向和欧文的开朗,形成鲜明对比。由于是现代戏,跟我们的生活背景非常接近,所以在演播的时候可以多用通感的手段,捕捉我们生活中的点滴感受,找寻我们身边的典型形象。在规定情境方面,主要场景就是大家初识的课堂和演奏会的现场。虽然初次相识的课堂大家都很踊跃,但毕竟是第一次见面,生分和青涩不言而喻;演奏会现场接到电话,此时大家已经是多年的老友,话不必多,寥寥几句便可因默契而很好地传情达意。需要注意的是,在以抒情为主的叙事过程中,要深入挖掘语言的动作性,注意对手之间的情感交流,不要丢掉对手。

示例五

华胥引之浮生尽(第一集片段)

出场人物：宋凝、沈岸、叶蓁、石困困、慕言、柳萋萋、宋衍、沈夫人、沈老爷、老大夫、药店老板、侍茶、老嬷嬷、婢女、龙套

第一幕

【教武场,宋凝与士兵比武】

宋凝：(豪爽)起来！我们再来比试比试！

士兵：(为难)小姐,还要比试啊？

宋凝：那当然。快点起来。凭你现在这种身手,怎么上阵杀敌？

(宋衍走近)

宋衍：阿凝,原来你在这里啊。

宋凝：哥哥。

士兵：将军。

宋衍：这没你的事了,你先下去吧。

士兵：是。

宋衍：(劝哄)哎呀,阿凝,哥哥知道你心情不好,可你也不能拿我的士兵撒气啊。

宋凝：哥,你在说什么呢？

宋衍：我听说,国主想将你许配给丞相府的二公子,结果那浑小子居然敢拒婚。不过,你不必担心,那不识好歹的浑小子,哥哥定有办法叫他非你不娶。

宋凝：(笑)哥哥莫气,王都里的都是些整日泡在温柔乡里斗鸡走狗的纨绔。他们看不上阿凝,就当阿凝看得上他们吗？(豪气)阿凝要嫁,便要嫁当世的英雄。

叶蓁：宋凝在那一年冬天,遇到了命中注定的英雄。她的英雄骑着黑色的马,执一把八十斤的重剑。姓沈名岸,字泊舟。

第二幕

【严冬,战场,桑阳关前。】

宋凝：哥,对面领兵的将领就是沈岸？

宋衍：对,这沈岸也是个厉害人物。

宋凝：(不服气)哼,沈岸的大名,我早就听说过。今天倒要看看,他是否真如传闻中的一般神勇。

宋衍：别胡闹。

宋凝：(不服气)哼。驾！

宋凝：紫微枪宋凝前来领教沈岸沈将军高招。

沈岸：驾！

(单挑,宋凝输,紫微枪被打落)

宋凝：啊！

沈岸：(怔)原是个女子。沈某不与女子动武,你且回吧。

【夜晚,宋凝房间】

宋凝：(学沈岸)原来是个女子,沈某不与女子动武,你且回吧。嘿嘿,沈岸……哥哥也真是的,嫌我给他捣乱,把我留在营地。切,我从小到大上阵杀敌的次数难道还少了？什么时候给他捣过乱了。嗯,也不知道这一仗打得怎么样了。

(敲门,宋凝开门)

宋凝：谁啊？

士兵：小姐,前线刚刚传来喜讯,咱们这场仗赢了！将军马上就要回来了。

宋凝：(开心)赢了？(反应过来,试探)那,沈岸呢？

士兵：这个属下不知。听说姜国五千精兵全军覆没,沈岸也身中数箭,战死了。

宋凝：……我知道了,你下去吧。

士兵：是。

(宋凝在屋里,走来走去,然后找药箱)

宋凝：(慌乱)不可能,沈岸不会死的,不会的,不会的。(下决心)我要去找他。(翻药箱)这些都是上好的伤药,若他没死,我无论如何也要将他救活。(顿一下)若他战死,我就将他亲手安葬,绝不让他成为大漠里无主的枯骨。

(宋凝带上伤药,策马离去)

【去苍鹿野的路上】

宋凝：驾,驾！跑快些,求求你再跑快些,沈岸他等不了的。

(宋凝下马,爬山)

宋凝：吁……(抚摸马)好追风,我得绕开哥哥他们返回的路线,只能翻山过去了。接下来的路,我没法再带着你,你自己回去吧。走吧,走啊！

宋凝：(祈祷)沈岸,等我。

(脚步声近,到了苍鹿野停下)

宋凝：(欣慰、微喘)呵,总算到了。

(苍鹿野,宋凝开始翻看尸首)。

宋凝：不是他。

宋凝:不是他。

宋凝:沈岸,你到底在哪里啊?

(宋凝找到沈岸)

宋凝:(惊喜)哈,沈岸!

【宋凝查看沈岸气息】

宋凝:(喜极而泣)他还活着,还活着。我就知道,我是应该来的。沈岸,我会带你去姜国的。你可要一定撑下去啊!

第三幕(略)

第四幕

【医馆】

宋凝:(进医馆)来人啊!有没有人?

老大夫:(走过来)来了。来了。

老大夫:哎呀,怎么伤得这么重啊。薹薹,过来搭把手,帮着把人抬进来。

柳薹薹:呃呃。

老大夫:慢着点,慢着点。

(宋凝、老大夫进屋,把沈岸放到床上)

宋凝:求求你,救救他,一定救救他。

老大夫:哎,姑娘你别急,让老夫先看看他的伤势。

(老大夫查看沈岸伤势)

宋凝:(期盼)他怎么样了?

老大夫:(沉吟)嗯,他伤势虽重,却没伤到要害,现在虽然还昏迷着,但并无大碍。老夫先替他开几服药调理一下。

宋凝:(恳求)求你一定要治好他。

柳薹薹:呃呃,呃呃,呃呃。

宋凝:(奇怪)这位是?

老大夫:(笑)哦,这是我孙女,叫薹薹。她不会说话。她刚才比划的手势啊,是让你不要担心。医者仁心,我们会尽力救治好他的。

宋凝:(温柔)多谢。

【药店】

宋凝:老板,按这个方子,抓三服药。

药店老板:好的。姑娘,你稍等。

士兵:(低声)小姐。

宋凝:(惊)你!

士兵:小姐,你都快十天没回营地了,可把将军急坏了。他派了我们四处找你。小姐,跟我们回去吧。

宋凝:(迟疑)好。不过,我还要去办件事。办好了就跟你们回去。

药店老板:(抓好药,走过来)姑娘,你的药。五个铜缁……

宋凝:(付钱)多谢你。

【医馆】

(沈岸轻微呼噜声)

(宋凝进屋,看着沈岸)

宋凝:(微微哭腔)沈岸,我们黎国灭了你五千精兵,我知道你一定很恨黎国人。这几天,我都不敢开口,生怕你知道我是黎国人,是黎国大将宋衍的妹妹。

(宋凝给沈岸带上玉佩)

宋凝:(微绝望)沈岸,这是我随身带的玉佩。我将它分作两半,用红线拴了,你我各留一半。就当作我们的信物吧。(顿)沈岸,不要恨我。

(沈岸轻微呼噜声)

(宋凝走出沈岸房间,走进大厅)

宋凝:老伯,这里是五个金珠,你先拿着,权作医药费。里面躺着的人是你们姜国的沈岸将军,治好他,你们的王定有赏赐。

老大夫:(惊讶)他竟是沈将军。

宋凝:我现在有些要事,需要离开一阵。就烦劳老伯多照应些。

老大夫:应该的,应该的。

柳萋萋:咿咿,咿咿。

宋凝:(凝重)告辞。

【医馆,夜晚】

叶蓁:沈岸终于在宋凝离开后的第三日苏醒。他的眼睛经药水洗涤,已然清明。醒来时,老大夫的哑巴孙女坐在他床边。

沈岸:(开心,比较虚弱)我的眼睛终于能看到东西了。(轻笑,比较虚弱)原来,你是长得这样,这么些天,担心我了?

沈岸:我们现在是在哪里?是在医馆么?你坐过来些。

沈岸:(奇怪)你不会说话么?

柳萋萋:咿咿。

沈岸:(微笑)怪不得一直以来都不曾听过你说话,原来是不会说。

(音乐转场)

第五幕

【宋府】

宋衍:阿凝,你真是越来越不像话了。一声不吭地就走了十多天,可我把急死了。

宋凝:(小声)哥,对不起。

宋衍:(平静一下)对了,你一声不吭地跑去姜国做什么?我听属下说你在医馆,可是受伤了?

宋凝:我……(鼓起勇气)我去了苍鹿野。

宋衍:(皱眉,奇怪)什么?

宋凝:我……救了沈岸。

宋衍:(震惊)你说什么?他可是姜国的将军。这可是通敌叛国的大罪啊。

宋凝:我知道,可我爱他。

宋衍:(震惊)你说什么?你再说一遍?

宋凝:我爱他,他也说了要娶我。

宋衍:(发愁)哎,阿凝,你好糊涂啊!

宋凝:(小声,难过)哥。

宋衍:(发愁)唉,你先回去休息吧。让哥哥再想想,再好好想想。

【沈府】

仆人:(跑进大厅,激动)老爷,夫人,少爷回来了,少爷回来了。

沈老夫人:什么?

(沈岸进门)

沈岸:(比较虚弱)娘,孩儿不孝,让爹娘担心了。

沈老夫人:(老泪纵横)我的儿啊,你去了哪里。他们都说你战死了,可娘不信,娘不相信。

沈老爷:(老泪纵横)岸儿,让爹好好瞧瞧你。

沈岸:孩儿确实差一点就死了,多亏了一位姑娘相救。孩儿,要娶她为妻。

沈老夫人:(满口答应)好,好,回来就好,回来就好。你说怎样就怎样吧。先让娘好好看看你。(最后一句,后期淡出)

【宋府】

宋衍:(兴冲冲)阿凝,阿凝,快过来,我有个好消息,要告诉你。

宋凝:(打趣)哥,什么事儿把你乐成这样?

宋衍:你就要嫁给沈岸了。

宋凝：（怔）哥，你说什么？

宋衍：我说，你就要成为沈岸的妻子了。

宋凝：（紧张）哥，你在胡说些什么呢？

宋衍：姜国这次战败，以边境两座城邑请和。咱们同姜立下城下之盟。我向国主提议，请国主收你做义女，封为敬武公主。这两日谴使前往姜国向姜穆公提亲，以结两国之秦晋。

宋凝：（惊喜）真的？那沈岸会不会不同意？

宋衍：哼，他敢？他要是敢拒绝，哥哥定有办法叫他非你不娶。

宋凝：（不服气）哥，你说什么呢。沈岸，当初说过要娶我的。他是个大英雄，绝不会忘恩负义、言而无信的。

宋衍：哎哟，还没出嫁就帮着夫家说话了。

宋凝：（娇羞）哥！这次的事情，多谢哥哥帮忙。（后期将声音渐出）

第六幕

【沈府，新婚】

司仪：一拜天地！

（插入）**宋凝：**紫微枪宋凝前来领教沈岸沈将军的高招。

司仪：二拜高堂！

（插入）**宋凝：**我会救你的，就算死，我也会救你的。

司仪：夫妻交拜！送入洞房！

（插入）**沈岸：**若姑娘不嫌弃，待在下伤好，便登门向姑娘提亲。

宋凝：（满足）沈岸，我终于是你的妻了。

【夜晚，新房】

宋凝：（甜蜜，娇羞）夫君，我把阿凝交给你，好好地交给你，请一定要珍重啊。嘿嘿。媒婆说一会儿要对沈岸说这句话的。我再练练，再练练。夫……

（沈岸推门进屋）

宋凝：（鼓起勇气）夫，夫君。

沈岸：（冷冷，嗤笑）你可知道，今夜坐在这喜床边的人，原本应该是谁？

宋凝：（掀开盖头，惊异）啊？

沈岸：我听说，是你哥哥向黎公提的议，让你我结亲。（怒）哼，为什么是我？就因我曾在战场上胜过你一次？宋凝，难道此前你们没有打听过，我已有未婚妻？

宋凝：（不知所措）可你说你要娶我。

沈岸：（冷笑）终究我也是为人臣子，何况主上又拿我未婚妻的性命逼我，我焉有不从之理?只是,我不想从你那里得到什么,也烦请你不要从我这里要求什么。

宋凝:(慌乱)我没有想从你那里要求什么……

沈岸:那便好。

(沈岸转身离开)

宋凝:(轻声)沈岸。

沈岸:哼!

(甩门离开)

示例分析:(1)创作背景:这是一部由网络小说改编的系列古装剧,虚构的人物和故事情节被赋予奇幻色彩。剧中的叶蓁公主成为串联所有故事的主线,她运用奇门遁甲之术,引出古老的曲调华胥引,可以幻化出无数的故事,揭示人物的前世,预知人物的未来。

(2)人物形象:《华胥引》是一系列故事的合集,每一个故事的讲述中都会引出一批全新的人物,叶蓁公主是整个大故事框架中穿针引线的人物,故以叶蓁的形象为例。叶蓁是某国的公主,由于方术智者的预言,使得她在出生伊始便被父亲交付他人抚养,从小与家人分离,与尘世隔绝。她不谙世事,单纯善良。由于命运多舛,她不可避免地带有悲剧色彩,总是有着淡淡的忧伤。她对于自己拥有的奇术不甚了解,在进入他人的梦境或生活情境之后,还总是懵懵懂懂。她能预知未来、感应前世,可是又觉得不可真正拥有掌控之力。剧中人物众多、关系复杂,一定要细致地理清人物关系,注意人物关系背后的潜台词。

(3)演播技巧:剧中的规定情境具有魔幻色彩,要特别注意这种情境下人物语言的塑造。时代背景是古时候的侠义年代,既要讲究古人说话的语气用词,还要带有一定的侠义色彩,可以参考戏曲中的人物念白、声韵,为塑造人物服务。在语言的动作性上,要理清人物的行动目的,做到言之有物、话中有话,避免人物语言空洞苍白。由于剧中还有一些打斗的桥段,因此在气息的运用上也要格外注意,如何在气息和人物的动作中找到平衡点,营造亦真亦幻的效果是关键,既要让听众感知到人物在真实行动,又不能因为气息而湮没了对白。

第三节　训练稿件

稿件一

一刻不能没有党（第一集片段）

出场人物：赵健民、赵奶奶、赵母、军警头、姚仲明、报童

【夜晚、纺纱的音效】

赵健民：奶奶，娘，我想跟你们商量个事儿，行不？

赵奶奶：啥事儿啊？

赵健民：（难以开口）我……我……（此处心情是既担心娘不同意又放心不下家中老人）

赵　　母：啥为难的事儿啊，这么磨磨唧唧的，大老爷们儿，痛快点儿！

赵健民：我……我想去济南，投考省立第一乡师！

奶、母：啥？（赵母纺纱的手一停）

赵　　母：去济南？

赵健民：嗯，我想下学期就不去临清了。

赵　　母：（着急）临清那边上得好好的，咋就不上了？

赵健民：立勋跟我说了，去省立第一乡师能够学到更多知识、更多的本领。所以我想换个学校。

赵　　母：（略生气）换个学校？你说得轻松，到时候万一考不上，临清那边也退了，你可咋办？

赵健民：娘，我不会让这个万一发生的。从10岁读私塾开始，这么多年我的成绩没曾让您失望过不是？这次也一定不会的！娘，奶奶，你们不是一直盼着我有出息，有一个好前途吗？我想让你们将来都能过上好日子啊！

赵　　母：你……

赵奶奶：算了算了，健民他娘，孩子既然有这样的见识和志向，只要他是做一个正义的、有良心的好人，你呀，就随了他吧！去济南也好哇，省城，大地方，一个男孩子，出去长长见识，也不是什么坏事儿。

赵　　母：（叹气）唉，娘，这些大道理啊，我都明白，可眼下世道这么乱，我这不是担心他吗？这么远，有个啥事儿了，咱也不知道，就说想见他一面，想让他回趟家也不容

易啊!

赵奶奶:唉,俗话说"儿孙自有儿孙福",我也舍不得健民啊,可是孩子爱读书,想多学点东西是好事儿,咱不能拦着呀!

赵健民:(红了眼眶)我……我也是舍不得你们呐!所以我犹豫了好几天,我才……(哽住)

赵奶奶:孩子,别担心,奶奶这把老骨头啊,还顶得住!

赵　母:唉……(起身,打开箱子拿出小手绢)

赵　母:娘知道,打小啊,你都是想要做什么事儿就一定要去做,娘也帮不上你什么忙,济南是个大城市,俗话说"穷家富路",娘知道你也不是爱乱花钱的孩子,这是娘纺纱织布攒下的钱,也不多,等下学期走的时候都带着吧!

赵健民:娘……(哽咽)

赵　母:(红了眼眶)家里你就放心吧,奶奶有我照顾呢!一个人在外,要学会照顾自己,饭要吃饱,天冷的时候要记得加衣裳,别苦了自己!有什么难事,就写封信回来,娘帮你想办法,啊!

赵健民:(哽咽)娘,我记住了!您放心吧!您和奶奶也照顾好自己!(背景音乐)

旁　白:1932年夏天,赵健民告别家乡冠县,中断了在临清六县联立乡师的学业,到省城济南投考省立第一乡师。这一天傍晚,赵健民途径聊城,投宿在聊城东关的小客栈里,半夜里他正睡得香,突然,被砸门声给惊醒了。

(半夜,脚步声、砸门声)

军警头:开门开门,例行检查!

赵健民:(哈欠,鞋拖拉声)来了来了。(开门声)这大半夜的,什么情况啊?

军警头:例行检查!你,干什么的?

赵健民:我是个学生。

军警头:学生?哪个学校的?把学生证拿出来!

赵健民:我是准备去济南投考省立第一乡师的,长官,您看看,这一桌子的书,我学到半夜才睡下,书还没来得及收拾呢!

军警头:嗯…看你也倒像个学生,你隔壁住的什么人啊,一起的吗?

赵健民:哎呀,我是一个人来的,隔壁住的我可不认识。

(旁白一开始压混军警的砸门、喊开门声)

……

【演讲竞赛会现场】

赵健民:(慷慨激昂)如今,中华民族正处于生死存亡的关头,祖国母亲备受蹂躏之际,"天下兴亡、匹夫有责",我们是炎黄子孙,中华民族不能在我们这一代亡国,我们要通过乡村教育运动,唤醒民众,挽救民族和国家危亡,使中华民族得以复兴,使民众摆脱愚昧和压迫,使中华民族屹立于世界民族之林!(雷鸣般掌声,"现在我们开始唱票"……渐弱)

(摇铃散场后,姚仲明在后面喊赵健民,脚步声)

姚仲明: 哎,赵健民同学,请等一下。(追上站定)你好!我刚才听了你的演讲,真是太好了!恭喜你获得了第一名!

赵健民: 谢谢啊!诶?你……你不是那个(思索)……我在阅览室看报的时候经常见到你,不过我还不知道你叫什么名字呢。

姚仲明: 我比你大两级,我叫姚仲明。我也经常在阅览室里看见你,你很爱读书啊!

赵建民: (激动地上前握手)原来是你啊!我曾经在同乡拿回来的《柔锋》上见过你写的文章,写得真是……

姚仲明: (警惕地看了看四周,压低声音)嘘,咱们换个地方说吧!

赵健民: 好!

旁　　白: 就这样,赵健民认识了乡师党支部成员姚仲明,渐渐地,俩人无话不谈。通过与姚仲明的谈话,赵健民意识到,要想改变现状,就必须改变现行的社会制度。通过和赵建民的接触,姚仲明认为时机已经成熟,可以跟他谈参加共产党的问题了。

报　　童: 号外号外,日照暴动,分粮缴枪支,聚集数千人。先生,来份报纸吗?(渐弱)

……

【几天后,放学摇铃声】

姚仲明: 健民!

赵健民: 哎,仲明兄,找我有事儿啊?

姚仲明: (警惕地看了看四周,压低声音)你,要不要参加共产主义青年团?

赵健民: 共青团?我是想要参加共产党啊!

姚仲明: 来,健民,咱们这边说。是这样的,24岁以上的才可以参加党组织,24岁以下的先参加团组织。你今年才20岁,不着急的!怎么样?你考虑一下再回复我,到底要不要参加。

赵健民: (坚定地)原来是这样啊,那不用考虑了,我参加!

姚仲明: 那好,后天放学还是这个时间,你到学校东侧的菜园去一趟吧,去了你就知道了!

旁　白：两天后，赵健民如约来到了乡师东侧的菜园子，见到了济南团市委负责人宋天明。从宋天民那儿，赵健民详细了解了参加党团组织的基本要求，他当即表示，坚决遵守党的纪律，努力按照党的要求去做。同年11月，赵健民光荣加入中国共产党。这是赵健民政治生命的转折点，从此开始了他为党和人民的事业坚持不懈、努力奋斗的一生！（背景音乐压混）

……

训练提示：《一刻不能没有党》是聊城广播电视台创作的广播剧，2015年9月3日在聊城广播电视台播出。该剧讲述了赵健民同志在山东党组织遭受严重破坏之际，勇于担当、不忘寻党、心如磐石、矢志不渝，终于在莘县徐庄村找到同样怀着"一刻不能没有党"的革命信念的黎玉同志，使山东党组织重新回到党中央的怀抱，拉开山东抗日战争序幕的故事。百年传奇，忠心耿耿，他为山东省委的恢复立下盖世奇功；铮铮铁骨，驰骋沙场，他为冀鲁豫抗日根据地立下卓著功勋。对赵健民角色的把握，要有变化，体现他从懵懂青年到坚定的革命者的成长过程。语气转换要注意两点：一是他的语气的沉稳坚定，源于他坚定的革命信仰，任何艰难困苦挡不住他的革命热情；二是他的语气的仓促急切，源于叛徒的多次叛变、对山东省委的重大破坏，使他急于找到党中央。这两方面并不矛盾，恰恰是真实的写照，我们要走进那个年代，走进赵老的革命生涯，把握"一刻不能没有党"的真正含义。

稿件二

正道（第一集片段）

出场人物：唐鸿垠、陈书记、张局长、刘局长、苏慧

唐鸿垠旁白：你相信天上会掉"馅饼"吗？我相信！因为我曾经被天上掉下来的"馅饼"砸蒙过。谁能相信，一次平平常常的市井偶遇重塑了我的人生，改变了我的命运，使我的人生轨迹发生了根本性的转变。我本来是不信命的，然而这次却让我迷茫，如此鸿运为什么能落到我的头上？

（音乐过渡）

那是20世纪80年代末一个隆冬的清晨，天寒地冻，滴水成冰。大街上匆忙的行人全部用棉衣把自己裹得严严的，鼻口间不时呼出淡淡的雾气。我晚上爬了半宿的格子，在赶往学校上班的路上经不住严寒的侵袭，全身瑟瑟发抖。干脆，来碗胡辣汤，暖暖身子……

（自行车刹闸，哈手）

唐鸿垠：老板，来碗胡辣汤。

小摊老板：好嘞！……您慢用。

（小摊杂音、翻稿子音）

陈书记：喂，小伙子，麻烦你把那醋瓶子递过来。

（醋瓶子声）

陈书记：大冷的天，看什么呢这么专注？（长者往碗里淋着醋问道）

唐鸿垠：哦，短篇小说，自己胡划拉的。

陈书记：噢？嗯，能让我拜读一下吗？

唐鸿垠：这……

唐鸿垠旁白：我犹豫了一下，但看到眼前长者坚持伸直的胳膊和那张严肃认真的黑脸，还是尊重地将文稿递了过去。长者接过稿子，看得非常专注，一篇3000多字的小说，足足用了20多分钟。这人有点怪，大冷天，别人都是用棉大衣把自己裹得紧紧的，他倒好，呢子大衣披在肩上露出一身的运动装。嗯，可能是个练家子，粗胳膊、粗腿，连脑袋都比别人大了一圈。

喝完了胡辣汤，我开始心急火燎起来。我任的是高三毕业班的课，还当着班主任，7点20分前必须赶到学校上早读课。但看看眼前的长者，他不紧不慢一页一页地看着，不时地还倒过来往前翻上一两页，丝毫没有敷衍的意思，我又怎好意思向他讨要稿子呢？我灵机一动，走过去端走他那碗凉透的胡辣汤，给他买了碗热的，随后不声不响地又放到了他的面前。长者抬眼瞅着我合上文稿，递给了我。

陈书记：哦，小伙子，挺有心啊。在哪个部门工作？

唐鸿垠：在二中，当语文教师。

陈书记：哦，老家在乡下？

唐鸿垠：嗯，您……

陈书记：你写的这个黑二哥，在解决农村剩余劳动力的问题上很有见地，不过，能行得通吗？

唐鸿垠：咳，不好说。文学作品嘛，应该源于生活，高于生活，要引领社会的发展不是？

陈书记：嗯，对。引领社会的发展……好，好……

（他若有所思地沉吟着，端起胡辣汤猛喝了一大口。胡辣汤是刚换的，太热，烫得他大嘴一咧，"扑"的一声把胡辣汤吐了一地……）

唐鸿垠：哎哟，老同志，真不好意思。您那碗凉了，我刚给您换了碗热的。抱歉，烫着您了吧？

陈书记：嗯，没事。小伙子，你，叫什么名字？

唐鸿垠：噢，我姓唐，唐鸿垠。

陈书记：哦，你……

唐鸿垠：对不起，老同志，您慢用，我还有课，有机会再跟您聊，我要迟到了，咱们有缘再相会。

……

【"笃笃"苏科长敲门】

苏　慧：戚秘书，请转告陈书记，他约的客人到了。

戚文广：请稍等。陈书记，您约的客人到了。

陈书记：来啦？快请进来。

陈书记：小唐，你不是说有缘再相会吗？今天算不算有缘？

唐鸿垠：您，您就是陈书记……

陈书记：怎么，不认识了。来，来，到我办公室里谈。嗯，老刘，谢谢啦！

唐鸿垠旁白：我万万没有想到，那天早上一起喝胡辣汤的长者竟然就是昌城市委书记陈志强。

我懵懵地让陈书记领进了他的办公室。他的办公室特别大，比秘书的大一倍。写字台也大，上面不仅摆着一筐的文件，还有笔筒、笔架、电话等。在写字台后面靠墙的地方，是一排书橱。对着写字台放着一套软体大沙发，显得笨重却不失庄重浑厚。我是被陈书记用手按着肩膀坐在沙发里的，软软的，说不出的舒服。

陈书记：小唐，那天是偶遇，今天是特约，想和你聊聊，你写的文章很有分量啊。

唐鸿垠：陈书记过奖了。我从小就有一个梦想，想当一名作家，塑造出像刘洪、魏强、李向阳、小兵张嘎，还有像焦裕禄这样的人物，可惜笔头拙，总写不出催人向上、令人振奋的东西。

陈书记：年轻人，必须有理想，还要自信。我年轻时，就是被你说的英雄人物所激励，做梦都想成为英雄，可惜啊可惜，我领过兵，却没打过仗。

唐鸿垠旁白：陈书记说着，似乎有些激动，起身走到办公桌的后面，从书橱里拿出了一支气枪，端起做出瞄准射击的动作。我顺着他端枪的姿势看去，对面的墙上钉着个小靶子，靶心红红的，上面布满了弹痕。

陈书记：会打枪吗？

唐鸿垠：嗯，打不好。

陈书记：哦？过来，打两枪。（陈书记高兴地把枪竖着掷了过来）

唐鸿垠：那，陈书记，那我可就班门弄斧了。

（装弹,端枪,瞄准,扣动扳机）

陈书记:好!好枪法。小唐,当过兵?

唐鸿垠:没有。不过读高中时,我当过县里的射击运动员。

陈书记:我说呢,从你接枪、端枪、射击动作都能看出一股军人的风范。有机会,我带你去玩回真家伙,过过枪瘾。

唐鸿垠:谢谢陈书记。

陈书记:嗯,你小子在我的心目中该是个恃才傲物的家伙,怎么也是俗物。

唐鸿垠:陈书记,我也是吃五谷杂粮长大的。再说,您是长辈嘛。

陈书记:好!这话听起来顺耳。怎么样?到市委来工作?

唐鸿垠:啊?陈书记,我是师范学院毕业的,到市委我能做什么?

陈书记:小唐,单凭你的笔杆子,我想你就能闯出一番天地。

唐鸿垠:可是我不懂公文,也没接触过公文。

陈书记:公文仅是一种形式,你文字功底厚,触类旁通,保证能行。小戚!通知组织部,告诉教育局刘局长,马上给唐鸿垠办理调入市委的手续。小唐,你回学校交代一下,等调令过去,马上来上班。

唐鸿垠:哦,谢谢陈书记!

陈书记:谢谢?我看为时过早,命运要靠自己去把握,我记得初中课本里面有篇课文叫《塞翁失马》,你今生今世不骂我老陈足矣。

唐鸿垠:陈书记,那怎么可能呢?您是扶我上马的人,策马扬鞭,路还是靠我自己走。

陈书记:小唐,看来我这个领导当定啦,你希望我当你的领导吗?（陈书记诡异地问）

唐鸿垠:不!（我也许是太兴奋,应声很干脆）

唐鸿垠旁白:陈书记愣了一下,也许为掩饰自己微妙的情绪,把眼眯起来,伸手去兜里摸香烟,我赶紧掏出火机帮他点上。

（音效:点烟抽烟音,陈书记长吐了一口烟后,才缓缓地问）

陈书记:哦,说说,为什么不喜欢我做你的领导?

唐鸿垠:我……

陈书记:说,大胆地说。

唐鸿垠:因为,您做我的领导,太短暂了,希望您能做我的老师。

陈书记:好啊,你个臭小子!

唐鸿垠旁白:陈书记听罢破口大骂,抡起巴掌重重地拍在我的头上,以致我的头被拍得晕乎乎的,整个人也木呆呆的不知所措。

陈书记:你小子,我前世欠你的,把你从学校调进市委大院,还要当你不发薪水的老师。高,高!行啊!就看你这徒弟争不争气了。

唐鸿垠:我……(我想表白)

陈书记:行啦,老师没让你回答问题。走吧。我要开会去了

……

训练提示:一个喜欢舞文弄墨的中学老师,却因为一个"天上掉馅饼"似的意外机缘成为市委书记秘书,从此开始了自己在仕途上的奋斗与挣扎,后来从青涩的公务员成长为洞明世事、人情练达的领导干部。该剧以积极、正面的描写反映了"做官先做事、做事先做人"的为官理念。对唐鸿垠的把握,要注意两点:一是唐鸿垠不同阶段的人生经历和仕途经历,声音的音色和语调是不同的,年轻时的青涩、中年时的沉稳、初当秘书时的无知和不断进步当上领导时的老练,各有特点和风格;二是唐鸿垠的台词和他的旁白,声音也是不同的,一个是现实中的他,一个是内心世界里的他。

稿件三

因果(第一集片段)

出场人物:宇文月、麦小、南井母、小沙弥、无念、穆云清、南井、白警官、老徐、阿古

第一幕

【常青寺山道,清晨】

(一队雇佣兵走在山道里,偶尔掠过的飞鸟和鸟叫)

(远处传来寺庙中低沉的钟声)

麦　小:哎我说宇文月,佛门可是清静之地,我们这些杀气太重的人来不合适吧?

(宇文月掏出烟,划开 zippo 点火)

宇文月:(吸烟吐气)佛门是清修之地,杀气太重的人更应该过来休沐。

(说话间一行人已经可以看到寺院大门口,所有人停下脚步)

麦　小:(一字一顿,玩味)常青寺,真是好名字,可惜喽!

宇文月:(再吸口烟,把烟蒂扔地上踩了踩)别逗贫了,带着你的人散了吧!我进去找无念大师……讲讲经。

麦　小:妥嘞!小的们,我们爬爬山逗逗鸟顺便等等宇文月,散了散了。

(麦小等人四散走开,群鸟四散飞走的音效)

【常青寺内,清晨】

(大殿内徐徐敲木鱼的声音)

(远景小沙弥扫地,南井母问话,宇文月向两人走近)

南井母:小师傅,给我儿诵经念佛的祠堂都打点好了吗?

(扫地声停)

小沙弥:女施主,师傅们都已经准备好了,现在就在大殿里呢!

南井母:多谢小师傅。

小沙弥:您客气了。

(扫地声再起,南井母转身向大殿方向走,宇文月紧走几步叫住南井母)

宇文月:阿姨您等等!

(南井母停下脚步)

南井母:有什么事吗?

宇文月:阿姨,我想问问……您这场法事要做多久?

南井母:要做一天的。

宇文月:确实需要做一天。

(南井母离开,扫地声停)

小沙弥:(好奇)宇文施主,您问这个干吗? 那女施主很惨的,听师傅们说,儿子才三十出头,就被判了死刑,今天刚好是一整年的忌日。

宇文月:(宠爱)小小年纪还挺八卦。(拿出一盒糖放到小沙弥手里)喏,姐姐特意从国外给你带回来的糖,小心别被你师父看到啦! 无念在哪?

小沙弥:我们早课刚结束,无念师傅应该在后院诵经呢!

宇文月:好! 我先去找他。(宇文月拍了两下小沙弥肩膀)加油扫地。

(宇文月朝后院走去)

【常青寺后院,清晨】

(远景无念诵经,宇文月缓步靠近)

(一边敲木鱼一边念)

无　念:犹如影,随智现故;犹如梦,从思起故;犹如像,示一切故;犹如响,缘所发故;无有生,递兴谢故;无有性,随缘转故。又……(被打断)

(宇文月接过话头,一面说一面走近无念)

宇文月:又决定知一切诸报皆从业起,一切诸果皆从因起,一切诸业皆从习起,一切佛兴皆从信起,一切化现诸供养事,皆悉从于决定解起。

(宇文月走到无念对面,坐到团蒲里)

无　念:宇文施主,许久不见。

（宇文月拿走无念面前的木鱼，将一旁的围棋摆在两人面前）

宇文月：不久，一年而已。（宇文月将装着棋子的陶盒放到无念面前）无念陪我下下棋说说法，城里头太喧嚣，闹得人脑仁儿疼，静不得心。

无　念：还有能让宇文施主闹心的事？宇文施主先手。

宇文月：那我就不客气了。（宇文月放下一子，无念跟着放）无念这话说的，我也是凡人，食五蕴苦，六根有欲，当然有闹心事。

（以下两人谈话中夹杂放棋子声）

无　念：贫僧一直以为再烦乱的事也无法干扰宇文施主。

宇文月：那无念可就真想错了。无念来常青寺也有一年时间了，我这儿有个故事，不知能否解惑。

（宇文月说完后放下一子，之后持续几秒沉默）

无　念：宇文施主请讲。

宇文月：我认识这么个人，仗义、爷们儿、办事讲究，在道上口碑是一等一，谁也没得挑……（宇文月的话淡出，下个场景淡入）

第二幕

【某茶馆私家菜店，午后】

（包间里盆景山水里的涓涓流水声）

（柔和的古筝调子）

（南井拿起茶壶给两人倒了茶水，把茶杯放到客户面前）

徐　老：还是四少会选地方！这有茶喝有曲听还能收货，可比那些老古董选的地方强了不止百倍。

（南井拿出几个铁盒依次摆在桌子上）

南　井：您这次要货少，不用那么大张旗鼓，换完手里的东西我们顺带喝个下午茶。

（徐老拿过手边的皮箱，放到桌子上打开）

徐　老：我们合作也不是一天两天了，老规矩，你点钱我看货。

南　井：请。

（两个人先后打开皮箱，徐老拿出一袋白粉撕开）

（南井拿出一摞现金点数，徐老说话中有数钱声）

徐　老：我听说四少最近不太平，要是有我能帮上忙的地方，四少可千万别客气。

（徐老弯腰趴在桌边）

徐　老：人老了就念旧，我跟四少合作惯了，何况四少的货从来都是最好的。

(徐老收起袋子,盖好皮箱坐下,给自己倒了杯茶)

徐　老:眼下是人才辈出的社会,但无论哪个行当,人一多了,(喝茶)哼!杂鱼也跟着多了。小辈们不懂老一辈的规矩,以为杀几个人有几个小弟,就是大哥!

(南井盖上皮箱,放到一边坐下,给两人添茶)

南　井:徐老的话我可记下了。(喝茶,慢条斯理)倒也不是什么大事,就像徐老说的,最近被几条杂鱼盯上了。

徐　老:虾兵蟹将怎么能伤到白鲨?倒是……(被打断)

(敲门声起,阿古在门外汇报)

阿　古:老大,条子来了,在大门口呢!

(徐老快速放下茶杯)

徐　老:四少!这是怎么回事?条子怎么会跑这儿来?

南　井:别慌,先把货收起来。

(徐老收敛桌上的铜盒)

(南井收起桌上的皮箱,走过去把门打开)

南　井:阿古,你带徐老从侧门离开。

阿　古:是!徐老,您这边请。

(徐老跟阿古离开,南井把房间门重新关上)

(南井走回桌前,慢条斯理地清洗茶具)

(包间门被人用力推开,一队人先后走了进来)

白警官:(似笑非笑)呦!好巧,没想到这个时间南总竟然在这儿喝茶,有钱人跟我们小市民就是不一样。

南　井:我也没想到在这儿能见到白警官,可真是稀客。

(白警官朝南井走了几步)

白警官:这种富人来的地方,我们穷人可消费不起。(意味深长)我是接到匿名举报,说这儿有人进行毒品交易。

南　井:白警官不愧是市民公仆,这么热的天……不然白警官坐下喝杯茶润润嗓?

白警官:喝茶就免了。(白警官拿起客户的茶杯)看南总这是两套茶具,怎么不见你的客人?

南　井:我也刚到没多久,他去卫生间了。怎么?白警官也要见见?

白警官:不行吗?我想看看是谁这么有本事,能让南总屈尊降贵亲自来见。

南　井:白警官太看得起我了,我不过是个不起眼的小商人而已。

(白警官拿起桌上的茶壶打开茶盖)

白警官：(闻了闻茶香)呦呵！普洱，南总还挺养生的。(放下茶壶)这富人就是不一样，去个厕所也要这么久！

(南井倒出一杯茶放到白警官面前)

南　井：(漫不经心)没准是闹肚子。白警官既然也喜好喝茶，不如尝尝我这普洱如何。

(穆云涛大步从门外走进来)

穆云涛：南井啊，你还真别说，这小店有点意思。我刚才逛了一圈，发……(戛然而止，意外)这位是？

南　井：这是缉毒大队的白警官，接到报案到这儿抓人来了，见到我进来聊两句。

穆云涛：噢，原来是警官啊，你好你好！(从兜里拿名片)我是中天娱乐的穆云涛，这是我的名片。我这一抬头见屋里头这么大阵势，还以为南井干什么犯法的事了呢！

南　井：别胡扯，我一个正经生意人，是吧，白警官？

白警官：中天娱乐？看来南总这是打算进军娱乐圈了？(把名片掖好，端起茶杯喝干净)行了，既然南总的客人回来了我也就不打扰了，回见。

(白警官等人朝门口走去)

南　井：白警官，有机会我们一起吃个饭。

(白警官此刻已经走到门口)

白警官：(颇有点吊儿郎当，含糊)嗯！

(一队人稀稀疏疏的脚步远去，屋里南井和穆云涛落座)

南　井：云涛，快来看看这儿的菜，虽然品种不多但味道都不错。

穆云涛：哦？那我可要好好尝尝。

(两人交谈声淡出，转场)

【茶馆外的公园里，午后】

(午后夏蝉鸣叫，小孩子玩水或嬉戏声)

(穆云涛和南井两个人慢悠悠走在石板路上)

南　井：兄弟，刚才多谢了。警察一查起案来就四面楚歌，觉得谁都像罪犯。

穆云涛：嗨！国家公仆都这样，在我看啊，尤其是这缉毒大队的，个个都神经敏感，看谁都不正常。

(两人在湖边停下)

南　井：呵！我当时还以为这次没跑儿肯定要去警局喝茶了呢！兄弟真是中天娱乐的？

穆云涛：如假包换！(无念拿出名片递给南井)我这也是刚谈完事从包间出来，路过你那儿正好听见你们谈话,你还真别说,那警官咄咄逼人的劲儿,还真让人心里头没底。

（南井掏出自己名片给穆云涛）

南　井：呵！警察的气势太唬人了！这是我电话,兄弟这次我承你个人情,哪天有我能帮上忙的一定来找我。我还有事,就先走了。

穆云涛：我也就动动嘴皮子的事,南总不用这么在意。改天我们一起吃个饭！

南　井：成！回见。

（南井转身走到停车场,阿古给打开车门）

阿　古：老大。

（南井上车,阿古上车,发动车子）

南　井：嗯,徐老送走了？

阿　古：已经安全送走,老大放心吧。

南　井：好！（南井把穆云涛名片递出）中天娱乐,去查查这人什么来路,回去再好好查查是谁今天给白毒蛇递的信。

阿　古：是！

（车子开出私人会所地带上了马路,音效淡出转场）

训练提示：《因果》是网络广播剧。剧中人物宇文月：26岁,宇文财阀二小姐,在商界是商家们投资的风向标,黑道各大家族都会让她三分,手下能人无数,是个商、政、黑三界都不敢轻易招惹的人。

无念（穆云涛）：33岁,真正的反派,因为害死了南井怕被追杀躲到了常青寺当和尚,擅长算计人,对人总是笑脸无害老好人的样子,实际心狠手辣。

小沙弥：8岁,因为从小在寺庙长大,不谙世事,聪慧天真。

麦小：27岁,雇佣兵老油条,说话痞味儿十足,一直懒洋洋的,是宇文月手下得力干将。

南井：30岁,国内首屈一指的毒枭,外表儒商范儿,待自己人仗义护短,对外人、敌人不留情面。

南井母：55岁,温柔和蔼的中年女人。

徐腾：35岁,国内出名二道手贩毒商人,因为跟南井合作多,交情较深。

阿古：27岁,南井得力助手,跟了南井7年,忠诚略古板,嫌弃食梅总不正经。

白警官：33岁,缉毒警察里的高级警官,查了南井8年,一直抓不到把柄,说话略糙,把南井视为死对头,毕生目标就是抓到南井。

食梅：26岁,从小是孤儿,被警院收养,16岁进预备警队,被选为卧底,安插到南井身边。18岁跟随南井,因为南井对她来说是重新给她生活动力的人,所以极度依赖南井。但警队是给了她生命的人,她也没办法背叛警队,最后只有一死。

  本集主要内容是白警官、南井、阿古三人之间的对话。演播时要抓住人物性格特点和职业特点,注意场景转换,抓住规定情境下人物语言的表达。

思考与练习:

  1.举例说明广播剧有哪些特点。

  2.怎样演播好一部广播剧?

  3.对广播剧的现状及未来,你有何思考?

  4.以小组为单位进行广播剧的演播训练。

第三章　影视剧配音

教学目标：了解影视配音的概念，初步掌握影视剧配音的基本技巧。
教学重点：人物性格分析、对口型的细节。
教学难点：人物独白、对白的处理。
预计课时：16课时。

第一节　理论概述

一、影视剧配音的概念

影视剧配音广义上指为影视剧加入音乐、音效、人物语言；狭义上指配音演员替角色配上声音，或以其他语言代替原片中角色的语言。配音是一门语言艺术，是配音演员用自己的声音和语言在银幕后、话筒前塑造人物形象的一项创造性工作。影视配音要求配音演员绝对忠实于原片，在原片演员已经创作完成的人物形象基础上，为人物进行语言上的再创造，通常称为三度创作。配音演员配音时受到原片人物形象、年龄、性格、社会地位、生活遭遇、嗓音条件等诸多因素的限制，不允许超越原片自由发挥、另立形象，所以局限性、制约性较大。

二、影视剧台词

1.概念

配音演员依据台词为影视剧进行配音。"台词是人物之间或人物与观众之间进行思想感情交流的重要媒介,也是影视剧诸元素中具有释义作用的特殊元素。"①

影视剧表演的"台词",指影片中人物运用的有声语言的总称。台词是艺术语言。艺术语言以表现内容为目的,同时也具有独立的审美价值。

2.特点

台词是剧作家刻画人物的基本手段,也是演员塑造人物形象的重要依据。演员对角色台词的处理,就是要把剧作家写在纸上的文字,通过演员在声音色彩、气息运用、语调语势、速度节奏的处理,变成戏剧中活的、富有性格化的语言。② 台词的语言特点包括以下几个方面:

(1)行动性:戏剧的基础是冲突,没有冲突就构不成戏。戏剧中的情节和人物性格是在矛盾冲突中展现的。冲突的形式是通过人物的相互行动来进行的。人物的语言是人物相互行动的一个重要组成部分,是表达冲突的主要手段,因此角色的任何一句台词都不是无目的的、与主题无关的闲聊,而是人物为达到自己的最终目的的积极行动的语言。处理台词时,首先要从人物的语言行动入手,只有准确把握住人物的语言行动,才能把角色的台词说清楚,让观众听得懂,听得明白。

(2)性格化:富于性格化的人物语言,是指人物的年龄出身、职业地位、思想观点、道德品质、趣味爱好、思考事物的习惯、对人对事的态度等在语言上的表现。

处理台词时,除了掌握人物语言行动性外,还要体现出人物鲜明的个性。

(3)感情充沛:戏无情,不动人;词无情,不感人。就是说一出戏要是写不出情或演不出情,就不能拨动观众的心弦,引不起共鸣;台词要是写不出情或说不出情,观众就看不到活生生的人,看到的只是毫无情感的傀儡、木偶而已。作者写出感情充沛的人物语言,就要求配音演员分析、理解角色思想感情发展的线索,并用自己的身心去体验、感受,读出的台词能够传情达意。

(4)生活凝练:许多影视剧之所以让观众感到真实可信,亲切动人,就在于它展现在人们面前的是活生生的现实生活,但又不是自然主义的生活照搬,而是经过艺术加工的更典型、更凝练的生活。因为它受时间、空间的制约,要求以最少的语句表达出最深的意味,所以影视剧的语言既要口语化,又要言简意赅。

三、影视剧配音的技巧

话剧表演中,演员对于语音语调的掌控要考虑与观众的距离。影视剧配音要求声

---

① 龚利.台词技巧与影视表演传播效果[J].大众文艺,2010(22):158.
② 中央戏剧学院台词研究室.演员艺术语言基本技巧:戏剧卷[M].北京:文化艺术出版社,2000:273.

音自然、松弛，表现出与生活中一样的自然质朴的状态。但是这种自然的状态属于艺术中的自然，也是充满自然的艺术。在进行影视剧配音以前，需要做大量的准备工作。要对剧本的内容作详细的了解，比如剧本的背景、剧本的风格、剧本中的人物、剧本中剧情的发展、人物的音色特征，还有剧本所处年代的语言特征，等等。只有这样，才能更好地展现剧本的中心思想，才能表现出角色的特征，才能充分展现影视剧的内容和风格。影视剧配音的技巧还有以下几个方面。

1. 贴合口型的技巧

口型是指说话或发音的口部形状。贴合口型，就是指配音演员在进行影视剧人物配音时，说出的台词与片中人物说话的口型相吻合。这是影视配音艺术创作中最具特点、最有难度的技术，它集"艺术"和"技术"于一体，是影视剧人物配音创作的基础。

贴合口型包括与原片人物说话时口型时间的长短相贴合、与原片人物说话时口型的开合状态相贴合、与原片人物说话时肌肉的松紧状态相贴合这三部分内容。这些技术都需要创作者在大量实践中反复体会才能逐渐掌握并熟练运用。

2. 使用话筒的技巧

配音演员不但要有扎实的语言基本功和丰富的语言表现力，而且要熟练掌握使用各种话筒的技巧。

(1) 明确话筒的类型与特点

目前，我们使用的话筒一般有动圈式话筒、电容式话筒和驻极体(电容)式话筒三种类型。其中，动圈式话筒具有结构简单、稳定可靠、无需电源供电、使用方便、输出阻抗低、固有噪声小、可拾取大声源等优点，但其不足之处是灵敏度较低，音质和频率响应较电容式话筒差。动圈式话筒一般应用于"卡拉OK"或非专业拾音的场合。电容式话筒具有灵敏度高、频率响应好、动态范围大、音质优美等优点，但其价格偏高，比较"娇气"，需外加电源供电，使用不方便。一般的专业录音棚大多用的是电容式话筒。驻极体(电容)式话筒除具备电容式话筒的优点外，还具有体积小、重量轻、价格低等优点，而且只需小电池供电，使用方便，应用广泛，但是其稳定性欠佳，这是驻极体式话筒的最大缺陷。

(2) 了解不同话筒的指向性

话筒的指向性，是指话筒的拾音灵敏度随声波入射角的变化而变化的特性。目前，我们使用的话筒按指向性一般可分为无指向性话筒、双指向性话筒、心形指向性话筒、锐心形指向性话筒等。

无指向性话筒，又称全向话筒，是全方向性拾音。其范围是以话筒为中心的球形范围，球形范围内的声音均可被拾起，能以同样的效果接收来自各个方向的声音。拾音的质量只与声源距离有关,而与声源方向无关。

双指向性话筒,又称"8"字指向话筒,拾音范围是话筒的正前方和正后方(0°和180°),它对这两个位置灵敏度最高,拾音最强;而在两侧方向(90°或270°)灵敏度为零,拾音最弱。

心形指向性话筒,也称"单一指向性"话筒。其拾音范围是单方向的,只拾取话筒正前方一个很宽角度范围内的声音,而话筒后面的声音几乎不能拾取。

锐心形指向性话筒,又称超指向性话筒,其拾音范围比心形话筒的指向性更强,对侧向人声有较好的抑制性,正前方的拾音距离增加。

(3)寻找使用话筒的最佳方位

使用话筒的最佳方位主要指在不同的情感状态以及空间环境下嘴和话筒的最佳距离和最佳角度。一般来说,传声器(话筒)与声源(嘴)的最佳距离为三拳左右(20—30厘米),并且声源要正对传声器。在塑造人物时,配音演员要会利用话筒距离和方位的调整,实现声音的明暗虚实变化。如果两人或多人共用一支话筒,则都必须对准话筒的有效拾音区,否则拾音质量将受到很大的影响。同时,还要树立"抢话筒"和"让话筒"的意识,若两人共用一支双向传声器拾音时,可根据两人的声音特点和强弱,对两人与传声器之间的距离进行适当的调整,以求达到两人声音的和谐以及音量平衡。

除此之外,我们在使用话筒时还要注意一些细节问题,比如不乱拍乱弹话筒,不对着话筒咳嗽或打喷嚏,在话筒前对"b""p""t"等容易"喷话筒"的声母加以控制,使用话筒防风罩,等等。

3. 台词处理的技巧

戏剧文学根据不同的标准,可以分为不同的类型。根据容量的不同,可以分为独幕剧和多幕剧;根据表演形式的不同,可以分为话剧、歌剧、舞剧、歌舞剧等;根据题材的不同,可以分为历史剧和现代剧;根据戏剧冲突的性质和结构的不同,可以分为悲剧、喜剧和正剧。

在这里,我们以悲剧、喜剧、正剧三种类型的剧本台词为主进行教学训练。

悲剧台词情声气的技巧:悲剧理论认为,悲剧性就是指人对死亡、苦难和外界压力的抗争本性;悲剧主体具有强烈的自我保护和维护独立人格的欲望,往往因为对现状的不满而显示出强烈的不可遏制的超越动机,并能按自己的意志去付诸行动,即使命运使他陷入苦难或毁灭境况之中,他也敢于拼死抗争,表现出九死不悔的悲剧精神。悲剧的台词一般具有浓烈饱满的激情、高亢雄浑的声音、沉稳舒缓的气息、铿锵有力的吐字、如诗如画的意境、节奏起伏的韵律。所以,处理悲剧台词要从气、声、字、情、境、调这六个方面入手。

喜剧台词处理：喜剧通常是用夸张的手法，把生活中落后丑恶的事物和进步美好的事物加以对比，产生出不协调的可笑和滑稽剧情；或是把人们的愚昧无知、缺点错误用夸张的手法暴露在荧幕上，给以辛辣的揭露和鞭挞；或给以善意的嘲笑和讥讽，以人发笑。因此，在喜剧台词的处理上要注意以下几点：真挚热情的语态，幽默风趣的语调，辛辣锋利的语势，轻松明快的语言节奏，灵活敏捷的语言交流，冷热、快慢的语言突变等。

正剧台词处理：正剧又称悲喜剧，而又不受喜剧、悲剧特征的严格约束，是在悲剧与喜剧之后形成的第三种戏剧体裁，便于多方面地反映社会生活，是近代、现代剧作的主要类型，反映的生活面范围比较广。正剧既没有喜剧那样夸张，也没有悲剧那样凝重，它取材于现实生活，反映不同生活侧面。它比悲剧和喜剧更接近于生活自然，更强调人物、情节的真实性。因此正剧的台词处理更需要口语化，自然亲切、真实可信。

4.角色带入的技巧

掌握影视剧台词的表达技巧，首先要对台词进行分析，在充分理解台词的基础上准确、完美地演绎出整个角色。具体要注意以下几点：

(1)联系背景，营造语境。影视剧是通过故事情节、人物之间相互行动再现人类社会的某一个侧面，从而揭示主题，给观众以启迪、激励。

(2)明确主旨，定位形象。人物形象的个性化定位是剧本台词的难点和焦点，也是影视剧配音的起点和归宿。贾宁老师在表述人物语言的传神性与感受体验时曾总结，要把握："鲜明的时代色彩和社会阶层色彩、人物的特点、特有的说话方式、说话时的语言环境。"①

(3)强化对象，建立交流。社会是交际的大家庭，生活是交流的小舞台。作为反映社会生活的文学剧本，其中的人物台词也需要有真实的交流感。

(4)活用技巧，立体表达。首先，建立内心视像。内心视像是指演员进行对话或进行思索的过程中，内心出现的一系列事物的影像，是演员头脑中形象思维的产物，是使台词表达具有吸引力和感染力的基础。其次，丰富内心独白。演员要及时主动地把自己置身于规定情境中，牢牢地掌握人物形象的"后景"，即他的生活经历、命运、遭遇、欢乐与痛苦，牢牢地抓住人物形象的"灵魂"，对人物形象的精神生活深入了解、真实感受、细腻体会，使内心独白走向深入。另外，挖掘潜台词，潜台词是台词的真正意义，是人物的真实思想、真实动机，所以处理台词时必须充分挖掘作品的潜台词。②

---

① 贾宁.播音员主持人稿件表达方法与技巧[M].北京：中国传媒大学出版社，2013：224.
② 谢伦浩.文学作品朗诵艺术[M].北京：中国广播电视出版社，2009：249.

第二节 示例分析

示例一

战狼(片段)

女:为什么当兵?

男:当兵后悔两年,不当兵后悔一辈子。

女:真话?

男:真话。

女:再喝。

女:再喝。

男:您是想让我酒后吐真言啊!

女:你会吐真言吗?

男:会。

女:好。

男:您想知道什么?

女:我想看你喝醉酒什么样儿。

男:我从来没喝醉过,我三岁开始喝酒,五岁灌趴下两个比我大六岁的男生,十二岁酒壮怂人胆,偷看女生洗澡,十七岁……

女:十七岁怎么了?你爸不管你吗?

示例分析:(1)剧情梗概:痞性十足的冷锋屡屡惹祸,有人说他是流氓,是痞子,也有人说他是英雄,是传奇。一次行动中冷锋违抗军令打死了恐怖分子,要被开除出队,却意外被神秘部队战狼接纳。冷傲的战狼副队长、擦出暧昧火花的性感女队长、心计颇深的毒枭、枉死的队友、雇佣兵跨过边境线入侵中国……一切都使他陷入了麻烦中,一切都在考验着他,最终他勇挑重担,在国境线上抓住了毒枭。

(2)人物分析:该片段中女主叫龙小云,特种部队"战狼"的队长。这位"女队长"是一个高智商、高情商且气场强大、非常性感的女军官。她不仅有温柔细腻的女性气质,更有帅气爽朗的军人气质。

男主叫冷锋,是一名军人。虽有点痞气,但有正义感。他是神枪手,反应敏捷,战术高超,头脑灵活,有一身中国功夫。

(3)创作提示:战狼是军人题材,军人说话干净利落。在配音的时候要找到军人的感觉。这一段,长官让他喝酒,他喝多了,和长官开起了玩笑,讲起了小时候的事。从一开始打开话匣子到之后用眼神交流,其中语音的变化要有情感的变化加以辅助。同时,语调的变化还有语速的加快也需要配音者仔细琢磨。

示例二

雷雨(片段)

(繁漪独白)

我一个人,静悄悄地独坐在桌前。

院子里,连风吹树叶的声音也没有。

这时候,你睡了没有?你的呼吸均匀吗?你的灵魂暂时平安吗?

你知不知道,我正含着两眼热泪在这深夜里和你说话?

萍,你应该知道我是怎样地爱你!我把我的爱、我的肉、我的灵魂、我的整个儿都给了你!而你,却撒手走了!

我们本该共同行走,去寻找光明,可你,把我留给了黑暗!

这在无形中是一把杀我的刀,你忍心吗?

今晚要是有一杯毒药在镜旁,我或许早已在极乐世界里了。

醒来的时候,一双双惊恐的眼睛瞪着我。

为什么?为什么要拦我?我真的不惦念这行尸的生命!

我只求一个同伴,你答应过做我永久的同伴,我不该放松你!我好悔啊!

这里,一堵堵的墙把我们隔开。

它,在建筑一座监狱!把我像鸟一样关在笼里!

萍,你还记得那只金丝鸟吗,你曾隔着笼子喂过的?

而现在喂我的,是无穷无尽的苦药!我淹没在这苦海里。

你要是懂我,信我,就不该再让我过半天这样的日子。

我并不逼迫你,但你我间的恋情要是真的,那就帮我打开这笼子吧,放我出来!

即使渡过死的海,你我的灵魂也会结合在一起!

我不如娜拉,我没有勇气独自出走;我也不如朱丽叶,那本是情死的剧。我不想到死里去实现、我的爱!

几时,我与你变成了这般陌生的路人!我在梦里向你喊着:

我冷啊,快用你热的胸膛偎我;我倦啊,想在你的手臂里得到安息!

早上醒来,看见的还是一碗苦药,一本写给你的日记。

心头火热,浑身,依然是冰凉的!眼泪就冒出来了,这一天的希冀又没有了。萍,你再不救我,谁来救我?

示例分析:(1)剧情梗概:四幕悲剧《雷雨》是我国戏剧大师曹禺先生的处女作。《雷雨》讲述了20世纪20年代某年夏日的一个午后,从济南来到周公馆看望女儿四凤的鲁妈,和周公馆的主人周朴园不期而遇,周公馆中所有人物的命运由此发生了巨大变化。《雷雨》通过一天的时间(上午到午夜2点)、两个场景(周公馆客厅和鲁家),集中展示了周鲁两家前后30年复杂纷繁的矛盾纠葛。

(2)人物分析:接受过新式教育的繁漪嫁给冷酷、专横、自私的周朴园后,精神极度压抑。病态的她爱上了软弱的周萍,他们的幽会和疯狂的情感被佣人鲁贵发现。这之后,由于惧怕父亲,也由于已厌倦了与继母的这段不正常的关系,周萍开始逃避,他与美丽单纯的四凤偷偷相爱。这瞒不过繁漪,她将她与周萍的恋情视为这暗无天日的生活中唯一一棵救命稻草,她怎肯放手!繁漪的儿子周冲是个单纯开朗的大男孩。这天,他告诉母亲,他喜欢四凤,想从自己的学费中分一半供四凤读书。这使繁漪感到事情已到了非解决不可的地步。

(3)创作提示:繁漪的这段独白分四个层次。第一个层次是对周萍的思念告白,语气相对缓和;第二个层次是表达对周萍的失望——"我们本该共同行走,去寻找光明,可你,把我留给了黑暗!"——用情至深;第三个层次强烈表达不要这行尸般的肉体、监狱般的生活,语气在悲凉中透着对美好生活的渴望;第四个层次从"几时,我与你变成了那般陌生的路人!"到"……这一天的希冀又没有了。萍,你再不救我,谁来救我?"这是彻底的无望和失落。语气和声音要贴合当时人物的心情及规定情境。

示例三

奋斗(片段)

【离婚办事处】

杨晓芸:呸!我才不爱你呢!

向　南:你给我夜里煮方便面还给我加俩鸡蛋那叫不爱我?我呸!

杨晓芸:我煮狗鸡蛋!我呸!

向　南:给狗煮方便面你还加俩鸡蛋?我呸!

杨晓芸:我煮狗鸡蛋!呸!

向　南:你就是对我好承认怎么了?

杨晓芸:呸!我才不承认呢!

向　南：我告诉你我就是你的初恋,我就是你的最爱,我就是离不了的婚!

杨晓芸：你就是一无赖!

向　南：谢谢你提醒! 我还真就是一无赖,我还就赖上你了。我告诉你杨晓芸,这婚你离不了! 因为我改主意了,我不同意离婚! 你要是再跟我说离婚,我就告诉你,别跟我开玩笑了! 呸!

杨晓芸：呸! 离婚! 马上离婚! 不离我现在就踩死你!

向　南：呸! 没门儿!

杨晓芸：呸!

向　南：呸! 玩儿去! 你给我玩儿去! 你给我玩勺子把儿去!

杨晓芸：你……

向　南：呸!

工作人员：哎哎……先生,这儿不能吸烟!

杨晓芸：谁让你抽烟了?

向　南：管得着吗?

(出门)

向　南：看什么呀? 看什么呀! 都给我玩儿去! 又不是拍电视剧,干吗呢? 一个个!

群　众：怎么说话呢这是!

向　南：什么怎么说话……

杨晓芸：凭什么不让人家看呀! 懂不懂尊重别人啊! 我告诉你,这都是我的 fans!

向　南：我呸!

杨晓芸：呸什么呀,你就是我的超级大 fans!

向　南：呸!

杨晓芸：向南我问你我到底哪儿好啊,让你成天欲罢不能地使劲欣赏我?

向　南：我怎么那么爱你呀,呸!

杨晓芸：都散了吧! 没事儿了,下一对儿啊!

示例分析：(1)剧情梗概：此剧名为《奋斗》,写的是一群刚从学校毕业的大学生走入社会,融入社会,并在其中找到自己位置的故事。陆涛、向南、华子、米莱、杨晓芸等人在毕业后的几年时间里,通过事业了解到人及社会的互动关系,通过爱情体味着梦想与现实、责任和友谊的真谛。他们经历着生活和爱情的波澜,有时迷茫有时苦痛,但他们努力地奋斗,并将最真挚的笑脸留在了青春的岁月中。

(2)人物分析：向南是典型的年轻一代市民阶层的代表,他没有什么大的抱负,也没经历过什么大风大浪,最大的烦恼就是买车、供房、讨老婆开心。他一心想过平淡的日子,但是却偏偏因为另外一个女人,打破了他生活的平衡。他就像一个大小孩,不愿意把肩膀上的担子压得太重,但是在需要他作出重大决定的时候,他又表现出一种勇于承担责任的态度,这就是为什么在两个女人之间他仍旧选择了前妻杨晓芸。向南的感情生活是对于这个人物刻画的重点。杨晓芸是追求小幸福的平凡人物形象。她没有突出的个性,爱浪漫、爱幻想但是又很实际,对老公有任性、有不满却又深爱着他,可以说是一个现实与想象的结合体。这种女人在现实中是非常普遍的,她们一边幻想着浪漫的爱情、完美的生活,一边照样过着自己平凡普通的小日子。

(3)创作提示:这段台词充满喜感。离婚的小两口其实只是怄气,双方心里都有对方,只是碍于情面都不愿作出让步。真到了领离婚证的时候,向南反悔了,以他特有的方式——无赖,留住了杨晓芸。训练时,注意人物内心变化及语言层次的节奏变化。

示例四

办公室的故事(片段)

卡卢金娜:我想和你谈谈,菲尔拉。

诺瓦谢利采夫:谈什么?

卡卢金娜:唉,你先坐吧,坐吧。

秘书:我注意听着呢。

卡卢金娜:有件事情,嗯,想请你给参谋参谋。

诺瓦谢利采夫:您又想收集哪个人的情况呢?

卡卢金娜:哦,不不不不,呵,这件事情,嗯,怎么说呢,呵,总之,总之,你知道,嗯,现在流行穿什么?

诺瓦谢利采夫:你指什么?

卡卢金娜:嗯,指衣服,哎,这个。

诺瓦谢利采夫:哦,这和你有什么关系呢?

卡卢金娜:是这样,有一个亲戚从外地小城市来了,嗯,她是个女的,哎,她想打听一下。

诺瓦谢利采夫:哦,明白了,呵,这就明白了,哎,那么先说说鞋吧,哎,鞋嘛,是女人的关键。

卡卢金娜:真的?

诺瓦谢利采夫:shoes,现在呀讲究穿带带的高跟鞋。

卡卢金娜:对不起,维尔纳,shoes我听不明白。

诺瓦谢利采夫：就是,英语里的 shoes。

卡卢金娜：shoes?

诺瓦谢利采夫：就是鞋的意思。

卡卢金娜：哦,是这样。

诺瓦谢利采夫：至于靴子嘛,靴子要高跟的还要带褶的。

卡卢金娜：哦,等等,维纳其卡,等等,我得把这些都记录下来,你别说那么快,等等!

诺瓦谢利采夫：好吧,可以。

卡卢金娜：嗯,我来做个笔记,什么带褶? 是鞋跟?

诺瓦谢利采夫：是靴筒。

卡卢金娜：哦,是的,是的,嗯。

诺瓦谢利采夫：嗯,你那个亲戚,腿长得好看吗? 细长?

卡卢金娜：哎呀,怎么说呢? 嗯,腿嘛,呃,腿嘛,一般的,中等吧。

诺瓦谢利采夫：哦,懂了,腿要是不怎么样,就得把腿藏起来。

卡卢金娜：往哪藏?

诺瓦谢利采夫：穿超长裙啦,你知道吗? 嗯,嗯,还有一点得注意,要配得恰当。呃,比如说,里面穿一件高领毛衣或者是立领衬衫,哦,最近百货商场来了一批立领衬衫,呃,上面再穿一件布拉衣字。

卡卢金娜：布拉衣字?

诺瓦谢利采夫：就是运动衫式的上衣。

卡卢金娜：呃,运动的时候穿的?

诺瓦谢利采夫：嗯,平常也穿。

卡卢金娜：等等,我得记一下来。

诺瓦谢利采夫：穿一件布拉衣字,里面来件立领衬衫。其实嘛,呃,这也不是主要的,哎呀,现在头套又不时新了。

卡卢金娜：哦,谢天谢地,这就好了,要不然这头上顶着,呃,顶着,像一幢房子,这多不好。

诺瓦谢利采夫：那倒是,自然点好,头套不时新了,那就得在脸上下功夫,您知道眉毛在脸上可太重要了,请您原谅,我既然说到这了嘛,呃,就得谈谈您的眉毛。

卡卢金娜：眉毛怎么了?

诺瓦谢利采夫：太不像样子了。

卡卢金娜：我的眉毛?

秘书：您的眉毛这么粗这么密就得想办法治理。

卡卢金娜：呃，怎么治理呀？

秘书：往下拔呀。

卡卢金娜：怎么拔？

诺瓦谢利采夫：用鸭嘴笔就行呗。

卡卢金娜：哦，鸭嘴笔？不，亲爱的，多疼呀。

诺瓦谢利采夫：您是个女人嘛，那就得忍着点，眉毛要画得细细的，往上这么挑着。

卡卢金娜：像，像您这样？

秘书：哎，我又不是样板。

卡卢金娜：呃，呃，维拉要不要先打点麻醉药。

诺瓦谢利采夫：哈？

卡卢金娜：然后再拔呀。

诺瓦谢利采夫：其实呀这也不是最主要的，最能把埋头工作的妇女和一般女人区别开来的是——

卡卢金娜：什么？

诺瓦谢利采夫：走路的姿势。瞧，您是怎么个走法的？

卡卢金娜：我？

诺瓦谢利采夫：简直莫名其妙，您的屁股撅着，胸凹着，整个身子都佝偻着，简直像个大虾米，直眉瞪眼、大步流星地像钉木桩子似的往前走。

卡卢金娜：哈？

诺瓦谢利采夫：看我们怎么走。

卡卢金娜：哎呀，这样走路太不雅观了，天啦！

诺瓦谢利采夫：女人嘛，应当是个谜，头要稍微地往上抬着，眼睛要稍微地往下垂，这要放松，肩要向后甩，胯部以下要自由摆动，轻盈、优美就像豹子起跳的时候那样，男人呢，专门注意这样的女人。

卡卢金娜：这样走法能学会吗？呃，会不会太难了吧？

诺瓦谢利采夫：哦，教兔子抽烟都是可能的，呃，原则上没有学不会的东西。

卡卢金娜：哦，您这样想？

诺瓦谢利采夫：对智商正常的人来说是这样，来，您站起来。

卡卢金娜：嗯，哎呀！

诺瓦谢利采夫：整理一下衣服。

卡卢金娜：哎呀，我真怕掌握不了这门学问。

诺瓦谢利采夫：小事一桩，能学会，别紧张。

卡卢金娜：嗯。

诺瓦谢利采夫：胸挺出来。

卡卢金娜：胸？您这是奉承我呢？

诺瓦谢利采夫：大家都奉承您。

卡卢金娜：好了。

诺瓦谢利采夫：后边收回来。

卡卢金娜：呃，这样？

诺瓦谢利采夫：前边肚子也收回去。

卡卢金娜：收这还是……

诺瓦谢利采夫：给您怎么说您就怎么做，前后都绷紧。

卡卢金娜：都收？

诺瓦谢利采夫：好，走，往我这走，注意女性美，步态要轻盈，胯部以下要放松，好，走！哦哟，柳德米娜波罗科夫耶夫娜，您怎么流起来了，像个下流女人。

示例分析：(1)剧情梗概：卡卢金娜局长是个性格怪僻，言行和外表都有点男性化的女人。她属下的统计员诺瓦谢利采夫，以前是个才学出众的青年，后来变得谨小慎微、唯唯诺诺。在副局长的一次家庭宴会上，诺瓦谢利夫在副局长的怂恿下，借酒向卡卢金娜大献殷勤，结果遭到卡卢金娜的申斥；一向怯懦的诺瓦谢利采夫借酒壮胆，居然反唇相讥。此后，双方唇枪舌剑一直不断。这两位地位、性格相差悬殊的人物经过几次碰撞以后，反而对自己有了新的认识，卡卢金娜的女性心理也得以复归。《办公室的故事》是部探讨人的冷漠与孤独的悲喜剧。

(2)人物分析：统计局局长卡卢金娜在学生时代，至爱被闺密挖走，从此自我封闭，个性孤僻、言行和外表都有点男性化，职员们背后都叫她冷血动物。诺瓦谢利采夫学生时代是个才华出众的青年，妻子跟别人跑了，他一个人拉扯着两个调皮捣蛋的孩子，变得穷困潦倒、未老先衰、唯唯诺诺，生活一片狼藉。两个人都受到人生莫大的伤害和愚弄，但是她和他并没有放弃对人生的真诚态度，在狭小的办公室碰撞出火花。

(3)创作提示：卡卢金娜是统计局局长，诺瓦谢利采夫是个普通统计员，这两个地位、性格相差悬殊的人经过几次碰撞之后，却都显露出人性的本色和性格的闪光点。这段对话中卡卢金娜对诺瓦谢利采夫已经有了信赖感，并且两人关系也冰释前嫌，在表达时注意两人之间交流的分寸感把握，情绪声音都较之前的表达更有温度，并且卡卢金娜的语言中的动作性要充分体现出来。

示例五

风声(片段)

顾:你什么时候知道的?

李:现在。我刚是瞎猜的……林宗也是你们的人。刘林宗,一直都在利用我。为什么找上我。

顾:我的业务层级太低,你才是信息的关键。

李:哈!太可怕了。你们到底什么是真的?

顾:我真的把你当姐姐。

李:把我当姐姐?我今天要是被查获,我还有命活吗?刘林宗已经被抓获了,你知不知道,啊?

顾:你去哪?

李:揭发你。我去揭发你。

顾:非常好。我要是能死在你手上,无话可说。

李:你简直是个魔鬼。

顾:我只是在执行任务。我也不想走到这一步。

李:你已经过关啦,他们现在认定是吴志国。

顾:错误情报是我提供的,我必须把消息传出去,现在只有一个办法,就是你去举报我。

李:我怎么可能去举报你呢?都什么时候了,情报比你的命还重要吗?啊?比命重要吗?啊?晓梦,别人怎么样我不管,我要你活着。

顾:好不容易以真面目相对,我真想跟你聊上几天几夜,说说心里话,可是没有时间了,知道吗,没有了,我求你,向他们举报我吧。

示例分析:(1)剧情梗概:1942年10月10日,汪伪政府举办庆祝国民政府成立三十周年的盛大仪式,一名汪伪政府的要员被枪杀,引起了日本方面的高度重视。皇军特务机关长武田怀疑这一系列暗杀行动是共产党地下领导人"老枪"策划的,希望抓住这次机会破坏他的组织。武田调查到负责发送指令的"老鬼"就潜伏在剿匪司令部内,于是将最有可能接触到电报的五个嫌疑人带到了封闭的裘庄——伪军剿匪大队长吴志国、伪军剿匪总队司令侍从官白小年、伪军剿匪司令部译电组组长李宁玉、伪军剿匪司令部行政收发专员顾晓梦、伪军剿匪总队军机处处长金生火。调查的期限只有五天,武田必须采取各种手段甚至残忍的酷刑才能找出"老鬼"。被软禁的五个人为了保全自己,也在处心积虑地观察着周围其余四人,都希望尽快把"老鬼"揪出来以便自己能够安全地离开裘庄。

(2)人物分析:顾晓梦是伪军剿匪司令部行政收发专员,她美艳玲珑、洒脱娇纵,时而尖锐刻薄,时而柔弱温顺;为了保全自己,不惜挑起风浪,将危机转嫁。她和吴志国针锋相对,和李宁玉情同姐妹,行事高深莫测。

李宁玉:伪军剿匪司令部译电组组长,长相姣好清秀,自持冷静。毕业于美国宾夕法尼亚大学的天体物理系,还就读于青岛海洋学院的通讯班。她是一个崇尚精神自由的人,不追求权力,远离残酷。她原本不想参与乱世,却意外地被卷入了这场纷争当中。

(3)创作提示:创作时不要忽略时代背景,要理清人物的行动目的,突出语言的动作性,这样才可以做到言之有物,话中有话。表达时注意把握人物的性格、职业特征,避免简单地为了说而说,避免脸谱化,使得人物的语言空洞苍白。这段台词中,两人相互信任后又要面临诀别,要把握好三个层次。一顾晓梦告白。"我真把你当姐姐"——真诚;二李宁玉佯装揭发。"他们认定吴志国"——态度恳切。三是晓梦乞求李去揭发。要把握人物心态的转换,让语言生动并符合人物情感和当时情境。

示例六

芈月传(片段)

芈月: 你们为什么要造反?

蒙骜: 让你还位于大王,请回甘相,与诸公子罢兵。

芈月: 朕当政,就真的有违天意?嬴华、甘茂等人的主张,就真的这么受人拥戴吗?你们当初当兵必定不是为了造反。你们沙场浴血,卧冰尝雪,千里奔波,赴汤蹈火,为的不仅仅是效忠君王,保家卫国,更是为了让自己活得更好,让自己在沙场上挣来的功劳,能够荫及家人;为了让自己能够建功立业,人前显贵,是也不是?

今日站在这里的,都是大秦的佼佼者,你们是大秦的荣光,是大秦的倚仗,是也不是?

我大秦曾经被人称为虎狼之师,令列国闻风丧胆。可就在前不久,五国陈兵函谷关外,可我们却束手无策,任人勒索宰割,这是为什么?我们的虎狼之师呢?我们的王军将士呢?都去哪了?

大秦的将士,曾经是大秦的荣光,可如今却是大秦的耻辱!当敌人兵临城下的时候,你们不曾迎敌为国而战,却在王位相争中自相残杀,这就是你们的作为!

曾经,商君之法约定:只有军功才可受爵,无军功者不得受爵;有功者显荣,无功者虽富无所荣华;可有些人就是不愿意遵商法,要恢复旧制,所以才派人来杀我。你们也不情愿？也不想实行新法是吗？为何你们站在了靠祖上余荫吃饭的旧族那边，自愿成为他们的鹰犬，助纣为虐，使得他们随心所欲，胡作非为！使得商君之法不能推行，兄弟相残，私斗成风。

你们的忠诚，不献给能够为你们提供公平、军功、荣耀的君王，却给了那些对你们作威作福，只能赏给你们残渣剩饭的旧族们，是吗？

将士们，我承诺你们！从今以后，你们所付出的一切血汗，都能够得到回报，任何人触犯秦法都将受到惩处！秦国的一切，将是属于你们和你们儿女的！今日我们在秦国推行这样的律例，他日天下就有可能去推行这样的律例。你们有多少努力就有多少回报，你们可以称为公士、为上造、为不更、为左庶长、为右庶长、为少上造、为大上造、为关内侯，甚至为彻侯，食邑万户！你们敢不敢去争取？能不能做到?！

所有将士(齐声大喊)：我们能、我们做得到，我们能、我们做得到，我们能、我们做得到……太后、太后、太后……

示例分析：(1)剧情梗概：战国时期，芈月是楚威王最宠爱的小公主，但在楚威王死后生活境遇一落千丈，母亲向氏被楚威后逐出宫，芈月和弟弟芈戎在宫中躲过了一次次灾难和危机。芈月与楚公子黄歇青梅竹马，真心相爱，但最后还是被楚威后作为嫡公主芈姝的媵侍远嫁秦国。芈姝当上了秦国的王后，芈月成为宠妃。原本的姐妹之情在芈月生下儿子嬴稷以后渐渐分裂，芈姝处处防范打压芈月，而芈月因其对政治的敏感和天分得到嬴驷的欣赏。诸子争位，嬴驷抱憾而亡。芈月和儿子被发配到遥远的燕国。不料芈姝之子秦武王嬴荡举鼎而亡，秦国陷入内乱。芈月毅然下嫁义渠王，借义渠王之力回到秦国，平定了秦国内乱。儿子嬴稷登基为王，史称秦昭襄王。芈月当上了史上第一个太后，史称宣太后。为了自己死后的安宁，71岁高龄的芈月下令将整个大秦的军队带到地下为自己陪葬，即秦兵马俑。

(2)人物分析：芈月的性格既简单又复杂。她善解人意，倔强执着；胆大天真，直率任性；我行我素，不拘一格；善良包容，心胸开阔；自尊心强，爱憎分明；自信，无所畏惧。以上种种性格，造就了历史上第一位女政治家。

(3)创作提示：基于以上几点人物性格的分析，芈月这段独白中体现最多的是她大女人、英雄气概的一面。既有一连串的追问、责问，又有入情入理的分析。最后还有对将士们的承诺。这段独白大体可以分为三个层次。第一层疑问、追问。第二层回忆曾经的显赫，质问眼前的行动。第三层承诺眼前将士，表决心，同时又鼓舞士气，激励将士。这段台词一气呵成，霸气十足。

第三节　训练稿件

稿件一

炮神（片段）

炮兵队长：打得好，弟兄们，团座说了奋勇杀敌的论功行赏，剿灭这帮乱臣贼子我们赏银十块大洋，给我狠狠地轰，轰死这帮龟儿子！

炮兵：报告，团座，我们的阵地被唐继尧给端了！

杜清时：炮怎么样？

炮兵：炮都毁了。

杜清时：干他妈什么吃的，那可是4门崭新的日本41山炮啊，为什么不提前火力压制，滚。

群杂：快，快，快点！快，快点！快点！快快快快！

王铁头：华哥，都赖你，非要看人家当兵运炮，这炮管子有啥好看的？

杨志华：你懂个屁啊，这些炮都是洋玩意，在咱家里面一辈子都看不着。

王铁头：一辈子看不着咋了，洋玩意咋了，现在好了吧，被人抓来当马夫。

杨志华：放心吧，我都被他们抓出来三回当马夫兵了，那不照样跑回去了嘛！

王铁头：哥，那咱什么时候跑啊？

押运队长：你们都给我听好了，把这些弹药运到前线，你们人人有赏，有谁再敢给我偷奸耍滑，你们看到了没有？他们俩就是你们的下场，还愣着干什么，走！

王铁头：哥咱还跑嘛？

杨志华：别着急。

群杂：走！走！走！走！走！走

炮兵队长：给我打！

话务员：69团呼叫总指挥部，69团呼叫总指挥部，敌人火力太猛，我们请求支援！我们请求支援！我们请求支援！

王参谋长：我是69团参谋长，我军损失惨重，我请求撤离阵地，撤离阵地！喂，喂，团座！

杜清时：我让你请求援兵，谁让你请求撤退了？

王参谋长：团座，这分明是拿我们当炮灰啊！

杜清时：王进喜！

王参谋长：到！

杜清时：我们的任务是什么？

王参谋长：死守阵地，直到援军到来。

杜清时：看来你还没忘记我们的任务。

王参谋长：团座，再这样打下去，咱们这家底都要打光了呀！

杜清时：闭嘴，只要战斗到剩下一个人，在没有接到撤退命令之前，谁也不许撤！

炮兵队长：怎么回事？

炮手1：长官我们没有炮弹了。

炮手2：长官我们这也没炮弹了。

炮手3：长官我们的炮弹也不多了。

炮兵队长：军需官！军需官！

军需官：长官！

炮兵队长：他妈的！老子的炮弹呢？

军需官：长官，弹药车还在山坡后面。

炮兵队长：格老子的，集中两门大炮，轮流轰炸，别让他们发现我们没有炮弹了，你弄炮弹去，弄不到炮弹，老子宰了你！

军需官：是！

炮兵队长：快去！

军官：团座，团座，团座，敌军已经突破我军前沿阵地，我们，我们顶不住了，团座！

王参谋长：团座，撤吧，再不撤就让人家包了饺子了，我的团座，团座，撤吧，你的命要紧啊！

杜清时：我的命倒是无所谓，可是兄弟们都没了，实在是令人痛心啊，撤吧。

军官：撤！兄弟们，撤！

士兵：报告，援军到了！

杜清时：望远镜！这龙司令怎么搞的，怎么把讲武堂的学生兵叫过来了，清明、清扬也在。这是战场不是演习场，去，告诉清明跟清扬，带人给我撤。

王参谋长：是！

杜清时：兄弟们，学生兵都来了，暂时不撤了，跟我回指挥所。

士兵们：是！

训练提示：天不怕地不怕的马夫兵杨志华，战场一炮成名，但也因这一炮打死了杜清明的弟弟，从此俩人势同水火。天赋异禀的杨志华得到日军教官枝野胜男的青睐，而杜清明之前已是枝野胜男的得意门生，一山岂容二虎，更何况俩人之间夹有生死之仇,危险关系不断升级。后来,本是杜清明未婚妻的李慕兰,最后却与杨志华"私奔",命运辗转,二十余年三人情感纠葛剪不断理还乱。当国家危难之际,昔日恩师"炮魔"枝野胜男再次踏足中国,并以侵略者的身份狰狞亮相,已是八路军直属炮兵队队长的杨志华和德国留学归来的杜清明俩人毅然搁置个人恩怨携手"抗魔"。

练习时注意人物性格要清晰、突出,配音要贴合人物。要注意杨志华由马夫到中共八路军营长的身份变化;杜清明的军事才华与最终的民族大义要有伏笔,人物语言忌生硬。

稿件二

康熙王朝(片段)

当朝大学士,统共有五位,朕不得不罢免四位,六部尚书,朕不得不罢免三位,看看这七个人吧,哪个不是两鬓斑白,哪个不是朝廷的栋梁,哪个不是朕的儿女亲家!他们烂了,朕心要碎了,祖宗把江山交到朕的手里,却搞成了这个样子,朕是痛心疾首,朕有罪于国家,愧对祖宗,愧对天地!朕恨不得自己罢免了自己!还有你们!虽然个个冠冕堂皇站在干岸上,你们就那么干净吗?朕知道,你们有的人比这七个人更腐败!朕劝你们一句,都把自己的心肺肠子翻出来晒一晒,洗一洗,拾掇拾掇!朕刚即位的时候,以为朝廷最大的敌人是鳌拜,灭了鳌拜,以为最大的敌人是吴三桂,朕,平了吴三桂,台湾又成了大清的心头之患哪,啊,朕收了台湾,葛尔丹又成了大清的心头之患。朕现在是越来越清楚了,大清的心头之患不在外边,而是在朝廷,就是在这乾清宫,就在朕的骨肉皇子和大臣们当中,咱们这烂一点,大清国就烂一片,你们要是全烂了,大清各地就会揭竿而起,让咱们死无葬身之地呀!想想吧,崇祯皇帝朱由检,吊死在煤山上才几年哪,忘啦!那棵老歪脖子树还站在皇宫后边,天天地盯着你们哪!朕已经三天三夜没有合眼了,老想着和大伙儿说些什么,可是话总得有个头哇,想来想去,只有四个字(音乐起,升"正大光明"牌匾)。这四个字说说容易呀,身体力行又何其难,这四个字,朕是从心里刨出来的,从血海里挖出来的,记着,从今日起,此殿,改为"正大光明殿"。啊……好好看看。啊,你们都抬起头来,好好看看,想想自己,给朕看半个时辰……

训练提示:康熙善于运用权术,工于心计,懂得恩威并济,这是他执政的制胜法宝。康熙对党争和腐败整治可谓不遗余力。这段台词中最能体现康熙恩威并济的行事风格,既有怒其不争的教训,又有动之以情晓之以理的情意。配音时注意在语言节奏、语气、语势等方面的起伏。

稿件三

永恒的爱情（片段）

亲爱的爸爸，以前我曾经给您写过一封信，可这是我最后一次给您写信了，以后我永远也不会打扰您了。医生说，我的时间很少很少了，癌症使我距离死亡越来越近。爸爸，您知道您的儿子哈迈德深深地爱着我，纯洁的爱情驱使他抛弃了舒适的生活，违背了您的意志，竟然和我这样一个穷职员的女儿结了婚。因为我，您和您的儿子产生了隔阂。可是，当我不夹在你们父子之间的时候，请您消除对他的隔阂吧！请您拥抱您的儿子吧。不然，当我离开人世，他在这世界上会多么地孤单啊！请您千万不要让他感到孤单。爸爸，我还有一个愿望。我死去的母亲非常爱我，我父亲对我更加疼爱，我丈夫给了我无限的爱。遗憾的是我没有得到您的爱，在我生命垂危的时候，希望您和妈妈能把手放在我的头上，叫我一声儿媳妇。爸爸，这是我最后对您要说的话……爸爸请您拥抱您的儿子哈迈德吧，不然，当我离开人世，他在这个世界上会感到孤单，（边哭边说）请您千万不要让他感到孤单……

您的儿媳罗西

训练提示：这是罗西写给公公的信，在表达时要想象罗西写信时的心情并尽量接近人物内心，还原当时语境。同时，也要注意信中四次称呼"爸爸"，每一次的语气都要和后面的意思紧密关联，表达出准确的内在语。尤其是最后的边哭边说，需要运用真挚的情感和非语言表情声音的表达技巧。

稿件四

亮剑（片段）

赵：老李，前两天政治部的同志来看我，也和我谈起了这次战斗的起因和经过，我想了很久。我在想，如果当时我在，我会不会制止你的行动？

李：你肯定会。当时那种情况你要是不制止，你就不是赵刚了。

赵：你这话说到点子上了，凭我的性格，我肯定会制止你。可是话又说回来了，如果我制止了你，那也没有后来的大胜仗了，这里面有些值得思考的东西。你知道，我的性格是谨慎有余，魄力不足。这种性格是有缺陷的，虽说不会惹出大祸，却也不能成事。

李：老赵，要是把咱俩的性格均匀一下，那就能干大事。

赵：可惜这是不可能的。性格这东西很怪，你可以有意识地去调整它，却无法根本改变它。我在反思自己,我常常提出这样的设想:如果我是独立团的团长,我很可能把独立团带成一个遵守纪律的模范团。这样的团队绝不会干出圈的事,会坚决地执行上级的命令,这都没问题。可遗憾的是,这样的团队未必是一支强悍的团队,一支嗷嗷叫的团队,一支拖不垮打不烂的部队。

李:那倒是,乖孩子往往没出息,淘气的孩子也许能干大事。

赵:嗯,这才是问题的关键。我们现在正在进行一场战争,战争有自己的法则。我们的第一目标是要打败敌人,而打败敌人靠的是勇猛顽强的军队。没有这样的军队,民族独立、国家主权那都是空话。你无法想象,一个由乖孩子组成的团队,能和像狼一样凶狠的对手过招。

李:老赵啊,你是说这次打县城,咱独立团打对了。

赵:对,打得好,打出了咱独立团的威风。就为了这个,处分撤职都值。我想我要是在的话会和你一块干的。

李:哎呀老赵,和你搭档真他娘的对脾气。你是我这辈子见到的最好的政委。

赵:说实在的,老李,我该向你学习,培养自己能干大事的性格。我发现了,一支部队也是有气质、有性格的,而这种气质和性格是与首任的军事主管有关。他的性格强悍,这支部队就强悍,就嗷嗷叫,这支部队就有了灵魂。从此以后,这支部队不管换了多少茬人,它的灵魂仍在。

李:有道理。兵熊熊一个,将熊熊一窝。要说魂,只要我在,独立团的兵就嗷嗷叫,遇到敌人就敢拼命。要是哪一天我牺牲了,独立团的兵也照样嗷嗷叫。我就不相信,他们从此就变成棉花包。为什么呢,因为我的魂还在。

赵:是啊。山本一木他不懂这个道理。他以为凭他几十号特种兵就能打垮独立团,他以为端掉独立团团部,这独立团就不存在了。可事实上,他还没来得及逃回太原,就被独立团追上被干掉了。你李云龙是有仇就报的性格,那独立团当然也是如此。君子报仇,十年不晚。这句话不适合独立团。独立团是有仇就报,马上就报。你给我一刀,我反手就是一剑。公平合理,绝不欠债。

李:还是那句话,一个剑客高手和咱对阵,就是明知是个死,也要亮剑。倒在对手的剑下不丢脸,要是不敢亮剑,那才叫丢脸。

赵:亮剑。亮出的是气势,是胆略,是男子汉的精神。

李:说得好,老赵。我盼你养好伤快点出院。我李云龙离不开你,交朋友就像找老婆一样,一眼看准了就不管别的了。一句话,这辈子就是你了。

赵:老李,我赵刚也认你这个朋友。一辈子肝胆相照,永不背叛。我们是朋友,兄弟。

训练提示：这段对白充分展示了赵刚和李云龙的性格特征和他们之间搭档的默契。赵刚作为燕京大学的优秀毕业生，其素质毋庸多说，他不仅没有瞧不起草莽出身的李云龙，而且被李云龙的正直无私、敢于创新、英勇无畏、敢担责任、侠肝义胆的品格所深深地吸引，并用自己对事物的判断协助李云龙。尽管他们有很多的不同，但是相同的志向使他们走在一起，相互提携，相互尊重。表达时注意人物性格对语言的影响，一个有着草莽英雄的豁达，一个相对温文尔雅。

稿件五

花千骨（片段）

花千骨：(试探地)白子画，既然那么舍不得我死，就一起，找个与世隔绝的地方幸福地活怎样？我不做妖神，你不做长留掌门，再不管这世间一切？

白子画：(苦涩地)连你自己都知道不可能，何苦自欺欺人。

花千骨：(激动地)自欺欺人的是你！你难道不想要我么？退一步怎样？你现在对着所有人说，你手臂上这块绝情池水的疤是怎么来的，你为何宁可剔肉削骨也要毁去？说出你爱的人是谁，我就放过在场的人，如何？

白子画：(苦涩地)你为何执念如此之深，这一句承认，就真的对你那么重要？停下来，小骨！

花千骨：(疯狂地)白子画，你不是说我没办法违背自己本性么？我今天就做给你看，就算是死，我也要你，要这天下为我陪葬！我要你眼睁睁看着六界，一点点坍塌，我要你看着你所爱的那些世人，一个个死在我的手里！

白子画：(痛苦地)小骨，错都在我，你杀了我好了。不要放弃最后赎罪的机会，回头是岸。

花千骨：(悲怆)我没有师父，没有朋友，没有爱人，没有孩子，当初我以为我有全世界，却原来都是假的。爱我的，为我而死；我爱的，一心想要我死；我信的，背叛我；我依赖的；舍弃我。我什么也不要，什么也不求，只想简单地生活，可是老天逼我，是你逼我！你以为到了现在，我还回得了头么？

白子画：(急切地)小骨，住手！

花千骨：(绝望地)你不是最爱这个天下么？不是想要救六界生灵么？唯一的办法，杀了我。

白子画：(咬牙切齿地)你是故意的！从一开始你就打算好了一切，什么玉石俱焚！你只是想逼我亲手杀你！你恨我，居然想到了用这种残忍的方式来报复！

花千骨：没错，我就是想看看，我的命到底值几个钱，在你心中，又比得过多少人的命。天下和我,你只能选一个。

白子画:(痛苦地)住手!为什么?为什么一切会变成现在这个样子?错的明明是我……为什么要逼我杀你……

花千骨:(绝望地)我没有逼你,诛仙柱下,瑶池上,你不是做得很好么?以前可以做到,现在也可以。拿起剑吧,长留上仙,为了仙界荣辱,为了六界生灵,你有什么狠不下心的?来吧,杀了我,一切便又可以回到最初。

白子画:(痛苦地)六界何干?天下何干?我只要你……终归,你却还是要毁在我手上么?可若没有了你,一切还有什么意义?

花千骨:(自嘲地)选天下,还是选我?其实,我早就知道结果了,可是,还是……忍不住心存幻想……

白子画:小骨……

训练提示:花千骨是世间最后一个神,也是百年难得一见的天煞孤星,她善良而坚强,对待朋友真心实意。

这段对白充分展示了花千骨对白子画的爱与眷恋。两人对白逐渐将情绪推向高潮,由最初的试探,到最后的告白,用情至深至真。表达时注意情绪变化的过程和细节。

稿件六

秋瑾(片段)

旁　白:当秋瑾拖着沉重的镣铐走过这条晦暗的囚室间,遥远的天际还残留着一丝曙光。尽管身后对着冰冷的枪口,她依然用坚定的目光注视着东方的晨星。

贵　福:秋瑾,你出身名门,不好好相夫教子,出来造反,这也叫妇道?

秋　瑾:妇道?男的要是死了,女的要戴三年的孝,终身不能二嫁。可女的要是死了,三日未过男的就出去偷鸡摸狗!国家都要亡了,你还在这里讲妇道?!

旁　白:这是1907年7月15日。6天前,由于革命党人徐锡麟安庆起义失败,在绍兴策应的秋瑾被叛徒出卖不幸被捕。当天晚上,绍兴知府贵福对秋瑾进行了残酷的拷问。

贵　福:有人告发你和革命党交往甚密,你还不从实招供!

秋　瑾:我和谁交往甚密。大人你最清楚。

贵　福:你!你这是造反!

秋　瑾:对,我就是造反!大清索我的命,我诛大清的心!大清索我的命,我诛大清的心！

贵　福：反了反了！把她给我拿下！

旁　白：在贵福的严刑拷打之下，秋瑾拒不招供。仅仅在纸上写下"秋风秋雨愁煞人"。在死牢中，她望着漆黑的墙壁，仿佛看到了她牺牲的战友徐锡麟。

徐锡麟：秋瑾，秋瑾。还记得我教你做望远镜的镜片吗？

秋　瑾：我当然记得！你还告诉过我，望远镜可是能望到很远很远的地方，28星宿，都可以看得很清楚。

徐锡麟：没错，我们今天看到的星星的光，是走了成千上万个光年才来到我们的眼前。所以不要气馁，我们今天所做的事，很可能要等到后人，才能看到。

秋　瑾：要等到后人，才能看到。徐大哥，我现在明白了，用不了多久，黄泉路上，我们又可以像当年一样，对酒当歌！

徐锡麟：好，对酒当歌！不惜千金买宝刀，貂裘换酒也堪豪。一腔热血勤珍重，洒去犹能化碧涛。

秋　瑾：不惜千金买宝刀，貂裘换酒也堪豪。一腔热血勤珍重，洒去犹能化碧涛。

点　于：一腔热血勤珍重，洒去犹能化碧涛。

旁　白：天色渐渐明亮，秋瑾微微看到前方不远的断头台。在这小小的轩亭口聚集了成百上千来看热闹的昔日的乡里。贵福坐在监斩台上，拿出一张照片递给秋瑾。

群　杂：这两个孩子，就要失去母亲啦！

旁　白：看着照片上两个稚嫩的孩子，秋瑾心中的最后一道防线几乎被冲垮！一时间，她的耳畔变得嘈杂起来，整个世界都在拷问她！

群　杂：不好好在家过日子，偏偏出来造反，连头都没啦！

群　杂：哈哈哈，听说人家还要劝牢头儿造反呐。

群　杂：疯子，简直是疯啦！

群　杂：也是大户人家小姐，怎么落了这么个下场。

兄　长：妹妹啊，你就不想想元德和桂芳，你既回来了为啥还抛掉这个家不顾啊？

群　杂：贵福大人真是给咱行了一件大善事啊。看看，看看，这是给咱除了一害啊！

群　杂：你也不想想王家是阀阅之家，也能容得了你这样的媳妇！

群　杂：连孩子都不顾了，世上也有你这样的妈！

秋　瑾：我死！我死，是为了所有的孩子。我也是母亲，我怎么会不想念自己的孩子？可是我始终无法忘记，我到京城的那一天，一个母亲抱着她的孩子拦住我们的车，跪下来，求我们给她点吃的。我给了她一个馒头，这个时候，无数的难民冲了上来，把我们的车子晃得左右摇摆。还有那些当兵的,为了给洋人开道,不惜拿鞭子把难民打得头破血流。可就算是这样,他们也不愿意离开,就是为了给他们的孩子,求一个馒头。从那个时候起,我就知道只有我和我的孩子得到温饱,是不够的。我希望全天下的母亲和孩子,都可以得到温饱!革命是什么,革命是为了给天下人造一个丰裕富兴的家!

旁　白:革命是什么?革命是让中国人拥有自己的银行、铁路,有可以追寻的民生幸福!

旁　白:革命是什么?革命是让我们普天之下的老百姓不再做任何人的奴隶!

秋　瑾:我死,是为了天下的孩子。我希望若干年后,他们能够看到自己年迈的母亲像我现在一样,宁静地,微笑。

训练提示:这段台词是根据电影浓缩改编的。秋瑾从追寻自己的自由到追寻国家的自由,从追寻自己的幸福到追寻国家的幸福,最终走上追寻真理之路。有人认为这是愚昧,确实算不上"聪明",但人人都"聪明"的世界看不到光明,总需要有人去做"傻"事。在表达时重点突出秋瑾语言情感中"绝望与希望同时存在",先觉者格外痛苦也格外幸福的无悔感。同时,要注意旁白、群杂与剧中人物语言叠加式的节奏与情感,做到杂而不乱。

稿件七

哈姆雷特(片段)

哈姆雷特(自言自语):生存还是毁灭?这是个问题。

究竟哪样更高贵?去忍受那狂暴的命运无情的摧残,还是挺身去反抗那无边的烦恼,把它扫一个干净?

去死,去睡就结束了,如果睡眠能结束我们心灵的创伤和肉体所承受的千百种痛苦,那真是生存求之不得的天大的好事。去死,去睡。

去睡,也许会做梦!

唉,这就麻烦了,即使摆脱了这尘世,可在这死的睡眠里又会做些什么梦呢?真得想一想,就这点顾虑使人受着终身的折磨。

谁甘心忍受那鞭打和嘲弄,受人压迫,受尽侮蔑和轻视,忍受那失恋的痛苦,法庭的拖延,衙门的横征暴敛,默默无闻的劳碌却只换来多少凌辱。但他自己只要用把尖刀就能解脱了。

谁也不甘心,呻吟、流汗拖着这残生,可是对死后又感觉到恐惧,又从来没有任何人从死亡的国土里回来,因此动摇了,宁愿忍受着目前的苦难而不愿投奔向另一种苦难。

顾虑就使我们都变成了懦夫,使得那果断的本色蒙上了一层思虑的惨白的容颜,本来可以做出伟大的事业,由于思虑就化为乌有了,丧失了行动的能力。

我所遇到的一切都在鞭策我,催我赶快去报仇雪恨,如果说一个人把吃喝玩儿乐看成是生活的目的,那他还算是什么!简直是畜生,上帝创造有智慧的人类,高谈阔论瞻前顾后绝对不是让我们把天赋的能力白白地浪费掉,如果我现在患了健忘症,或者是由于过于小心谨慎而如此的畏缩不前,或者是由于有一分的智慧和三分的怯懦呢?我的确不知道!

为什么我现在不敢立即行动!可我明明有理由有决心,有力量和方法来实现它,要知道大地一样的榜样都在激励着我。

瞧,这样一支正在前进着的年轻勇猛的大军,率领者竟是一个娇嫩的王子,可是他们全然不顾前途的艰难险阻,雄心勃勃地向前挺进着,这只无所畏惧的年轻队伍敢于向命运死亡和危险挑战,仅仅是为了一块区区弹丸之地,当然真正的伟大并不是轻举妄动,而是在容易遭到侵犯的时候即使为了一粒麦子,也要去慷慨力争。可是我的亲生父亲惨遭杀害,母亲被人侮辱,我的理性和情感本该激动,可我却听之任之,无动于衷,我感到羞愧,当我看到那两万多名年轻勇敢的士兵,只是为了博取虚名,竟敢视死如归地走向他们的坟墓,目的仅仅是争夺那一方还不够给他们用作战场,或者掩埋他们故事的土地。啊,从这一刻开始,让我把流血的思想,充满我的脑海!

训练提示:哈姆莱特是一个充满矛盾的形象。他接受了人文主义的影响,心中充满了美好的理想,而现实生活的一系列意外打破了他的理想。他要为父报仇,可是他内心又是矛盾的,因为他想的不光只是为父报仇,而是扭转乾坤。由于性格过于内向、审慎及单枪匹马的处境,他感到犹豫,并造成他行动上的延宕,最后只能与敌人同归于尽。这段经典台词在表达时要注意哈姆雷特的悲剧形成的原因。既有罪恶势力过于强大的客观原因,也有其性格存在弱点的主观原因。所以,哈姆莱特的悲剧是时代的悲剧,是人文主义者的悲剧,表达者对此应该有深刻的思考。

稿件八

日出(片段)

黄省三:好,我起来,我起来,你们不用打我!(慢慢立起来)那么,你们是不让我活了!(疯狂似地又哭又笑地抽咽起来)哦,我太冤了。你们好狠的心哪!你们给我一个月不过十三来块钱，可是你们左扣右扣的，一个月我实在领下的才十块二毛五。我为着这可怜的十块二毛五，我整天写。整天给你们伏在书桌上写；我抬不起头，喘不出一口气地写，我从早到晚地写；我背上出着冷汗，眼睛发着花，还在写；刮风下雨，我也跑到银行来写！（做势）五年哪！我的潘经理！五年的工夫，你看看，这是我！（两手捶着胸）几根骨头，一个快死的人！我告诉你们，我的左肺已经坏了，哦，医生说都烂了！（尖锐的声音，不顾一切地）我跟你说，我是快死的人，我为着我的可怜的孩子，跪着来求你们。叫我还能够给你们写，写，写，再给我一碗饭吃。把我这个不值钱的命再换几个十块二毛五。可是你们不答应我！你们不答应我！你们自己要弄钱，你们要裁员，你们一定要裁我！（更沉痛地）可是你们要这十块二毛五干什么呀！我不是白拿你们的钱，我是拿命跟你们换哪！并且我也拿不了你们几个十块二毛五，我就会死的。（愤恨地）你们真是没有良心哪，你们这样对待我，是贼，是强盗，是鬼呀！你们的心简直比禽兽还不如。你说我疯了，（哭着）你才疯了！我现在不怕你们啦，我不怕你们啦！我太冤了，我非要杀了……（突然咳嗽不止……躺倒在地）

训练提示：从这段独白我们看到一个仍抱有求生希望的可怜人逐步变成一个没了血肉、只剩形骸的疯子。"哀莫大于心死"在黄省三身上得到了最好的诠释。亲手杀死自己至亲骨肉的痛苦、生活的窘迫压得他形同枯槁，只余满腔怒火，他愤恨地喊出："你们真是没有良心哪，你们这样对待我，是贼，是强盗，是鬼呀！你们的心简直连禽兽还不如。"作者借用已被逼疯了的黄省三的疯言疯语来控诉像潘月亭这类的有余者，控诉这"损不足以奉有余"的社会丑态。表达时要特别注意两点：一是黄省三前后情绪变化的对比，二是其内心的挣扎，对生的希望彻底破灭和对这个强盗般社会的憎恨。

稿件九

无辜的罪人（片段）

聂兹纳莫夫：先生们，我已经得到允许了，因此，请不要打断我的话。先生们，我提议，为抛弃亲生孩子的母亲干杯吧！让她们在欢欣愉快里活下去吧，让她们的道路上撒满蔷薇和百合花吧。希望她们的快乐生活，不受任何人、任何东西的搅扰，希望任何人、任何东西也不使她们想起那些不幸的苦命的孤儿。为什么要去破坏她们的平静呢？她们为了自己的娇儿，已经做了她们所能做、所会做的一切了。她们有的为她们的孩子痛苦，或多或少柔情地吻过她们的孩子，而且临别赠言："我的宝贝，分别了，自己去找你的生路吧！最好还是死去。"所谓真理，这就是真理：死是头等美事。它能叫这位新入人间的旅客满意的。然而这样的幸运还不是每个孤儿都能享受得到的。(低头沉思片刻)还有一些多情的母亲,她们不只常流眼泪、常吻她们的孩子,而且还给孩子戴一个黄金做的小玩意儿,还说:"戴着吧,记住我吧!"可是,可怜的孩子能记得什么呢?而且何必要记着呢?何必给他们留下这个不幸的耻辱的永久的纪念品呢?就是没有这个,也是每个不嫌麻烦的人,都要指着他,说他是被抛弃的私生子,是道旁的野种!可是他们的母亲是否知道这个不幸的、无缘无故被人辱骂的孩子,有的时候把眼泪洒在他妈妈留下的纪念品上呢?妈妈,你现在在哪里快乐逍遥呢?回答我一声吧!哪怕你的一滴眼泪落在我的头上,我再去忍受我的痛苦和失望,我将会觉得轻松一些,要知道这纪念品挂在身上,真像火一样烧着我的心呀!

训练提示:《无辜的罪人》是一部情感非常浓烈的剧作,很多场面都充满着巨大的激情,有时人物情感的爆发简直如决堤之水,汹涌奔腾势不可挡。这段独白更是需要表达者唤起激情的同时掌握好激情,去感受人物情感的状态,切忌虚假、造作、装腔作势,破坏表达的真实性。

稿件十

原野(片段)

金子:你们不用叫!(立刻冷冷地)用不着你们母子喊,我来了。

(两面望望,恨恶地)哼,(冷笑)你们逼我吧,逼我吧!(忽然高声)我做了!我做了,我偷了人!养了汉!我不愿在你们焦家吃这碗厌气饭,我要找死,你们把我怎么样吧?你妈说的,句句对,没冤枉我,我是偷了人,我从进你们家的门,我就没想好好过。你爸爸把我押来做儿媳妇,你妈从我一进门就恨上我,骂我、羞我、糟蹋我,没有把我当人看。我告诉你,大星,你是个没有用的好人。可是,为着你这个妈,我死也不跟这样的好人过,我是偷了人。你待我再好,早晚我也要跟你散。我跟你讲吧,我不喜欢你,你是个"窝囊废""受气包"。

你只配叫你妈妈哄。你还不配要金子这样的媳妇。你们打我吧,你们打死我吧!我认了。可是要说到你妈呀,天底下没有比你妈再毒的妇人,再不是人的婆婆,你看她——焦花氏(跑到香案前,掀开红包袱,拿起扎穿钢针的木人),大星,你看!这是她做的事。

你看,她要害死我!想出这么个绝子绝孙的法子来害我。你看,你们看吧!今天咱们就来个鱼死网破吧!(把木人扔在地上)

训练提示:金子是当时一个普通家庭出身的女孩子,她"野地里生,野地里长",由于命运的安排竟成了地主家的少奶奶。她深爱着仇虎,对懦弱的丈夫焦大星颇为鄙视。这段台词重点表现金子倔强、大胆、泼辣的性格。

稿件十一

阮玲玉(片段)

阮玲玉:来吧!敌人们,友人们,仇人们,爱人们。都来吧!(转身背对,大叫)来呀!

(阮玲玉巡视着,而后款款走向张四达)

(对张,深情地)四少爷,四先生,四达。我爱过你,恨过你,悔过羞过。这一切都是最深最深的,那是少女的纯情的爱呀,想一想,都像这杯中的酒,令人陶醉……(深深地摇头)去吧!

(饮酒,又取一杯,走向唐文山)和你,那是说不清道不明的感情纠缠,是前世的善缘?是后世的孽根?是秋千上的游戏?是梯架上的攀登?丈夫,谢谢你给了我汽车、洋房、珍珠、翡翠,足以使任何女人骄傲的一切。(摇摇头,浅浅一笑)去吧!

(饮酒,又取一杯,走向蒲团)蒲导演,大善人!要不是你,偷天换日,来几分欺骗,那些幸又不幸的人们还怎么活下去?为你的好心,为你的骗术,干杯!

(饮酒,又取一杯,走向黄一坤)黄委员、黄记者,这个世界上一点儿也少不了你,为你的舌头,干杯!

梦露姐(十分悲愤),请大家举杯吧!为了女明星世界神神秘秘的生活,光光彩彩的表演,轰轰烈烈的下场(和梦干杯)干杯!马大哥,谢谢你为了医治我的失眠症把做道具的三瓶安眠药通通给了我,让我找到我自己的归宿。

(阮高高举起碗)

穆先生,天培兄!(哭起来)你说,你说!我是个好女人吗?你说,你说!我是个坏女人吗?

(喝下汤然后摔倒,然后再站起来,表情严肃)

明天就要开庭,明天就要对一个强者中的强者,弱者中的弱者进行缺席审判。

人们用你们的善心和良知听我说一句话,在这个叫作人间的地方,我生活了二十五年,检点我的所作所为,一丝一毫,无愧于心,我应该是原告,原告!

好心的影迷们,你们爱着的阿阮去了!我睡在黑暗的胶片上,躺在冰冷的盒子里,日后每当在幕布上重现的时候,那总是对你们的祝福!

训练提示:阮玲玉端庄大方,清丽脱俗。对待表演艺术,她勤奋刻苦,倾注了全部的热情,不懈追求。这段独白是她决定结束生命前内心的表白,她心里的苦处、绝望等所有的情绪的最后宣泄。"来吧!敌人们,友人们,仇人们,爱人们。都来吧!"她在向生命中留下印迹的每一个人告别,诉说自己的无奈和人言可畏的悲凉。表达时需要注意酒后的状态及对不同人说话时的态度和分寸。

稿件十二

雷电颂

屈原(向风及雷电):风!你咆哮吧!咆哮吧!尽力地咆哮吧!在这暗无天日的时候,一切都睡着了,都沉在梦里,都死了的时候,正是应该你咆哮的时候,应该你尽力咆哮的时候!

尽管你是怎样的咆哮,你也不能把他们从梦中叫醒,不能把死了的吹活转来,不能吹掉这比铁还沉重的眼前的黑暗,但你至少可以吹走一些灰尘,吹走一些沙石,至少可以吹动一些花草树木。你可以使那洞庭湖,使那长江,使那东海,为你翻波涌浪,和你一同地大声咆哮啊!

啊,我思念那洞庭湖,我思念那长江,我思念那东海,那浩浩荡荡的无边无际的波澜呀!那浩浩荡荡的无边无际的伟大的力呀!那是自由,是跳舞,是音乐,是诗!

啊,这宇宙中的伟大的诗!你们风,你们雷,你们电,你们在这黑暗中咆哮着的,闪耀着的一切的一切,你们都是诗,都是音乐,都是跳舞。你们宇宙中伟大的艺人们呀,尽量发挥你们的力量吧。发泄出无边无际的怒火,把这黑暗的宇宙、阴惨的宇宙,爆炸了吧!爆炸了吧!

雷!你那轰隆隆的,是你车轮子滚动的声音?你把我载着拖到洞庭湖的边上去,拖到长江的边上去,拖到东海的边上去呀!我要看那滚滚的波涛,我要听那鞺鞺鞳鞳的咆哮,我要漂流到那没有阴谋、没有污秽、没有自私自利的没有人的小岛上去呀!我要和着你,和着你的声音,和着那茫茫的大海,一同跳进那没有边际的没有限制的自由里去!

啊,电!你这宇宙中最犀利的剑呀!我的长剑是被人拔去了,但是,你,你能拔去我有形的长剑,你不能拔去我无形的长剑呀。电,你这宇宙中的剑,也正是,我心中的剑。你劈吧,劈吧,劈吧!把这比铁还坚固的黑暗,劈开,劈开,劈开!虽然你劈它如同劈水一样,你抽掉了,它又合拢了来,但至少你能使那光明得到暂时的一瞬的显现。哦,那多么灿烂的,多么炫目的光明呀!

光明呀,我景仰你,我景仰你,我要向你拜手,我要向你稽首。我知道,你的本身就是火,你,你这宇宙中的最伟大者呀,火!你在天边,你在眼前,你在我的四面,我知道你就是宇宙的生命,你就是我的生命,你就是我呀!我这熊熊地燃烧着的生命,我这快要使我全身炸裂的怒火,难道就不能迸射出光明了吗?

炸裂呀,我的身体!炸裂呀,宇宙!让那赤条条的火滚动起来,像这风一样,像那海一样,滚动起来,把一切的有形,一切的污秽,烧毁了吧!烧毁了吧!把这包含着一切罪恶的黑暗烧毁了吧!

把你这东皇太一烧毁了吧!把你这云中君烧毁了吧!你们这些土偶木梗,你们高坐在神位上有什么德能?你们只是产生黑暗的父亲和母亲!

你,你东君,你是什么个东君?别人说你是太阳神,你,你坐在那马上丝毫也不能驰骋。你,你红着一个面孔,你也害羞吗?啊,你,你完全是一片假!你,你这土偶木梗,你这没心肝的、没灵魂的,我要把你烧毁、烧毁、烧毁你的一切,特别要烧毁你那匹马!你假如是有本领,就下来走走吧!

什么个大司命,什么个少司命,你们的天大的本领就只有晓得播弄人!什么个湘君,什么个湘夫人,你们的天大的本领也就只晓得痛哭几声!哭,哭有什么用?眼泪,眼泪有什么用?顶多让你们哭出几笼湘妃竹吧!但那湘妃竹不是主人们用来打奴隶的刑具么?你们滚下船来,你们滚下云头来,我都要把你们烧毁!烧毁!烧毁!

哼,还有你这河伯……哦,你河伯!你,你是我最初的一个安慰者!我是看得很清楚的呀!当我被人们押着,押上了一个高坡,卫士们要息脚,我也就站立在高坡上,回头望着龙门。我是看得很清楚,很清楚的呀!我看见婵娟被人虐待,我看见你挺身而出,指天画地有所争论。结果,你是被人押进了龙门,婵娟她也被人押进了龙门。

但是我,我没有眼泪。宇宙,宇宙也没有眼泪呀!眼泪有什么用呀?我们只有雷霆,只有闪电,只有风暴,我们没有拖泥带水的雨!这是我的意志,宇宙的意志。鼓动吧,风!咆哮吧,雷!闪耀吧,电!把一切沉睡在黑暗怀里的东西,毁灭,毁灭,毁灭呀!

训练提示:屈原被囚禁在东皇太庙,他手足带着刑具,颈上系着长链,散发披肩,独身徘徊。这时,狂风咆哮,电闪雷鸣。面对这黑暗的世界,他想到祖国就要沦亡,听着风吼、雷鸣,看着闪电劈空,他感到了大自然的伟大力量,他激愤的心情发展到极点,他的心像火一样燃烧起来,铸成了这大气磅礴、动人心魄的独白——《雷电颂》。全篇分五个层次,先分后合,紧密相连。由风,及雷,及电;由诅咒黑暗,再到追求光明;由歌颂火迸射出光明,再到烧毁一切偶像。环环相扣,步步深入,一气呵成,使诗人的满腔怒火和对光明的渴望追求得以充分表现。"雷电颂"是"侮辱增加到最深度,彻底蹂躏诗人自尊的灵魂,喷薄而出的诗"。处理时需把屈原和风雷电融为一体,达到物我同化的境地,才能充分显示追求光明的强烈愿望,使屈原的形象成为光明与正义的化身。处理时感情喷薄而出,不可阻挡。

稿件十三

第十二夜(片段)

薇奥拉:哪一位是这府中的贵小姐?

奥丽维娅:有什么话对我说吧,我可以代她答话。你来有什么见教?

薇奥拉:最光彩、优秀、无双的美人!请您指示我这位是不是就是这里府中的小姐,因为我没有见过她。我不大甘心浪掷我的言辞,因为它不但写得非常出色,而且我费了好大的辛苦才把它背熟。两位美人,不要把我取笑,我是个非常敏感的人,一点点轻侮都受不了的。

奥丽维娅:你是从什么地方来的,先生?

薇奥拉:除了我所背熟的以外,我不能说别的话。您这问题是我所不曾预备作答的。温柔的好人儿,好好儿地告诉我您是不是府里的小姐,好让我陈说我的来意。

奥丽维娅:你是个唱戏的吗?

薇奥拉:不,我可心的人儿,可是我发誓我并不是我所扮演的角色。您是这府中的小姐吗?

奥丽维娅:是的,要是我没有冒充我自己。

薇奥拉:假如您就是她,那么您的确是冒充了您自己了,因为您有权利给予别人的,您却没有权利把它藏匿起来。但是这种话跟我来此的使命无关,我要继续我恭维您的言辞,然后告知您我的来意。

奥丽维娅:那么多半是些鬼话,请你留着不用说了吧。我听说你在我门口一味顶撞,让你进来只是为要看看你究竟是个什么人,并不是要听你说话。要是你没有发疯,那么去吧;要是你明白事理,那么说得简单一些:我现在没有那样心思去理会一段没有意思的谈话。

玛利娅:请你起身吧,先生,这儿便是你的路。

薇奥拉:不,好清道夫,我还要在这儿闲荡一会呢。亲爱的小姐,请您劝劝您这位"彪形大汉"别那么神气活现。

奥丽维娅:把你的尊意告诉我。

薇奥拉:我是一个传信人。

奥丽维娅:你那种礼貌那么可怕,你带来的消息一定是些坏事情。有什么话说出来。

薇奥拉:除了您之外不能让别人听见。我不是来向您宣战,也不是来要求您臣服;我手里握着橄榄枝,我的话里充满了和平,也充满了意义。

奥丽维娅：可是你一开始就不讲礼。你是谁？你要的是什么？

薇奥拉：我不讲礼是我从你们对我的接待上学来的。我是谁，我要些什么，是个和贞操一般的秘密。在您的耳中是神圣，别人听起来就是亵渎。

奥丽维娅：你们都走开吧，我们要听一听这句神圣的话。(玛利娅及侍从等下)现在，先生，请教你的经文？

薇奥拉：最可爱的小姐——

奥丽维娅：倒是一种叫人听了怪舒服的教理，可以大发议论呢。你的经文呢？

薇奥拉：在奥西诺的心头。

奥丽维娅：在他的心头！在他的心头的哪一章？

薇奥拉：照目录上排起来，是他心头的第一章。

奥丽维娅：噢！那我已经读过了，无非是些旁门左道。你没有别的话要说了吗？

薇奥拉：好小姐，让我瞧瞧您的脸。

奥丽维娅：贵主人有什么事要差你来跟我的脸接洽吗？你现在岔开你的正文了，可是我们不妨拉开幕儿，让你看看这幅图画。(揭去面纱)你瞧，先生，我就是这个样子。它不是画得很好吗？

薇奥拉：要是一切都出于上帝的手，那真是绝妙之事。

奥丽维娅：它的色彩很耐久，先生，受得起风霜的侵蚀。

薇奥拉：那真是各种色彩精妙地调和而成的美貌，那红红的白白的都是造化亲自用他的可爱的巧手敷上去的。小姐，您是世上最忍心的女人，要是您甘心让这种美埋没在坟墓里，不给世间留下一份副本。

奥丽维娅：啊！先生，我不会那样狠心。我可以列下一张我的美貌的清单，一一开列清楚，把每一件细目都载在我的遗嘱上，例如：一款，浓淡适中的朱唇两片；一款，灰色的倩眼一双，附眼睑；一款，玉颈一围，等等。你是奉命到这儿来恭维我的吗？

薇奥拉：我明白您是个什么样的人了。您太骄傲了，可是即使您是个魔鬼，您是美貌的。我的主人爱着您。啊！这么一种爱情，即使您是人间的绝色，也应该酬答他的。

奥丽维娅：他怎样爱着我呢？

薇奥拉：用崇拜、大量的眼泪、震响着爱情的呻吟、吞吐着烈火的叹息。

奥丽维娅：你的主人知道我的意思，我不能爱他。虽然我想他品格很高，知道他很尊贵，很有身份，年轻而纯洁，有很好的名声，慷慨、博学、勇敢，长得又体面，可是我总不能爱他，他老早就已经得到我的回音了。

薇奥拉：要是我也像我主人一样热情地爱着您，也是这样地受苦，这样了无生趣地把生命拖延，我不会懂得您的拒绝是什么意思。

奥丽维娅：啊，你预备怎样呢？

薇奥拉：我要在您的门前用柳枝筑成一所小屋，在那里面呼唤我的灵魂；我要吟咏着被冷淡的忠诚的爱情篇什，不顾夜多么深。我要把它们高声歌唱；我要向着回声的山崖呼喊您的名字，使饶舌的风都叫着"奥丽维娅"。啊！您在天地之间将要得不到安宁，除非您怜悯了我！

奥丽维娅：你倒是挺会恭维人的。你的家世怎样？

薇奥拉：超过我目前的境遇，但我是个有教养的人。

奥丽维娅：回到你主人那里去，我不能爱他，叫他不要再差人来了，顶多可以差你再来见我，告诉我他对于我的答复作何反应。再会！多谢你的辛苦，这几个钱赏给你。

薇奥拉：我不是个要钱的信差，小姐，留着您的钱吧；不曾得到报酬的，是我的主人，不是我。但愿爱神使您所爱的人也是心如铁石，好让您的热情也跟我主人的一样遭到轻蔑！再会，狠心的美人！（下）

训练提示：本段对白出自于奥西诺公爵派薇奥拉替他向年轻貌美而富有的伯爵小姐奥丽维娅求婚的情节，语言具有极其鲜明的喜剧特色。训练时需要注意采用不同于国内作品的语言节奏和腔调处理，但是又不应该一味地追求所谓的"洋味儿"，忽视了内容的表达，处理成"假洋鬼子"。

稿件十四

虎符（片段）

如姬夫人（自语）：是的，我也要走了。走到很远很远的地方去。但我却有点放心不下，我不知道太妃是怎样了。唉，我是怎样地希望，能够飞回城去，和她再见一面呀！（向大梁城回望）哦，城头上的火光也熄掉了。我们出城的时候，听见人说，那暴戾的人要把信陵公子的家人斩尽杀绝，要把信陵公子的住宅一火而焚，太妃此刻怕已经都化成灰了。我为什么怕他，要逃到这儿来呢？我为什么不让他把我剁成泥，烧成灰，向天空中播去呢？我为什么不留着同太妃一道遭难呢？啊，我依然是一个怯弱的人呀！

是的，我想回去，我要回去再看太妃一眼。即使她是已经烧死了，我要看见了她的灰，我也才瞑目。我要回去，我是非回去不可的。（回顾父墓）爹爹，你是知道的，太妃是把我当成女儿一样看待的，我不知道她的生死存亡，我实在是不孝，我实在是死也不能瞑目的。你让我暂时回去一下，再到你跟前来吧。（将行，却又停步）不，我不能回去，我还得完成我最后做人的任务，我不能够让那暴戾的人来帮助我。太妃，她已经给了我一件很可宝贵的东西（从怀中取出匕首来），这会帮助我自己的解放！任你暴戾的人怎样地束缚我、限制我、虐待我,把我当成你的马儿,当成你的玩具,但在这最后的一瞬间你却不能把我拘束了。

(对匕首)啊,你灵妙的匕首!你是我的解放者。人把你制造出来,创造了死,人把你制造出来,也创造了生。你,死的创造者!太妃把你给了我,我是很感激她,也很感激你的。此刻由你制造出来的死,便是有意义的生。我知道,假使我把你用在那暴戾者的身上,那是把生路给予了多数的人;如果我把你用在我自己的身上,那是把生路给予要活下去的,永远自由自在地活下去。我不能够死在那了。我是暴戾者手里的,我不能够奴颜婢膝地永远死陷在那暴戾者的手里……

训练提示:如姬是窃符救赵的关键人物之一,她虽为一介女流,然而为了国家大义、报答恩情,置个人生死于度外,毅然盗取兵符,帮助信陵君救援赵国,提高了魏国的威望,可谓巾帼英雄。这段独白是如姬自刎前的自言自语,既有对魏王的恨,又有对现实的无奈以及对死的决绝。三个表达的层次:由悲切到憎恨再到绝望,应掌握好。

稿件十五

伪装者(片段)

汪曼春:师哥!

明　楼:长高了!

汪曼春:说什么呢!别闹了,我都多大了!

明　楼:那就是我们太久没见了。

汪曼春:你知道吗?我刚才在办公室接到你的电话,我真吓了一跳,我以为我是在做梦呢!

明　楼:你不知道我回来吗?

汪曼春:我又不是神仙。师哥,你什么时候回上海的?

明　楼:今天下午。

汪曼春:没回家?

明　楼:暂时住在酒店里,还没有让家里人知道。

汪曼春:好奇怪的安排。那这么说,你一回来就来看我了?

明　楼:当然是,你叔父叫我回来,跟着他替新政府效力,在经济司任职。我想呢,跟着老师做事,毕竟也能事半功倍。不过……你也知道我大姐的脾气,她向来不主张明家的子弟去搞政治。尽管她自己清楚,这政治和经济根本是分不开家的。

汪曼春:是啊,像我们这种靠打打杀杀混饭吃的人,更是入不了你姐姐的法眼了。

明　楼：你现在……还是一个人？

汪曼春：嗯。

明　楼：我记得去年你信上说,你交了一个很好的男朋友。

汪曼春：是啊。

明　楼：又无疾而终啦？

汪曼春：那倒不是,我杀了他,要听具体细节吗？

明　楼：不不,点到为止,点到为止。

汪曼春：明大教授,你真不愧是我叔父的得意弟子,我在你面前简直就是个小学生,总是被你大教授牵着鼻子走。

明　楼：有自知之明,是好事。

汪曼春：那,师哥,我们接下来去哪叙旧？

明　楼：去你家里。

汪曼春：拜托！你都在国外待了那么久了！怎么还这么守旧！咱能不能不去拜会师长？嗯？

明　楼：到家谢师,不能免俗。汪大小姐,请上车吧。

阿　诚：汪小姐好！

汪曼春：好久不见,阿诚。回头我要是问起师哥在国外的事情,你可不许保密啊！

阿　诚：汪小姐开口问的,在下当然是知无不言。

明　楼：吃里爬外！

阿　诚：汪小姐请。

训练提示：《伪装者》是2015年热播的影视剧,配音练习前首先要做人物分析,了解每个人物之间的关系,明白他们的命运走向。本段落是明楼与汪曼春的对话,注意二人关系及身份,汪曼春对明楼既有喜欢又有试探,明楼作为双重间谍,更要伪装到位,滴水不漏。

思考与练习：

　　1.影视剧台词有何特点？

　　2.影视剧台词的配音、朗诵分别需要注意些什么？

　　3.以正剧为例,分析影视剧台词朗诵的技巧。

　　4.模仿一个你喜欢的影视剧配音片段。

第四章　小说演播

教学目标:了解小说演播的概念和分类,初步掌握小说演播的基本技巧,熟悉不同类型小说的演播方式。
教学重点:小说人物的处理。
教学难点:小说的叙述语言。
预计课时:16课时。

第一节　理论概述

一、小说演播的概念和分类

小说演播需要较强的语言基本功。"演播者具备多种演播技巧、较深的文学修养以及丰富的生活经验,才能胜任小说演播的任务。"[1]

"小说是文学的一大样式。它通过完整的故事情节和具体环境的描写,塑造多种多样的人物形象,广泛地、多方面地反映社会生活。"[2]小说演播就是依据小说原有的文本进行的有声语言再创作。

小说演播按照播讲方式,可以分为:播讲式、表演式。播讲式:演播者站在第一或第三者位置上,以叙述或转述的方式将情节、人物讲得清楚、自然,适合播回忆录、自传体小说和人物语言少及抒情性较强的小说;表演式:对人物语言的处理要求较小,表演成分较大,适合演播人物语言较多的小说。

按照语言感觉,可以分为:土味、洋味。土味,揉进方言,让人听得出浓郁的地方特

---

[1] 顾瑞雪.文艺作品演播:文体+案例[M].北京:中国广播电视出版社,2012:105.
[2] 罗莉.文艺作品演播[M].北京:中国传媒大学出版社,2003:157.

色,适合演播地域色彩和民族色彩浓的作品。如王明军演播的《侯卫东官场笔记》就揉进了很多四川、重庆的方言,《古董局中局》糅合了天津、河南等多地方言。洋味,揉进一些洋味,让人一听便知是外国作品。这类有声小说的语言特点是语尾翘起,语调有些弯曲、上飘。如王刚演播的《牛虻》。①

二、小说演播的技巧

小说是通过完整的故事情节和具体的环境描写,塑造典型鲜明而又丰富多样的人物形象,多方面地反映社会生活的一种文学样式。要想把小说播讲得"引人入胜",就要求我们不仅要具备良好的基本功,诸如语音规范、吐字清晰、气息控制自如且富有弹性等,而且还要有准确、深刻的理解能力,丰富而细腻的感受能力以及生动形象的表现能力等。

1. 人物语言演播技巧

人物语言要有鲜明的动作性,要性格化,体现出人物的性格特征。要处理好人物语言,首先要准确地理解人物的思想感情,特别是人物内心的细微变化,只有这样,才能用精湛的语言技巧塑造人物形象。

(1) 深入体验,灵活驾驭

演播者一定要深入理解作品,感受作者所描绘的场景。要置身于小说的情境之中,体会角色的真挚感情。就像曾颖播的《无爱不欢》,小说作者文风曼妙,讲述了三个女孩子的青春与爱情故事。曾颖以知识女性特有的细腻,塑造了三个不同性格的女孩子形象,用自己的声音出色地演绎了作品的内核。

(2) 理解人物,抓住特点

小说演播可以说是塑造人物的艺术。要处理好人物语言,必须深入理解人物的内心世界和个性特点。周建龙塑造的角色特点非常鲜明,就像《盗墓笔记》中三爷的老练、吴邪的单纯认真、张起灵的孤僻冷淡、王胖子的诙谐幽默,都表现得生动形象。我们可以通过多种技巧来塑造人物,比如声音的位置、音色的明暗、唇舌的力度以及方言色彩的运用等。

(3) 把握分寸,拿捏火候

艺术创作,"度"的把握非常重要。不要"流于过火",也不要"太平淡"。既不"表演得过分",又不能"太懈怠",要把握分寸,拿捏火候。受众往往是十分敏锐的,特别是在情节的紧要关头,在人物思想感情变化复杂、十分微妙的关键时刻,分寸稍稍不

---

① 罗莉.文艺作品演播[M].北京:中国传媒大学出版社,2003:166.

对、不足或是太过了,立刻会让受众跳出剧情。

2.叙述语言演播技巧

叙述语言是指作品中对事件、人物、环境等信息所进行的具体的概括、说明和介绍。叙述语言是小说创作的基本手法,在各类小说中也都占了相当大的比重。小说中的情节推进和人物塑造很大程度上都是靠着叙述语言实现的。如果播不好叙述语言,就无法进行小说的播讲。叙述语言大致可以分为描写环境、塑造人物、推进情节三大类型。

在演播时,小说的叙述语言整体的感觉是:放、松、动、贴——状态放下、喉部轻松、吐字灵动、内心贴近。

(1)描写环境:环境方位的叙述要有景别变化和镜头运动感。例如在《返城年代》中:

> 1979年底,哈尔滨一个大雪纷飞的夜晚,防洪纪念碑在雪中巍然耸立,冰封的松花江如铺白毡。一条条街道两旁的街树缀满新雪,巨大得像银珊瑚一般。此时已是后半夜,每一条街道都寂静悄悄,无人,无车。
>
> 三孔桥一带的路有段陡坡,两个人影肩并着肩,小心翼翼地从陡坡上走下来,是林超然与妻子何凝之。

演播者的语言要随着文字的描述有明显的景别和方位变化,"纪念碑"的高耸、"松花江"的远阔、"街树"的中景、"像银珊瑚"的特写、三孔桥上的人影由远到近的运动变化都要有所体现。

(2)塑造人物:塑造人物的叙述语言要将人物内心、行动描绘得活灵活现,语言描述要有具体的情态和真实的感受。例如在《谢谢你曾经爱过我》中:

> 朱克先盯着之涵性感的背影,感到既兴奋又棘手,赶紧喝了一大口酒。之涵对镜补妆,眼神空洞迷离,她想要报复霍然,但是她竟然做不到。她讨厌与朱克先这样违心地纠缠,同时觉得恶心。
>
> 朱克先刚给自己倒上酒,就看见之涵匆匆往门口走,还没来得及追过去,之涵已无影无踪。朱克先懊恼至极。之涵先足足地吊起他的胃口,又毫不留情地将他抛掉———这是个危险、性感、却又令他欲罢不能的女人。

演播者要用语言将朱克先内心的矛盾、懊恼生动形象地表现出来,同时"盯着"

"喝了一大口""匆匆往门口走"等动作也需要富有动感地体现出来。

(3)推进情节:叙述语言要体现情节的轻重缓急,还要有埋伏笔、设悬疑等技巧,同时要辅以情感的烘托,需特别注意节奏的控制。例如在《永不瞑目》中:

庆春看到,欧阳天首先举起了双手,接着建军也举起了手。但这时她听见了枪声,像小孩子玩儿的那种麻雷子,那种在北京禁放烟花爆竹后就再也没有听见过的麻雷子,响得那么震耳,那么突然。连续的几声之后,她才看清欧阳兰兰手上还平端着一支枪,而肖童已经瘫在了天桥的楼梯上。庆春嘶声大喊,同时感到心里有什么东西像是离开了自己的躯壳。她不知道自己在喊什么,她只是下意识地竭尽全力想挽留住那个东西。

这时便衣们的枪声也响了,欧阳兰兰靠在楼梯的栏杆上坐着,已被击毙。欧阳天和建军拔出枪向天桥上挣扎逃去。便衣警察们从上至下两个方向奋勇地追击拦截,喊声和枪声响成一片。欧庆春则反向地冲下去,她冲下去抱起了躺在台阶上的肖童,她哭喊着肖童!肖童!肖童的面容一片宁静。他胸口上全是血,嘴巴动动,已经说不出话来。他把插在胸前衣服里的手拿出来,惨白的手上像花开一样点染着血的红色。那手上拿着厚厚的一卷钱,一卷簇新的美元,递到庆春的怀里。他的嘴拼命翕动着,想要说什么,但听不见声音。从他的表情和动作的配合上,庆春听懂他是在说这钱,他在说这钱是给她的,让她收好,收好。然后,他就不动了。市局的同志围上来,七嘴八舌地问着,七手八脚地抬起他来。战斗显然已经结束了。

演播者要注意,这段文字第一句节奏并不紧张,第二句开始紧张但并不突出,而且要有点埋伏笔、吊胃口的意识,接下来的语言要体现出诧异、痛苦、撕心裂肺之感。第二段开头的节奏紧张,描写肖童动作时又要缓下来,体现出悲伤和无奈。

第二节 示例分析

示例一

林海雪原(片段)

第一回 血债

晚秋的拂晓,白霜蒙地,寒气砭骨,干冷干冷。

军号悠扬,划过长空,冲破黎明的寂静。练兵场上,哨声、口令声、步伐声、劈刺的杀声,响成一片,雄壮嘹亮,杂而不乱,十分庄严威武。

团参谋长少剑波,军容整齐,腰间的橙色皮带上,佩一支玲珑的手枪,更显得这位二十二岁的青年军官精悍俏爽,健美英俊。他快步向一营练兵场走去。当他出现在练兵场栅栏门里一米高的土台上,值星连长一声"立正",如涛似浪、热火朝天的操场,顿时鸦雀无声。

战士们庄严端正地原地肃立。

值星连长跑步到土台前,向少剑波报告了人数、科目后,转身命令一声:"按原课目,继续进行!"随着这响彻全场的命令声,操场上又紧张地沸腾起来。

少剑波仔细地检阅着英雄排长刘勋苍的劈刺教练。首长在跟前,战士们更起劲,汗气升腾,刀霜凛冽,动作整齐勇猛,精神豪爽激昂。周围的空气也在激荡。

半点钟过去了,东南山上的红太阳,刚露出半边。团本部的值班员——通讯联络参谋陈敬,气吁吁地跑到剑波跟前。

"报告!"他行了军礼,"报告参谋长!五点三十七分,接田副司令电话,命令我团立即准备一个营和骑兵连,全部轻装奔袭。详细情况书面命令马上就到。命令到后,要立即行动,特别强调一分钟也不许耽误。现在我等候您的命令。"

这个情况,显然少剑波是没有想到的。他略一思索,立即回答陈敬:"你马上去报告团长和政委。按你的口述,我先来调动部队。"

"是!"陈敬答应着,转身跑出练兵场。

少剑波立即命令站在他身边的司号长:"发号!命令骑兵连紧急集合,带到一营操场。命令一营全部就操场紧急集合,全副战斗准备待命出发。再命一营营长、教导员、骑兵连连长、指导员,到团部接受命令。"

司号长遵命——发号。

顿时号声由远近不同的距离和四面不同的方向,此起彼落地交响起来。

司号长静听着各处的回答号音,默默地数着:"一连……二连……骑兵连……"

号音刚落,司号长向剑波报告:"报告二○三首长,各部命令都收到了。"

少剑波眉头一皱,显然是在思索判断着这突然的情况。他为了早知道个究竟,就向着村东通向司令部的大桥边走去。他边走边想着:"牡丹江地区数万国民党军半年前已经剿灭了,剩下的仅是为数不多的匪首,名义上是五个旅,实际上只不过是有官无兵的空架子,这些家伙在半年以前已经藏匿不知去向了。中心区的土改正在更深入地开展;不太彻底的村屯正在'煮夹生饭',继续深入;未开展的村屯正要开展。老百姓是粮谷入仓,土地还家,男男女女,老老少少,无不欢欣鼓舞,到处哼唱着'万年的铁树开了花,千年的枯枝又发芽'的歌子,后方确是一片升平气象。部队正在紧张地练兵,随时准备开赴前线打击蒋军主力……"少剑波想到这些,感到情况突然。可是,因为作战是他的天职,他的脑子像筛子一样,本能地过滤着所有应该消灭而没被消灭的对象:"国民党特务、伪满警察官吏、大地主、惯匪,这些罪魁祸首,虽然他们的部队已被消灭,但他们自己还没被毁灭,他们是不会甘心情愿灭亡的。他们要挣扎,他们要变天,他们要卷土重来。"

"是的,就是这样!"少剑波反复地考虑后,肯定地判断着。立在桥头,张望着东丘顶,口中喃喃地说了句:"除匪不净,遗祸无穷!"

丘顶上一股尘土飞扬,两人两骑飞奔在尘土前面。

警卫员高波,这个机警的小战士,跑步迎了上去,把手一扬,喊道:"通讯员!二〇三首长在这儿。下马!"

两个通讯员勒住马头,跳下马来,一个牵马,一个紧张地跑到剑波跟前,行了军礼,将一份命令交给剑波。

他拆开了命令,急速地看着,脸上呈现出一点紧张的表情。回头向团部急步走去。

团部北墙上,挂满了军用地图,保密帘已拉开。王团长、刘政委、奉命来到的一营和骑兵连的干部,已在等候着命令,在判断着敌情。

"命令来了!"少剑波一进门心焦地说了一声,所有干部便向他围过来。

少剑波刚要把命令交给王团长,王团长略一点头:"你读一下吧!"

少剑波将命令迅速地展开,大家的眼睛紧盯着这张命令。

"命令:

"窜据深山匪首,集股二百余人,昨夜(十二日)二十四时,突窜杉岚站,大肆烧杀。鞠县长所率的土改工作队,一并被围。你团立即派一个营及骑兵连,轻装急袭。先用骑兵切断匪徒窜山归路,以彻底消灭匪股,此令!"

当少剑波读到"鞠县长……一并被围",嗓音因急躁而有些颤抖,在座的同志们都以不安的神情看着剑波,尤其刘政委更显出一种特别关切的神情。

"团长!一分钟也不能耽误。"

少剑波虽然努力镇静,但总显露出有点担心和不安。

"是的!马上出发。"王团长果断地命令着。

"请允许我率骑兵连先完成急袭包围切断敌人窜山归路的任务。"少剑波显然已十分焦急。

王团长略一思索,亲切而关怀地看着剑波:"本来我不应该这样决定,但是今天——"他看了一下刘政委,刘政委略一点头。王团长接着说下去:"今天却非这样决定不可,你去吧!"

"可以走了吗?"少剑波愈加紧张地请示道。

王团长略一点头,少剑波急急地跨出门去。

刘政委紧跟在剑波身后,送出门外叮嘱道:"剑波同志!鞠县长是你的姐姐,你的亲人,万一有什么不幸,切记要镇静。"

"放心吧,老首长!"少剑波紧紧地握了一下刘政委的手,"请相信我的理智……"

门外警卫员高波早已把马准备好,这是他的老习惯,每当首长有任务的时候,他总是把所需要的一切,预先准备得格外周到。他年龄虽然只有十八岁,但已是一个身历百战的老战士了。人都称他为"小兵老战士"。

少剑波飞身上马,急驰到一营操场,向骑兵连一挥手,骑兵连长一声命令:"上马……前进!"随着这命令的声浪,激起了暴雨似的马蹄声,整个骑兵连像一股山涧泄下的激流,冲向西南的山路上。尘土飞扬,二百余骑向杉岚站急驰。

我一个人,静悄悄的独坐在桌前。

示例分析:(1)剧情梗概:《林海雪原》讲述的是在一个复杂的历史背景下,一支骁勇善战的小分队与在东北山林盘踞多年的数股土匪斗智斗勇的故事。

(2)创作提示:这些性格、外表、年龄、出身迥然不同的革命军人,在共同的剿匪战斗生涯里逐渐结下了比同志更亲密的兄弟情谊。所以演播时要用声音将这些人物活灵活现地塑造出来。故事以奇袭奶头山、智取威虎山、大战四方台等剿匪战斗为主要线索,穿插各种出人意料、趣味横生的小故事,产生了曲里有曲、险中有险的效果。演播时在对叙述语言的处理中,要把握好事件的轻重缓急以及场景的推拉摇移和人物的变动,对人物语言的处理也要形象生动。

示例二

御繁华(片段)

青州府,云槲台,是夜豪雨如注。

初春的夜晚尚有些寒意,屋内鎏金博山炉内静静燃着檀木沉香,烟气无声袅绕。

十数张案桌后坐着的一色皆是军人,大碗喝着酒,眯着眼睛看着舞姬们飞旋着的楚楚身姿,正如轻燕般从身前掠过。本是极为沉静淡然的檀木香气,却生生被酒肉与歌舞冲刷得隐然不见,席间男人们兴致却更高,闹哄哄的声响不时甚至打断了姬人们的舞步。

有人掀起了帘子,高大的身形带进一阵湿寒之气。他甫一踏进来,席间便是此起彼伏的叫唤声,"孟将军""孟兄""来得迟了罚酒"……

男人身上的盔甲还未卸下,更未让卫兵清洗整理,上边还粘着血渍和几块可疑的污物,他却浑然不在意,坐下之时,顺道搂住了身边踏着舞步掠过的舞姬,笑道:"罚酒便罚酒。"他一手搂在少女裸露白皙的细腰上,另一只手抓起酒壶,仰头灌下了半壶,笑道:"够了么?"

"再来!"同僚还在起哄。

孟良喝得急,下巴脖颈上都是倒出的酒水,他也不擦,笑骂了句:"一帮兔崽子,老子替你们收拾残局去了,你们倒好。"

那舞姬柔顺地倚在他怀中,微微仰着头,忽然攀住将军的肩膀,温柔地吻上去,将那些酒渍舔舐得干净。孟良半闭着眼睛,一只手在案桌上打着不成韵律的节拍,一边道:"你们灌我可不算本事,上将军来了,能将他灌倒,我孟良便心服口服。"

"上将军"名号一出,众人哑口无言,歌舞声一时间压过了雨声,软红万丈,媚然可人。将领们静了片刻,一人道:"上将军嘛,还是算了。"

琴声倏然急了急,宛如翠珠落了玉盘,叮咚可喜。

淡淡的人声从帷幕后传来:"为何到了我便算了?"

人未到,声先至。

适才还纵声酒乐、毫无顾忌的军人们倏然起立,就连最为放浪不羁的孟良亦推开了怀中女人,肃然而立。虽无人监管,却极为整齐划一地单膝跪地,低头道:"上将军。"

舞姬、琴师、侍女们急急双膝跪地,悄无声息。

一道修长的身影慢慢踱到主位上,一手虚扶,轻声道:"不必多礼,起来吧。"

依着青州惯例,云榭台的右角是琴师奏乐处,以幕布隔开,乐声如流水泄出,袅袅间盈满整个房间。此时奏琴的是个十六七岁的少年,指尖拨捻慢挑,他寻隙回头,望向坐在自己身旁的少女:"手指没事吧?"

少女低垂着眼睛,低低道:"没事,不知怎的,刚才断了一根弦。"

"幸好上将军进来,也没人察觉。"琴师安慰她,又将眼神投向幕布外,清秀的脸上神色颇为复杂。

少女不答,只是垂着头,如同一座雕塑。

幕帘外笑闹声更浓,几乎便要盖过了琴声,忽然有人急步过来掀开了帘子。

厅内小儿手臂粗的蜡烛便有数十根,灯火通明间,少女微微眯了眯眼睛,恰好看见远处一位黑甲将军正搂着一个女子,场面香艳靡人。

"上将军说了,要听之前的曲子。"侍女急急吩咐道,"赶紧换一首。"

琴师怔了怔,道:"诺。"待到侍女走开,才问少女,"你刚才奏的是什么?"

"《葛覃》。"

琴师停下手上的《鹿鸣》,转而起调,心下却有些不解,贵族门都爱听大雅小雅,世风便是如此。这上将军……虽然颇有些特殊,到底也是皇室出身,怎得爱听些乡村野调。

一曲未了,却听外边那位迟来的将军已有些喝醉了,大声嚷道:"上将军,打了胜仗,大伙儿心里都高兴。弟兄们说,回回都是咱们醉,没意思。"

隔了一会儿,才听到上将军淡淡道:"那如何才算有意思?"

"孟良敬上将军一杯,恭贺崖城大捷。"

"如此,"那低低声音顿了顿,"我便喝了。"

"哗——"一时间竟起了骚动。

一时间敬酒声此起彼伏,上将军竟是来者不拒,一杯杯喝下。

"错了。"少女倏然开口提醒琴师,他竟弹错了一个音。

琴师赧然一笑,他只是太过惊讶了。为上将军弹琴已有数月之久,楚军每次打胜了仗设宴,他几乎都在,却从未听过上将军和同僚们喝酒。

想来因为崖城大捷,上将军极是高兴吧。他收敛起略略分散的心思,重新捻下第一个音。

"刚才是哪位弹的?"又一名侍应赶来,上下打量低着头的少女,低声催促,"将军说要听那位弹。"

琴师看了看身旁少女,踌躇道:"她的手指受了伤。就在适才上将军进来之前的曲歇,她停下想喝口水,茶盅却在手里炸裂了。这才换了琴师。"

少女怯怯地对侍应举起了手,纤长细白的手指上果然一道道都是被划破的伤口。侍应为难地皱眉,叹气道:"这可怎么办?将军他——"

话音未落,有一人奔近,急喝:"怎么这么慢?上将军要见琴师。"

"大哥——"少女猝然抬头,望着身边少年,满脸惊慌。

少年琴师对她笑了笑,低声安慰说:"没事,上将军是宽厚之人,不会对我们怎么样。"

侍应带着两人走到厅堂中央,见这两人木木地站着,因没见过大世面,只低着头,大约吓得不轻,连忙低声提醒:"快跪下。"

两人跪下,口中只说:"见过上将军。"

厅堂中静谧如水,适才还在聒噪喧哗的将军们皆止了声,饶有兴趣地看着下跪的两人。

主位之上,上将军独自坐着。一袭玄色厚锦长袍,黑发以玉冠束起,眉宇英挺,明秀的双目中因为含着浅浅酒意,十分水亮,他只淡淡凝视着跪着的少女,轻声道:"抬起头来。"

少女身子微颤,良久,才慢慢抬起头,却因为两侧烛光晕染,只觉得主位上的人面容模糊。按着规矩,她脸上涂着厚厚的白色面脂,其实看不出长了什么样,一双眼睛却是乌黑璀璨至极,盈盈欲滴出水来。

"刚才是你在弹《葛覃》?"上将军把玩着酒杯,轻声问。

其实这水榭极大,堂距足有十数丈,他说话声音并不响,却一字一句,极清晰地传入了每个人的耳中。

少女点头道:"是。"

"再弹。"年轻的将军唇角的笑意浓了数分。

"将军,她的手,受了伤。"一旁的少年急急道,他听闻上将军素来待人仁爱,从不会为难下人,是以鼓起勇气开口。

上将军眼睛轻轻眯起,却只是慵懒地摆了摆手。

侍卫知其意,带下了少年琴师,依旧将少女带回琴室。

独自在琴后坐定,少女的眼神竟不复之前的惶恐怯弱,渐渐镇定下来。一旁侍应冷冷道:"快弹。将军等着听呢。"

她的指尖伤口历历在目,鲜血尚未凝固,她深吸了一口气,抚出第一个音。琴弦刮入伤口内,几乎能听到刺啦一声,银丝嵌入血肉之内。

浓稠的鲜血一滴滴落下,婉转带出一滴琴声。

真的是一滴琴声。

那声音越过了水榭外的湖面,似是从某叶小舟上而来,与此处遥遥相对,琴声沾上丝丝点点的水雾,浸润了每个人的心。然后是第二滴、第三滴……直至绵绵细雨,自空中飘下,如若牛毛,又似清风,密密的,柔柔的,沾湿衣襟。细雨渐至滂沱,汹涌而下,惊得人透不过气,喘不过声,仿佛金戈铁马,杀气铮铮厉厉。

良久,雨声忽地止歇,琴音渐逝。

示例分析:(1)剧情梗概:《御繁华》全文情节紧凑、高潮迭出。一条爱情线,一条战争线。爱情线:江载初与韩维桑的恩怨情仇随着情节发展,由一段段回溯渐渐浮出水面。战争线:开始是江载初作为"反政府武装"与朝廷正规军之间的战争;匈奴入侵,战争演变成同仇敌忾,抵御外敌。

(2)创作提示:小说演播与电视剧不同,它把声音更加细致化、精准化。

适当细微的呼吸声:不同的呼吸声表达出来的是不同的情感。江载初挨鞭时候的呼吸声,韩维桑心疼的呼吸声、害怕的呼吸声、松懈的呼吸声、惊慌的呼吸声,惟妙惟肖的呼吸声为剧情增添了色彩。但是这些呼吸声其实是很难塑造好的,一个不留神就会变得做作,会画蛇添足,起到反作用。

音乐的适时而动:不同的心境配合的音乐自然是不一样的,随着剧中人物的思想感情而适时地加入音乐,会让听众的感情受到引导,从而产生心灵的碰撞。

剧中人物的声音形态各异:女主角的声音淡雅清新,男主角声音雄浑刚毅,正所谓刚柔并济,让人倍感温暖。

示例三

战争从未如此热血(片段)

日本军人赌国运

山本五十六担任日本联合舰队司令时,正好56岁,与他父亲生他那一年同岁。山本是长冈人,他神采飞扬地问他的同乡好友:"你以前是否想过,在长冈这块土地上也能出一位海军联合舰队司令?"

就日本海军军人而言,联合舰队司令不仅是职位,还代表着最高荣誉,山本没有理由不为之欣喜。然而仅隔一年,这种踌躇满志就变成了忧郁纠结,他对秘书说:"你将至少三次看到东京被夷为平地,我们在劫难逃。"让山本陷入焦灼不安的是当时日本朝野盛行的一个主张:与德国结盟。

这个结盟可不是光一起拉拉小手、搂搂肩膀那样简单,它是军事同盟,并且矛头直指英美。换言之,如果日本跟德国成了两肋插刀的铁哥们儿,就得跟美国成为势不两立的冤家对头,而这一点恰恰是山本最为忌惮的。

山本年轻时,曾去欧美进行过考察。考察结束后,他大发感慨:"凭日本的国力,根本不能与美国为敌。在海军建设上,更不能与之进行军备竞赛。"

直到已过知天命的年龄,山本还是这个观点,认为与美国相比,日本的军事力量还差着老鼻子呢,所以决不能在太岁头上动土,更不能替德国人火中取栗。

因为坚持己见,山本不仅被视为海军里的亲英美派,还差点给自己惹来杀身之祸。

德意日成了铁哥们儿

那还是山本在担任海军次官时,有一段时间,经常有些不伦不类的人跑到海军省,一进门就叫嚷着要见山本。这些人都穿着长及膝盖的和服,蹬着木屐。负责接待的海军省秘书官实松让察言观色,左看右看,都觉得这些人不像山本的粉丝,便把他们引进秘书室,想听听他们到底有些什么要求。

没什么特别要求,程序都是一样的,就是先宣读"劝辞书",要求山本老老实实地请辞下台。如果不干呢,后面还有"锄奸书",即"替天行道,诛讨山本"。有人甚至扬言,第二天就要给山本放放血。

在意识到山本有生命危险之后,实松一边设法打发走这些不速之客,一边通知山本赶快躲避。山本嘴还挺硬,说:"就算杀了我也没用,我相信,即使换上五个甚至十个新的次官,也丝毫不能改变海军的观点和立场。"

话虽这么说,可看到外面的人都排着队要你的脑袋,山本心里也是咚咚咚直打鼓。昭和时代,死于刺客之手的军人政客太多,连首相犬养毅都让人给杀了。偏偏海军省又没宪兵队,于是只好靠警察来进行巡逻保护。试想一下,连首相府的卫兵都救不了首相,几个警察又能顶什么用?

按日本人的习俗,临死前要换新的兜裆布。在被死亡威胁笼罩的那些黑色日子里,山本几乎每天都要换一块兜裆布。为此他还预先写了遗书,秘密地藏在海军次官的保险柜里。

如果不是执掌联合舰队,山本的兜裆布兴许还真派上了用场。之后他就不存在这种担心了——海军司令可以在海军舰艇上办公,刺客再牛再狠,也没法混到军舰上去。

山本长长地松了口气,笑着对副官说:"你看,'长官'(联合舰队司令长官)这个称呼还不错嘛,也挺吃香的。海军'次官'算个啥,不过是个高级勤杂工而已。"

山本自己的人身安全虽然有了保障,但关于日德结盟的争论并没有结束,而且还在朝着与他愿望完全相反的方向发展。

就在山本出任联合舰队司令官的当天,即1939年9月1日,德国突然出兵波兰。仅仅三周过后,波兰便整体沦陷了。

进入1940年,德军的闪电战更显彪悍,在极短的时间内便先后攻下荷兰、比利时、法国等一批国家,并迫使英法军队实行敦刻尔克大撤退。

在缺乏道义的世界里,大家讲究的通常都是一个原则,即"得势叠肩而来,失势掉臂而去"。现在德国如此得势,日本人看得目瞪口呆。

昭和时代的日本,政府不过是橡皮图章,左右这块图章的是陆军。既然有可能跟着德国捡便宜,陆军便抱着"日本不能落伍"的想法,来了个见风使舵,不停地推着政府与德国和意大利进行谈判,以便商议签署三国同盟条约。

此前,海陆军一直陷于分裂。山本、原海军大臣(海相)米内光政,加上海军省军务局长井上成美,被称为海军亲英美派的"三驾马车"。这三人公然与陆军唱反调,成为日本迟迟无法与德国结盟的一个重要原因。

到了1940年,"三驾马车"已经分崩离析。米内辞去了海相一职,井上也被调到中国战场,担任舰队参谋长。在海军高层,唯一能够说得上话的,就只剩下一个山本。

签约之前,现任海相及川古志郎在东京召开了海军首脑会议。与"三驾马车"不同,及川是一个信奉"和为贵,忍为高"的人。有人揶揄他说,就是有一只咬人的狗扑来,及川也会绕道躲避。

这样的人当然是多一事不如少一事,更不愿意继续与陆军闹别扭。说到底,大家都是给天皇打工的公务员,一天少不了你三顿饭,有什么必要去惹那些闲气?

及川主持的这次海军会议,名为征求意见,实际上是向陆军妥协,为签约扫清道路,所以还没展开充分讨论,他就提前定了调:"如果海军继续反对结盟,势必导致政府内阁总辞职,作为海军来说,是负不起这样重大责任的,希望诸位最好表示赞成。"

这话一抛出来,分明就是只准举手、不准说话的意思。众人你看看我,我看看你,都不敢言语了。山本见此情景,首先站起来说:"我任海军省次官时,就看过军用物资的进口计划,上面80%都来源于英美,如果与德意缔结了同盟条约,势必要失去这一来源,到时我们用什么办法来弥补这一损失呢?"

及川听了无动于衷,只是一个劲儿地重复他那车轱辘话,也就是意见可以保留,举手还是照旧。

山本的忧虑有没有道理?当然有道理,但与会官僚大多跟及川差不多,属于做一天和尚撞一天钟的类型。像山本这样,就算是丢下砖头瓦片,都要求依次着地的认真的主儿,又能有几个?于是在及川的主导下,会议很快呈现出一边倒的趋势,山本成了孤家寡人。

会议结束后,及川向山本表示抱歉:"事情也是迫不得已,在三国结盟这件事上,政府和天皇都已做出决定,我们只能执行命令,请多原谅吧。"

山本不听这话还好,一听更加气愤:"难道一句原谅就算了吗?"

1940年9月27日,德意日三国政府的代表在柏林正式签署了三国同盟条约。

日本选择与德国结盟,并不是真的想马上与美国翻脸。恰恰相反,它是要刺激美国,逼对方跟自己多亲近亲近——你看,我遇到了比你还英俊的,赶快抛个媚眼过来吧。

谁料美国不仅没抛媚眼,还把日本默默地恨上了。在美国人眼里,英国和欧洲国家才是关系最铁的哥们儿,平时或许瞧不出来,你经常会看到他们拌拌嘴、吵吵架什么的,只有到了危难关头,人家那种"你吃饭我喝粥,你喝粥我喝水"的真情才流露出来,这哪是日本能比得了的?

德国是英法不共戴天的敌人,现在日本又与德国成了盟国,美国自然就不会对日本有什么好感。当时的美国报纸宣称,"日本已用政策作出决定,要与我们为敌"了。

美国国民注视日本人的目光一天比一天冷,物资禁运的措施也越来越苛刻,山本的担心逐渐成为现实。

示例分析：(1)剧情梗概：这段节选自《战争从未如此热血》有声小说的第一章第一集《日本军人赌国运》。本书用新的视角讲述了二战美日太平洋大对决的历史。蔚蓝星球，大洋澎湃；铁血搏杀，百舰纵横。这是一首人类的悲壮史诗，它的影响延续至今。

(2)创作提示：在这一部有声小说的开头，首先是全书的序言，也就是所谓的引子，很清楚地说明了讲述的主要事情。在序言中，采用的感情比较慷慨激昂，很有历史的厚重感，同时，语调上扬较明显，能调动起听众的收听兴趣。

在第一章第一集中，独白很有讲述的感觉，很贴近生活，容易让读者接受。而在山本五十六对他秘书说的话中，很巧妙地运用了一些表达技巧，比如虚实结合以及重音的突出。如"你将至少三次看见东京被夷为平地，我们在劫难逃"这一句话，在播讲人的处理中充满了无奈和愤恨，体现出一个正处于中老年的将军的感叹。在开头这样长的一段时间里，播讲人对很多断句的处理也很好，既没有让听众觉得断得太碎，也没有说得喘不过来气，很有节奏，慢慢引导听众进入历史中。

山本五十六这个角色，在一开始比较悲观，但很有心眼、很倔强，他害怕日本和其他国家发生战争不占优势；而日本武士道精神对于山本五十六的深远影响，让他十分看重忠义、名誉。而在这一步有声小说的演绎中，播讲人把山本五十六的担心害怕说出来了，而且很巧妙地用特色语言以及反问等方法进行讲述，富有真实感。

第一章第一集还有另外一个重要人物，就是吉川，他是一个胆小怕事，多一事不如少一事的家伙。所以，播讲人在演播他在会议上的说话时，充分调动有声语言的二度创作性，把吉川说话支支吾吾，怕这怕那的感觉演绎了出来。而当这两个人在同一时空进行对话时，那种因人物的性格不同导致的说话方式的不同也体现出来了，这很考验播讲人声音的延展性和多变性，以及对人物性格的把握和区分。

在第一章第一集的结尾，有意犹未尽的感觉，这也是有声小说演播的一个特点。同时，在整篇有声小说中，背景音乐的选择和搭配也十分重要。在序言中，因为有很多反问句，而且描写的是一个宏观的场景，所以背景音乐是激昂、热血的，让人听了很振奋，很有力量。而在转入正文后直到结尾，都是很舒缓的轻音乐，让人感觉很舒服，很有画面感和美感。

有声小说演播不单单是录出来就好，还要有完整的音乐铺垫以及多种情感的转化，通过重音停连的有效运用，达到应该有的人物状态，交代清楚事件的起因、经过、结果，注意声音的层次性和延展性，让听众乐此不疲。

示例四

盗墓笔记·青眼狐尸（片段）

我一呆,心说,好熟悉啊,这声音不是三叔的吗?他不是还在悬崖上吗,怎么这个声音好像就在附近,忙转头去找他,却发现四周除了胖子并没有其他人,不由纳闷。突然又听那三叔说道:"你手上有血气,一入尸嘴马上就会起尸,千万不要乱来。"

我四处想找那声音的来源,最后发现那声音竟然来自这玉台的底下,可这玉台颜色浓郁,根本看不到下面是什么,慌忙问道:"三叔,你在这玉台下面?"

三叔说:"我以后再和你解释,你按照我的方法,将那女尸的头低下,用大拇指顶住她的喉咙,然后拍她的后脑一下。记住,一定要顶住她的喉咙,不然那钥匙会被她吞进去!"我答应了一声,照着他的话,一顶那女尸体的喉咙,然后轻轻一拍,一把钥匙就从她嘴里掉了出来。那钥匙刚掉到玉台上,我就觉得肩膀一松,那女尸双臂就垂了下来,尸身躺倒在玉石台上。

我长出一口气,心说终于解放了,就听三叔又在下面说:"大侄子,你身边是不是还有个胖子?"

我抬头看了眼胖子,他已经拿起掉下的钥匙,正在仔细地研究,点头说:"是的。"

三叔突然用杭州话问了一句:"你看看他有没有影子。"

我一听不由一愣,也没领会他是什么意思,只是条件反射地瞟了胖子的脚下一眼,只见他的影子被玉石床的影子遮住了,如果不探出头去,也看不出到底有没有。不由有点疑惑,说:"我现在看不清楚。"

三叔听上去非常紧张,对我说:"你听着,我告诉你一件事情,你不要怕,我刚刚来这个地方的路上,看到了那个胖子的尸体,你千万要小心,你眼前的这个胖子,恐怕不是人。"

我看一眼胖子,见他脸颊红润,那神态和动作怎么看怎么不像一个鬼,不由纳闷:"三叔,你会不会看错了?"

三叔说道:"不会,那肯定是他,我不会看错的,估计也是上一批盗墓者里的一个,他刚才肯定在怂恿你把手伸到那女尸的嘴里吧?那就是在害你!"

我顿时觉得害怕,问:"照你这么说,我眼前的这个胖子,是只鬼?"

三叔说道:"是,无论他说什么,你也不要相信,你现在快找找身边有什么避邪的东西。"

这个时候胖子抬起头看了我一眼,我突然觉得他的眼神非常诡异,好像非常怨毒一样,不由马上相信了一半,忙东摸西摸,摸到那盔甲尸体的腰带,上面还连了那佩刀的刀鞘。我想古人一般都会在自己饰带上刻下镇鬼的文字，忙拿起来。

虽然那腰带上的字已经很淡了，但我还是一眼就辨认出了这的确是鲁国的文字，难道这个人真的就是鲁殇王吗？那边上这具女尸又是谁呢？难道是他的夫人？我刹那间想过，眼睛也没有闲着，已经把腰带扫了一遍，这些文字虽然大部分我都不能看懂，但上面有用金粉描的"阴西宝帝"，还十分好认，的确是镇鬼的咒文。我心中一喜。

这个时候，我想了一件事情，问三叔道："奇怪，这玉床又不通透，你怎么能看到我们？"

三叔说："我也不知道，我从下面看上来，都看得很清楚，好像是块透明的玻璃一样。我走过来的时候，正看到你要从那女尸嘴里取那钥匙，才叫住你，幸亏你能听见我说话，不然你把手放进去，就糟糕了。"

我愈加纳闷了，总觉得有问题，心说：这玉床又不宽，上面两具尸体并排放得非常紧，而这里的月光又不是特别明亮，想要在这种光线程度下，透过两具并列的尸体，看得这么清楚，似乎有点不可能。

我又望了一眼胖子，看见他还在研究那个钥匙，突然觉得有点不对劲。

以胖子的性格，就算他听不懂我讲的杭州话，必然也会插嘴，绝对不可能在那里呆呆地看一把钥匙，看这么久的时间。

我翻下玉床，一拍胖子的肩膀，刚想试探他一句，没想到，那普通的一拍，胖子的反应竟然这么大，他突然怒目圆睁，大叫一声："你小子他妈的原来一直在骗我！"说完举起他手里的佩刀就捅了过来。我大吃一惊，往后连退了好几步，大叫："你干什么！"

他两只眼睛通红，根本不听我说，冲过来又是一刀。那胖子动作颇犀利，我一看如果不跑肯定得给他刺伤，忙转头就跑下那石阶，胖子大叫一声："我叫你跑！"拼了命地追过来，那咬牙切齿的样子，好像我杀了他老爸一样。

我顺着那石道拼命地跑，那胖子看上去体形臃肿，却跑得飞快，我一看那石廊又短，再跑一下子就到尽头的那个石祭台了，再后面就是满地的藤蔓，要是踩进去估计又得给挂腊肠，心里着急。心说难道他真的是个恶鬼，想拉我垫背，可是哪有恶鬼拿刀捅人的。

想到这里，前面几乎已经没路了，我一个刹车，然后就把手里的腰带当鞭子抽了过去。那胖子一个闪身，我冲上一口就咬住他的手，心说这世界敢咬鬼的我还是第一个，他痛得大叫，刀掉落到地上，我飞起一脚将那刀踢到石廊外面。

这样一下，我已经露出了破绽，胖子一把把我按在地上，说道："妈的老子掐死你！"就猛地卡住我的脖子。

我情急之下，一把用腰带勒住他的脖子，心说你狠我也不善，妈的和你拼了！

我勒着他，他掐着我。那互掐的关键就是要在自己窒息前把对方掐死，我一看胖子根本没留手，掐得我几乎舌头都吐了出来，忙也使上老劲，手上用上吃奶的力气。没想到，这腰带看上去保存得还可以，结果质量差成这样，一用力气，啪一声，竟然断了。

那腰带是牛皮做的，上面有小鳞片一样的铜甲。那牛皮一断，那些铜甲天女散花一样掉在我脸上，那块刻着"阴西宝帝"的甲片就掉进我张开的嘴巴里，我突然觉得一股苦涩的液体瞬间流进了我的喉咙里。我想起那甲片是尸体上的，恶心得猛然一呛，突然就觉得眼前一阵迷蒙，好像掉到一团黑色雾气里一样。

我十分迷惑，心想难道这么快我已经被胖子掐死了？只觉得嘴巴里的苦味越来越浓，眼前的东西越来越清晰，然后猛然一惊醒，突然发现自己被胖子压在那玉床上，他眼睛发青，死死地掐住我的脖子，而那女尸嘴巴里的钥匙也没有掉出来，双手还是紧紧钩着我肩膀，场面极端混乱！

我这才醒悟，刚才的一切都是幻觉！

我转头看边上那具青眼狐尸，他面具还在地上，两只细缝里的眼珠，已经转到我们这一边，直直地盯着我们看。

我心说不好，难怪刚才胖子叫我不要看，这青眼狐尸的眼睛竟然这么邪门，那胖子力气这么大，这一下我就算清醒了，也要被他掐死，忙一摸嘴巴，发现嘴巴里那快甲片已经全部都融化了。正心急呢，眼角突然瞟到狐尸手上的那只紫金盒子，也没想那么多，拼命伸过手去，拿起来朝胖子的脑袋上就是一下。

那胖子非常悍，大骂一声，双手又是一紧，我心说你他妈的哪里是想把我掐死，你整个儿就想把我的脖子掐断啊！心一横，竟然有了杀心。这人非常可怕，我杀心一起，手上的劲道就完全不一样了，就听"梆"的一声，那胖子一翻白眼，整个人被我敲得几乎一震，一下趴到我身上，我脖子一松，猛地咳出一口血来。

示例分析：(1)剧情梗概：这是一段节选自《盗墓笔记1——七星鲁王》的片段。50年前，一群长沙土夫子(盗墓贼)挖到一部战国帛书，残篇中记载了一座奇特的战国古墓的位置，但那群土夫子在地下碰上了诡异事件，几乎全部身亡。50年后，其中一个土夫子的孙子在先人笔记中发现了这个秘密，他集合了一批经验丰富的盗墓高手前去寻宝。于是，一张战国拓本把吴邪从杭州的西泠印社拉到了三叔吴三省的铺子，拓本引出多年前长沙镖子岭血尸的故事。

(2)创作提示：这部小说里人物众多，有吴邪、胖子、潘子、闷油瓶、三叔等，演播者一个人分饰多种角色，各种情绪自然流露，让听众跟着他的声音，进入那个新奇的环境中去一起冒险。语速适中，不快不慢，配合一些恐怖音效来营造一种特殊的氛围。悬疑的效果,让这部小说更加生动,更加让人期待。

示例五

忘川(片段)

　　停云,听着,我不想让你重蹈他的覆辙。要知道贪恋温暖是人的天性,但玩火者,必自焚。那些火,你可以借来温暖一夕,却永远不要过度靠近火源。记住,不要过度依赖另一个人,也永远不要为失去任何一个人而心智受乱。

　　否则,你的毁灭也只在旦夕之间。

　　神兵阁内一片寂静,森然的刀剑挂满了四壁,一件件奇门兵器陈列在架上,杀气四溢。萧停云逡巡于其间,手指从一件件收藏品上拂过,侧耳听着下属在一旁禀告。

　　"梅家第三房梅安氏母女,于十日前在广元县祁山镇被我们发现。她们两个人扮成了船娘,居然逃了那么远。只是,梅家的传家之宝落梅玉笛却一直没有找到。"回来复命的石玉已经老了,脸上那双眼睛却依旧如鹰隼般冷亮,"属下亲自拷问了三天,可那一对母女誓死不吐露玉笛下落,直至最后血尽而死,依旧一无所获。"

　　萧停云的手顿了一下,低声:"了不起。"

　　他知道石玉率领吹花小筑多年,刑讯拷问手段有多厉害。江湖里钢铁打的汉子在他手下也熬不过一天,这一对弱质女流却能坚不吐供。

　　石玉继续道:"这三个月中,吹花小筑共奔袭四千里,诛杀梅家余孽共计二十六人。到如今,江城梅氏家谱上的所有人,已然全告族灭。"

　　"太好了!"萧停云低声击节,"从今往后,江城梅家变成了武林历史,所谓的天道盟也该土崩瓦解了。这些日子,真是辛苦师叔和吹花小筑的人了。"

　　"不敢当。"石玉拱了拱手,也不多礼,便掉头离开。

　　萧停云望着他的背影,微微出神。自从萧忆情萧楼主去世后,因为不满接任的石明烟,楼里很多老人在当时都选择了退隐,唯有这个吹花小筑里的杀手之王还留在楼里,几经变故始终不曾离开,忠心耿耿地守护着听雪楼。

　　很多次,他都在想,石玉之所以跟随自己,其实并不是因为真正的忠诚,而完全是出于对逝去的人中龙凤的尊敬吧?他曾经对他们两人许下誓言,所以尽管生死殊途,还在用余生完成这个誓约。

　　可能师父说得对,自己的确是一个不幸的人。从生下来到现在,或许一直到死,他都不能摆脱那两个人的影子。

　　萧停云独自一个人在神兵阁里久久默立,看着那些刀剑,苦笑。

　　这是为了纪念那一对人中龙凤而建立的阁楼,里面曾经供奉了夕影刀和血薇剑。

除此之外,也陈列着许多各门各派的兵器,有征服后作为战利品带回的,也有臣服的门派自己献上的,从南疆到漠北,从东海到西域,无一不全,代表了听雪楼鼎盛时代的无上荣耀。

而如今,天道盟已灭,江城梅家的落梅玉笛却未能入阁,未尝不是一件憾事。

"黄鹤楼头吹玉笛,江城五月落梅花。"以玉笛梅花和诗文双绝享誉江湖的梅家,本是江城望族,出过三任探花、两榜进士,不仅文采风流,武学也是卓绝,从萧逝水一代开始就与听雪楼有往来,表面上一直恭谦有礼。然而自从萧忆情死后,听雪楼影响力日渐衰弱,江湖上觊觎之人众多,梅家也不能例外。野心勃发,私下联合其他六个听雪楼的旧仇门派,组建了天道盟,试图颠覆天下武林的格局。

因为他们,自己接任听雪楼以来,从未有一日的安睡。

如今,梅家终于被一举拔除,反对听雪楼的力量土崩瓦解。和试剑山庄结盟后,除了黑道上的杀手组织"风雨",武林再无一股力量可以再对听雪楼造成威胁。这几年来他日夜悬心的问题,也终于得到了初步的解决。

萧停云叹了口气,叹息声在空荡荡的阁楼里回响,穿行在刀锋剑芒之上,发出低低的回应,仿佛是一阵穿过了时间和空间的风。

神兵阁里寂静无人。夕阳如水,浸没了窗前的那一张空空的案几。他忽然有些恍惚:似乎一闭上眼睛就能看到那个坐在窗前用蝇头小楷写着什么的温婉女子,静如秋叶,即将凋零。

他的授业恩师池小苔,是一个奇特的女子。

被囚于斗室数十年,容貌和气质居然都不见太多苍老,笑靥依旧清丽动人,只是一头长发已经如雪般。每天,在夕阳西下的时候,她会临窗铺开白绢,用蝇头小楷细细记录着什么,在她身边的案上,供着那把淡碧色的刀,在夕阳里反射着如水一样的光芒。

儿时的他还不知道,那把刀,对她来说便是余生里唯一的温暖慰藉。

他在旁边怔怔地看着,充满了好奇。然而,师父却从不跟他说自己在白绢上写了什么故事,仿佛独自沉浸在某个遥远的梦里。

那一天,他来看她时,她坐在桌子边剧烈地咳嗽,白绢上已经溅满了鲜血。当他惊呼着转身,想要叫墨大夫来时,师父却阻止了他。

"这是肺痨,没用的。"她微微地笑,阻止了他,"你别太靠近我。"

"能和他得一样的病死去,似乎,也是个不错的结局呢。"师父仰起头,在窗口的夕照里微微而笑,唇角染血,如同一片脆弱到透明的秋叶。年少的他望着这个衰老而美丽的女人,担忧而不安。

她招手让他过去,然后咳嗽着,从案上拿起那一柄湛如秋水的刀,放到了他的手里。

"停云,你喜欢这把刀吗?"她微笑着问他。

淡碧色的刀握在手心,宛如握住了一段传奇,少年只激动得微微发抖,用力地点头:"喜欢!"

"那么,就拿着它吧!"她低声喃喃,微笑,"停云,你接过了这把刀,就成了听雪楼的新主人,你将拥有在武林中至高无上的地位。但是,这未必是好事。你将成为一个不幸的孩子,一生都活在那个人的阴影里。"

"就和我一模一样!"

说到最后一句,已经接近诅咒。

"师父……"十多年后,在空荡荡的神兵阁里,他微微地叹息。

作为雪谷老人最小的弟子、昔年楼主唯一的师妹,你的一生也堪称传奇。你曾经和听雪楼主青梅竹马并肩长大,几乎成为他的妻子。然而,因为那个绯衣女子的出现,你顿时失去了所有。从那个时候开始,怨恨的种子就在你内心种下了吧?

在那个人活着时,你不曾得到他的爱,也不曾得到他的恨,竭尽全力所得到的,也不过是一生之困。在那个人死去后,你独居于此,心如止水,日日夜夜回顾往昔,仿佛看透了所有。可是,师父,你是真的解脱了、看透了吗?

你说世人求爱如刀口舐蜜,但,如果时光可以倒流,不管刀锋如何锐利,你是否宁可割舌,也不惜求得那一瞬的甜意?当你在决定让我成为夕影刀真正主人的时候,是否一早也预见到了我今日的困境?

如今,血薇和夕影面临再度分离,我又该怎么办?

萧停云在神兵阁里独自沉吟,直到外面斜阳透过窗棂,斑驳地映照在他的脸上。许久,他长叹一声,似是暗自下了什么决心,将玉笛搁在架子上,转头看向了供奉血薇、夕影的空位,低声:"或许,这样也不错?"

忽然,他听到身后有人开口:"什么也不错?"

斜阳下,无声无息地映照出四个人的影子。碧落红尘,黄泉紫陌。那是久居于北邙山的四大护法,联袂出现在这座久未有人来的神兵阁。

示例分析:(1)剧情梗概:这是一部网络武侠连载小说。君子之泽,五世而斩。人中龙凤去世30年后,听雪楼三易其主,兴盛衰败,起起伏伏,到了第五代,局面已经变得尤其艰难。七大帮派秘密结盟,以"天道盟"为名,开始与听雪楼分庭抗礼,江湖格局岌岌可危。

(2)创作提示:萧停云声线主要是清朗公子音,有温柔侠义之风。演播者对萧停云在这一幕中的"了不起"和"太好了"两句处理很到位。"了不起"是低声,略带赞赏,特别是在前言陈述石玉刑讯手段之厉害的对比下,这个对那一对受严刑拷打仍威武不屈的母女所说的"了不起"就很值得捉摸了。而"太好了"是用一种爆发性的语气说出来的,很好地表现出萧停云听到好消息的高兴之情。这两处应该是萧停云这一段平淡的话中的亮点,在人物台词和设定都偏向平静淡然时,需要这样的偶然特色来丰富人物。

过渡旁白:旁白胸腔共鸣偏重,带着气泡音。这一段旁白上承神兵阁历史,下引出萧停云的回忆,所以旁白的表述是娓娓道来的,而在结尾把最后的字分开念,平缓收尾,很好地引出了下面的回忆。

幼年萧停云:幼年萧停云的设定应该是正太偏少年或者少年音,女性音色略重,少年音不稳定。但是演播者用略高的发声位置发出偏高的音色,更符合少年那种较为单纯而直率的性格。幼年萧停云的台词不多,"师傅"两字不断重复,而演播者很好地将每一个"师傅"喊出了不同的感觉,与池小苔对话呼应。

池小苔:池小苔得了肺痨,咳嗽既不过分激烈,却又能体现出难受的感觉,演播者说话是略带沧桑的,与少年清脆的嗓音成对比,但这种沧桑不是年龄的苍老,而是成熟和被病痛折磨的虚弱。接下来对池小苔叮嘱萧停去的处理是对象感减弱,独白性增强,更符合回忆性。前面独白是平淡的陈述,而后段逐渐是谆谆教导,到了最后是略带急促的叮嘱,这样处理更有层次感,也更容易驾驭大段台词。

萧停云回忆结束,在神兵阁里独自沉吟。这一段独白比较平淡,结尾有略带遗憾和疑惑的语气。其中比较出彩的应该是最后一句话"我该怎么办",处理的时候将它语气抬高,带着疑惑和无奈。

示例六

斗罗大陆(片段)

果然,小舞没有给马红俊任何反应的机会,身形一转已经来到了他背后,双手撑地,双脚瞬间甩起,直接夹在了马红俊的脖子上,第一魂环技腰弓,发动。

小舞整个身体就像一张弧形大弓,第一魂环的光芒瞬间覆盖全身。紧接着,她的身体就像骤然发力的满月之弓一般,将马红俊的身体甩了出去。

腰弓的魂技效果:瞬间增强自身腰力百分之一百,身体韧性增强百分之五十。魂力十级以后,每增加一级,腰弓使用时增幅效果增加百分之一。

也就是说,现在小舞发动腰弓之后,能够将腰力增幅百分之一百一十九。瞬间爆发的弹性足以摔出魂力五十级以下的任何非力量型对手。当然,腰弓虽好,但前提是必须近身接近敌人才能发挥出效果。否则,徒有腰力也没用。很难想象,小舞那还不如马红俊大腿粗的小蛮腰能够发出如此巨大的弹力。

鉴于马红俊收敛了自身火焰,小舞也算是手下留情,并没有将马红俊的身体直接砸向地面,而是朝着空中甩出,给他留下了控制身体的时间。

不过,她显然高估了马红俊对自己身体的控制力,这胖子在空中手舞足蹈地翻滚了几圈,最后还是一屁股摔在地上,摔了个七荤八素。

"别打,你们别打了。"一旁的翠花姑娘突然开口,快步朝着马红俊跑了过去。马红俊身上的火焰也像是被摔灭了一般,整个人头晕眼花地勉强从地上爬起来。

翠花帮马红俊拍了拍身上的土,"你怎么样?"

马红俊哼了一声,道:"还死不了。小兔子,再来。"

小舞突然原地跳起,嗖嗖两声,脚上的鞋被她甩了出去。尽管她的魂力抵挡住马红俊第二魂技浴火凤凰大部分效果,但夹住马红俊脖子的双脚上的鞋子还是沾染了那紫色的火焰。

令小舞有些吃惊的是,那紫色火焰竟然有种黏稠的感觉,沾上之后竟然并不熄灭。不得以之下,她也只能将自己的鞋子甩出去,赤着一双白嫩的小脚站在原地。

"翠花姑娘,你这是?"小舞看着翠花对马红俊关切的样子,不禁有些摸不着头脑。之前这胖子不是在欺负她吗?怎么现在又……

翠花哀求道:"你们别打了。其实,红俊是个好人,只是我们不合适而已。所以我只能和他分手。你们走吧,我和他说清楚就好。"

马红俊怒道:"你别管我的事,闪开。"说着,一把将翠花推开就要朝小舞再冲过来,只是顾忌怕伤了翠花,他并没有再次使用第二魂技。

正在这时候,一个惊讶的声音响起,"唐三、胖子,你们这是干什么?"

唐三和马红俊同时朝着声音传来的方向看去,只见一身白衣,头发梳理得极为整齐的戴沐白正朝他们这个方向走过来。

小舞哼了一声,"怎么回事?你问他吧。这胖子光天化日之下欺负女孩子,我们看不过去,要教训教训他。"

戴沐白冷峻的脸上突然忍俊不禁,"小舞,我想你是误会了。翠花姑娘,你也受不了他了吗?"

翠花脸一红,点了点头,转身就跑。这次,马红俊也没有再去拉住她,只是一脸的颜色。

唐三走到戴沐白身边,疑惑地问道:"这究竟是怎么回事?"

戴沐白看向胖子,道:"你自己说,还是我替你说?"

马红俊瞥了戴沐白一眼,低着头道:"你说吧。"

戴沐白哈哈一笑,"怎么?死胖子你也会害羞了?好吧,我替你说。"

说着,他转向唐三和小舞,道:"还记得我曾经对你们说过,学院包括我在内一共只有三名学员吗?"

唐三顿时明白过来,"你是说,他就是……"

戴沐白颔首道:"是的,胖子就是那第三个。也是在你们之前最晚进入学院的一个。刚才的事我虽然没有亲眼所见,但猜也能猜到。其实,这也不能怪胖子,怪只能怪他那个草鸡武魂。"

"放屁,你武魂才是草鸡,老子的武魂是凤凰。就算老子长辈的武魂都是鸡,我这个也是凤凰。你没听过,草窝里也有金凤凰吗?"马红俊没好气地道。

戴沐白脸上笑容不减,"凤凰,好,就算是凤凰吧。唐三,胖子这个武魂很怪异。院长说,他的武魂是一个变异武魂"。

"变异武魂?是什么武魂与什么武魂产生的变异?"唐三追问道。对于变异武魂,他听大师讲过很多。武魂一旦变异,那就只有两种情况,一种就是变得极其强大,另一种就是被削弱。大师本人就身受武魂变异之苦。而眼前这个马红俊的武魂,显然是属于良性变异那一种。

戴沐白道:"别说是我,连马红俊自己恐怕都不清楚。他们那个村子,所有人的武魂基本上都是一种没有攻击力的家禽。也不知道怎么回事,到了他这里,武魂就产生了变异,先天就拥有了火焰的能力。胖子并不是自己入学的,而是在三年前被院长在他们村子中发现后带回来的。他的年纪应该和你们差不多。"

示例分析:(1)剧情梗概:《斗罗大陆》是起点中文网白金作家唐家三少的长篇玄幻小说,在起点中文网连载以来获得惊人的 6 000 万点击量,多次登上月票榜榜首,人气、口碑双丰收,堪称唐家三少最有影响力和代表性的小说之一。故事主要讲述了唐门百年难得一见的天才唐三因私学唐门高深内功,被追至悬崖边。他选择以死明志,将绝世暗器佛怒唐莲留下后纵身一跃……意想之中的死亡并没有到来,唐三竟然阴差阳错来到了另一世界,身体也变成了另外一人。这里是斗罗大陆中一个普通的村庄——圣魂村,小小的唐三在这里开始了他的魂师修炼之路。

(2)演播分析:这部小说播得人物感情到位,能引起大家的共鸣,人物刻画明显,命运暗示性强,读到要发生大事之前都会用语言把环境和情节渲染得十分到位。演播者善于把主角的动作用第三人称讲述出来,更加生动地体现了主角的心理活动,同时还会用不同的口气来呈现的观点、思维和独特的语言方式。

小说中时间是高度浓缩的。小说中的自然时间只有一天/半天,但通过回忆浓缩了 30 年的时间,这部分演播就要靠演播者自身的把握和对文章的理解。同时,小说也是一系列场景的结合。要把小说里的环境、地点、天气、建筑、气氛都表达清楚,让听众知道这个事件发生时的全部细节。

第三节　训练稿件

稿件一

致我们终将逝去的青春(第一章片段)

9月10日,南国的盛夏,烈日炎炎。大学新鲜人郑微憋红了一张脸,和出租车司机一起将她的两个大皮箱半拖半拽从车尾箱里卸了下来。她轻轻抬头用手背擦汗,透过树叶间隙直射下来的、耀眼的阳光让她眼前短暂的一黑,突然的高温让她有些不适应。她在牛仔裤的口袋里掏了掏,翻出了出门前妈妈给她备下的零钱,递给身边的出租车司机,笑眯眯地说道:"谢谢啊,叔叔。"

看上去未满三十岁的司机小伙子被眼前这个小姑娘字正腔圆的一句话闹了个大红脸,匆匆找钱的时候,连零头都没好意思收。

郑微站在唯一可以遮阴的大树下,一边用手扇风,一边打量着这个她即将战斗和生活四年的地方。她所在的位置是一条长长的校园林荫路,道路的两边是她叫不出名的亚热带树木,可以想象黄昏的时候,在这样一条路上散步是多么有意境的事情。然而现在整条路的人行道上被熙熙攘攘的人和大大小小的桌子挤了个水泄不通。不时有私家车、出租车开到她附近的位置,再也前进不了。当然,更多的是学校的大巴,从车站将新生接了过来,一拨一拨的,都是像她一样拖着大件行李的年轻面孔,还有陪同孩子前来报名的家长,表情无一例外地比学生更焦急凝重。

郑微看着那些家长就笑了,她想,要是她妈妈跟着来了,应该也是这副皇帝不急太监急的模样吧? 爸爸和妈妈都说过要送她来学校,可是她在他们面前拍了胸脯:"不用不用,我一个年满十八岁的聪明少女,难道连入学报到都应付不来? 你们老跟着未免太小看人了,别忘了我八岁的时候,已经知道一个人坐三个小时的车,去奶奶家去了。放心吧,放心吧!"

他们是不怎么放心的,但是毕竟工作也忙,郑微又再三保证、强调,加上自己高中同学里有三个也是考到了这个城市,正好可以结伴而行,相互有个照应。于是,在经历了父母的再三叮嘱和语重心长的防拐卖教育之后,郑微欢欣雀跃地和几个同学一起登上了开往中国南方的火车,一路欢声笑语,旅途也不觉得寂寞。

到达火车站之后,同行的几个同学都被各自学校的校车接走。郑微挥别了同学,独自在火车站等了十几分钟,也没见到 G 大的校车,她是个急性子,焦急之下索性自己拦了出租车,独自踏上了 G 大的土地。

还来不及把四周的环境打量个遍,就有四五个男生走了上来,脸上挂着老生特有的热情和故作老成的笑容。其中一个问:"同学你是新生吧?哪个系的呀?"

"我?土木工程的。"郑微老老实实地回答。林静曾经叮嘱过她很多次,初到一个人生地不熟的地方,乖一点总是没错的。林静这个名字听上去就像一个乖巧的女生,实际上他既不是郑微的同学也不是小姐妹,而是郑微十七年生命中最重要的人,她立志长大后要嫁的人。林静的爸爸是"文革"后恢复高考的第一代大学生,他给儿子起的单名一个"静"字据说是取自诗经里"宜言饮酒,与子偕老。琴瑟在御,莫不静好"之意。林静比郑微大五岁,两人同住一个大院,由于两人都是双职工家庭,父母工作很忙,所以郑微可以说是在林静身边长大的。在她的记忆里,从幼儿园的时候开始,来接她回家的都是刚从单位子弟小学放学的林静哥哥。爸爸妈妈的话郑微经常是左耳进右耳出,但林静的话她总是听的。

"土木系的呀?"听了郑微的回答,一个满脸青春痘的男生眼睛一亮,"那也算是我们的师妹了,我们是专门负责接待新生的,你跟我们来,我们带你去办入学手续。"说完几个人不由分说就接过了郑微的行李。

郑微对男生的所有印象都还停留在高中,班上那些男生喜欢叫女生绰号,经常为了一道题跟女孩子争得面红耳赤,拖拉着不肯主动擦黑板,既喜欢背后讨论班上的女同学,又不屑与女生为伍,全无半点风度。因此,她一时之间对大学里男生突如其来的殷勤感到有少许的不适应。

满脸青春痘的男生主动拖着郑微的皮箱,发觉有异,低头看了一眼,郑微干笑两声说:"不好意思,这个皮箱的轮子坏掉了。"她收拾东西的时候,在皮箱里装了近三十本漫画书,爸爸请了一个挑夫才将她的行李扛上火车,谁知道刚下火车不久,皮箱的滑轮便不堪重负地阵亡了,沉重程度可想而知。她不由有些同情这个自告奋勇的男生。

"没事,别看咱们瘦,咱们有肌肉,不就一个皮箱嘛,小意思。"那个男生笑了笑,自然无比地拍了拍身边另一个稍矮的男同学,"刚才你不是老喊着要给师妹扛行李吗?机会来了。"

稍矮的男同学跃跃欲试地把皮箱单手往上一提,皮箱在水泥地板上纹丝不动,他明显愣了愣,稍微有点尴尬,还有些不敢置信地双手施力,这一次终于顺利提了起来。郑微和另外几个男生走在他的身后,发现他明显脚步虚浮。

根据他们的建议,首先是把宿舍钥匙领到手,把行李和床位安置好,再慢慢办那些繁杂的手续也不迟,郑微表示同意。刚走了几步,她突然看到了一块写着"建筑工程学院土木系"的接待牌,想来这才是她要找的大本营,她正想走过去,最先接待她的那个青春痘男生连忙说:"没事,我们也是建筑工程学院的,我们来接你也是一样的。"

接待牌旁边站着的几个男生看到他们几个,笑着挤眉弄眼:"老张,你们运气不错哦,小师妹哪个系的呀?"

那个一脸青春痘的男生显然就是他们口中的老张,他得意地嘿嘿一笑:"土木系的小师妹。"

话音刚落就有人嚷了起来:"老张你也太'狼'了,刚才你们环境工程的来了四五个男生,下车后傻呆呆地站在路边都没人理,我们土木的妹妹,本系的人还没瞧见,你先扑上去了。"

"都一样,都一样,我们环境工程并入建筑工程学院了,大家都是一家,不分彼此,不分彼此。"老张大言不惭地笑着说。

郑微偷笑着,用手继续扇风,假装没有听见这饿狗抢食一般地争论,这个时候保持缄默是聪明少女的最好选择。

争论的结果是老张的"同一家"理论占了上风,成功地保护了胜利的果实——郑微。往宿舍方向走去的一路上,几个男生争先恐后地问着话,把她的姓名、系别、专业、原籍通通打听了个遍,并不失时机地每个人都进行了详细的自我介绍。最绝的堪称老张,他塞给郑微一张早已准备好的自制名片,上面姓名、专业、联系电话、宿舍门牌一应俱全,居然连血型和兴趣爱好都有,堪称浓缩而精辟。郑微叹为观止地收下,塞进自己的小包包里,心里对这个环境工程系的大三师兄景仰之情,真是有如黄河之水滔滔不绝。说实话,习惯了跟男生称兄道弟、互拍桌子的郑微对大学第一天这样众星捧月的待遇颇有些不习惯。不过从学校的一头走到另一头,满眼都是人,但是看到的女生却寥寥无几,郑微这才相信这所南方最著名的工科大学,男女生比例为9:1的传言非虚,也无怪乎这些男生都有饥渴至死的表情。

训练提示:这部有声小说演播要注意体现以下三点:(1)声音有内容,有情感,富有感染力。(2)讲述节奏要控制好,有舒缓,有高潮。(3)体现时代性。

稿件二

琅琊榜(第一章片段)

金陵,大梁帝都。

物宝天华,王气蒸蔚,这里连城门也与他处不同,格外巍峨坚实。在川流不息入城的人流中,一辆青蓬双辕的马车不起眼地夹在其中,摇摇缓行,在距离城门数丈之地停顿了下来。

车帘掀起，一个月白衣衫，容颜清朗的年轻人跳下车，前行几步，仰起头凝望着城门上方的"金陵"二字。

走在马车前方的两名骑士察觉到后面有异样，回过头看了一下，一齐拨转马头奔了过来。这两人都是贵族公子的打扮，年龄也大致相仿，跑在前面的一个远远就在问："苏兄，你怎么了？"

梅长苏没有回答，他依然保持着仰望城门的姿势，表情凝然不动，一头乌发被风吹起，有几丝零散地覆在苍白的面颊上，使得整个人透出一股深邃的沧桑与悲凉。

"苏兄是不是累了？"这时另外一人也奔至近前，关切地道，"就快到了，今天可以好好歇歇。"

"景睿，谢弼，"梅长苏毫无颜色的唇边掠过一抹浅淡的笑，"我想在这里再站一会儿。这么多年没来，想不到金陵城几乎丝毫未变，进了城门后，多半也依然是冠盖满京华的盛况吧。"

萧景睿微微有些怔忡，问道："怎么苏兄以前……来过金陵？"

"十五年前，我曾在金陵受教于黎崇老先生，自他被贬离京后，就再没有回来过。"梅长苏幽幽长叹一声，闭了闭眼睛，似要抹去满目浮华，"想到先师，不免要感慨前尘往事如烟如尘，仿若云散水涸，岂复有重来之日。"

提起前代鸿儒黎老先生，萧景睿与谢弼都不由神色肃然。

黎崇这位学博天下的一代宗师，虽然受召入朝教习诸皇子，但亦不忘设教坛于宫墙之外。在他座前受教之人富贵寒素，兼而有之，并无差别，一时名重无两。然而当年不知为了何故触怒天颜，以太傅之身被贬为白衣，愤愤离京，郁郁而亡，诚是天下士子心中之痛。在与梅长苏一路同行到金陵的相处过程中，萧景睿和谢弼都觉得这位苏兄学识深不可测，一定大有渊源，却没想到他原来竟是受教于这位老先生。

"黎老先生若泉下有知，也不想看到苏兄你为他伤感，有损身体，"萧景睿低声劝道，"你身子不好，我们本来是请你到金陵散心养病的，你若是这般郁郁不欢，倒让我们这些做朋友的觉得过意不去。"

梅长苏默然半晌，方缓缓睁开双眸，道："你们放心，既然来到王都城下，总要哀念一下亡师当年忠心受挫，黯然离京的凄楚之情，岂有一直沉溺忧伤之理？我没有事的，咱们进城吧。"

时近黄昏，昼市已休，夜市未起，街面有些清寂，三人很快就赶到了一座赫赫府第前，"宁国侯府"的匾额高高悬挂，十分显眼。

"哎呀，快进去通报，大公子二公子回来了！"这时正好是下人们忙着四处掌灯的时候,一个眼尖的男仆扭头瞅见他们,立即高声叫了起来,同时迎上来请安。

三人纷纷下车下马,客前主后进了侯府大门,入目便是一道影壁,壁上"护国柱石"四字竟是御笔。

"芹伯,父亲母亲呢?"萧景睿问着一个匆匆迎出来的老仆。

"侯爷在书房,不过夫人今日礼佛,要留宿公主府。"

"那我爹我娘呢?大哥和绮妹他们呢?"

"卓庄主和卓夫人已经回汾佐去了,卓姑爷和大小姐同行。"

在一旁听着他们的问答,梅长苏忍不住失笑道:"真是混乱啊,又是父亲母亲,又是爹娘的,再加上你跟哪个兄弟都不同姓,不知道的人一听就晕了。"

"不知道的人当然会晕了,不过景睿的身世也算是一段传奇了,不知道的人很少吧。"

"谢弼,你总是没大没小的,叫我大哥。"萧景睿故意板了板脸,三个人随后一齐笑了起来。

不过玩笑归玩笑,其实谢弼说的没错,萧景睿的身世由于太离奇,又牵涉贵胄世家的宁国侯府与江湖名重的天泉山庄,在朝野间的确是无人不知,无人不晓。

二十四年前,宁国侯谢玉离开他怀孕的妻子——当朝皇妹莅阳长公主出征西夏,同年,江湖世家天泉山庄的庄主卓鼎风也将身怀六甲的爱妻送到金陵委托朋友照顾,自己前往苗疆约战魔教高手。谁知天有不测风云,一次被民间俗称为"锁喉"的疫情突然暴发,为躲避瘟疫,城内的达官贵人们纷纷离开,到附近的清静山庙避灾,而谢、卓两家夫人巧之又巧地住到了同一座庙里的东西两院。

由于山中寂寞,两位夫人有了交往,彼此都觉得性情相投,常在一处起坐。这天,两人正聚在一起聊天弈棋,突然同时阵痛起来。其时外面正是电闪雷鸣、风雨大作,随行的仆从们惶惶然地忙乱到深夜,终于有婴儿的啼哭声响起,两个男孩几乎是先后脚一起落草。

在一片喜笑颜开中,产婆们捧着这金尊玉贵的两个小公子到外间准备好的一个大木桶里给婴儿浴身。

就在此时,意外发生了。

古庙院中一株空心柏被雷电击中,一段粗枝轰然断裂,砸在产房屋顶上,刹那间瓦碎梁歪,窗棂也被震落,狂风猛卷而入,屋内烛火俱灭,一片尖叫声。侍卫和婢女们慌慌张张抢出两位夫人,被吓得向后跌坐在地上的产婆们也手忙脚乱地摸黑从木桶里捞出婴孩,逃了出去。

好在有惊无险,无人受伤,重新择房安顿好了产妇之后,众人刚松了一口气,就突然发现了一个大问题。

摸黑被抱出的两个男婴,赤裸裸身无牵挂,一般样皱皱巴巴,一般样张着嘴大哭,重量相仿,眉目相似,哪个是谢夫人生的,哪个又是卓夫人生的?

到了第二天,问题更加沉重,因为其中的一个男婴死了。

谢夫人既是当朝长公主,这件事就不可避免地惊动到了当今天子。皇帝下旨命两家带着婴孩入宫,派御医滴血认亲,谁知婴儿的血居然跟谁的都相融,根本没有区别,再一看两对父母的模样,皇帝知道事情难办了。

谢玉与卓鼎风都是长身玉立,五官明晰,两位夫人都是柳眉杏眼,秀丽文雅;虽说不算很像,但细察其五官,轮廓特征竟然差不多。

即使等孩子长大,只怕也难单凭长相,就判定他到底是谁家之子。

皇帝抱着婴儿看了半天,虽无决断,但因心中十分喜爱,便想出了一个折中之计:"既然无法确认这孩子究竟是何人之子,那他姓谢姓卓都不合适,朕就赐国姓于他,按皇子辈取名,叫景……景睿好了,他生在睿山之上嘛。一年住在谢家,下一年就住在卓家,算是两姓之子,如何?"

皇帝作了主,何况也没有更好的办法,大家也只能同意。

就这样,萧景睿便有了双重身份,既是宁国侯谢家的大公子,也是天泉山庄卓氏门中的二少爷。而素无往来的谢、卓两家也由此变得有如亲族一般,关系紧密。两年前,卓家长子卓青遥娶了谢府大小姐谢绮为妻,两家更是亲上加亲,和睦得有如一家一般。

"好了大哥,既然父亲在书房,我们直接过去请安吧,"谢弼说着又回头看了看梅长苏,"苏兄一起去吗?"

梅长苏一笑道:"入府打扰,自当拜见主人。"

兄弟二人一左一右,笑容晏晏地陪同着客人进了二门,沿途的下人一看这架势,就知道来的是个要紧的贵客,只是看来者一身白衫,容颜清素的样子,又猜不出是何来头。

训练提示:这部有声小说的演播要注意:(1)体现出古代小说的特点。(2)声音有角色感,有情感,富有感染力。(3)讲述节奏要控制好,有舒缓,有高潮。(4)注意埋好伏笔。

稿件三

斗破苍穹（片段）

"斗之力，三段！"

望着测验魔石碑上面闪亮得甚至有些刺眼的五个大字，少年面无表情，唇角有着一抹自嘲，紧握的手掌，因为大力，而导致略微尖锐的指甲深深地刺进了掌心之中，带来一阵阵钻心的疼痛。

"萧炎，斗之力，三段！级别：低级！"测验魔石碑之旁，一位中年男子，看了一眼碑上所显示出来的信息，语气漠然地将之公布了出来。

中年男子话刚刚脱口，便是不出意外地在人头汹涌的广场上带起了一阵嘲讽的骚动。

"三段？嘿嘿，果然不出我所料，这个'天才'这一年又是在原地踏步！"

"哎，这废物真是把家族的脸都给丢光了。"

"要不是族长是他的父亲，这种废物，早就被驱赶出家族，任其自生自灭了，哪还有机会待在家族中白吃白喝。"

"唉，昔年那名闻乌坦城的天才少年，如今怎么落魄成这般模样了啊？"

"谁知道呢，或许做了什么亏心事，惹得神灵降怒了吧。"

周围传来的不屑嘲笑以及惋惜轻叹，落在那如木桩待在原地的少年耳中，恍如一根根利刺狠狠地扎在心脏一般，让少年呼吸微微急促。

少年缓缓抬起头来，露出一张有些清秀的稚嫩脸庞，漆黑的眸子木然地在周围那些嘲讽的同龄人身上扫过，少年嘴角的自嘲，似乎变得更加苦涩了。

"这些人，都如此刻薄势力吗？或许是因为三年前他们曾经在自己面前露出过最谦卑的笑容，所以，如今想要讨还回去吧。"苦涩地一笑，萧炎落寞地转身，安静地回到了队伍的最后一排，孤单的身影，与周围的世界，有些格格不入。

"下一个，萧媚！"

听着测验人的喊声，一名少女快速地人群中跑出，少女刚刚出场，附近的议论声便是小了许多，一双双略微火热的目光，牢牢地锁定着少女的脸颊。

少女年龄不过十四左右，虽然并算不上绝色，不过那张稚气未脱的小脸，却是蕴含着淡淡的妩媚，清纯与妩媚，矛盾的集合，让得她成功地成为了全场瞩目的焦点。

少女快步上前，小手轻车熟路地触摸着漆黑的魔石碑，然后缓缓闭上眼睛。

在少女闭眼片刻之后，漆黑的魔石碑之上再次亮起了光芒。

"斗之气：七段！"

"萧媚,斗之气:七段！级别:高级！"

"耶！"听着测验员所喊出的成绩,少女脸颊扬起了得意的笑容。

"啧啧,七段斗之气,真了不起,按这进度,恐怕顶多只需要三年时间,她就能成为一名真正的斗者了吧。"

"不愧是家族中种子级别的人物啊。"

听着人群中传来的一阵阵羡慕声,少女脸颊上的笑容更是多了几分,虚荣心,这是很多女孩都无法抗拒的诱惑。

与平日里的几个姐妹互相笑谈着,萧媚的视线,忽然透过周围的人群,停在了人群外的那一道孤单身影上。

皱眉思虑了瞬间,萧媚还是打消了过去的念头。现在的两人,已经不在同一个阶层之上,以萧炎最近几年的表现,成年后,顶多只能作为家族中的下层人员,而天赋优秀的她,则将会成为家族重点培养的强者,前途可以说是不可限量。

"唉……"莫名轻叹了一口气,萧媚脑中忽然浮现出三年前那意气风发的少年,四岁练气,十岁拥有九段斗之气,十一岁突破十段斗之气,成功凝聚斗之气旋,一跃成为家族百年之内最年轻的斗者!

当初的少年,自信而且潜力无可估量,不知让多少少女对其春心荡漾,当然,这也包括以前的萧媚。

然而天才的道路,貌似总是曲折的。三年之前,这名声望达到巅峰的天才少年,却是突兀地受到了有生以来最残酷的打击,不仅辛辛苦苦修炼十数载方才凝聚的斗之气旋,一夜之间化为乌有,而且体内的斗之气也随着时间的流逝,变得越来越少。

斗之气消失的直接结果,便是导致其实力不断地后退。

从天才的神坛,一夜跌落到了连普通人都不如的地步,这种打击,让少年从此失魂落魄,天才之名,也是逐渐地被不屑与嘲讽所替代。

站得越高,摔得越狠。这次的跌落,或许就再也没有爬起的机会。

"下一个,萧薰儿!"

喧闹的人群中,测试员的声音,再次响了起来。

随着这有些清雅的名字响起,人群忽然安静了下来,所有的视线,豁然转移。

在众人视线汇聚之处,一位身着紫色衣裙的少女,正淡雅地站立,平静的稚嫩俏脸,并未因为众人的注目而改变分毫。

少女清冷淡然的气质,犹如清莲初绽,小小年纪,却已初具脱俗气质,难以想象,日后若是长大,少女将会如何的倾国倾城。

这名紫裙少女,论起美貌与气质,比先前的萧媚无疑还要更胜上几分,也难怪在场的众人都是这般动作。

莲步微移,名为萧薰儿的少女行到魔石碑之前,小手伸出,镶着黑金丝的紫袖滑落而下,露出一截雪白娇嫩的皓腕,然后轻触着石碑。

微微沉静,石碑之上,刺眼的光芒再次绽放。

"斗之气:九段!级别:高级!"

望着石碑之上的字体,场中陷入了一阵寂静。

"竟然到九段了,真是恐怖!家族中年轻一辈的第一人,恐怕非薰儿小姐莫属了。"寂静过后,周围的少年,都是不由自主地咽了一口唾沫,眼神充满敬畏。

斗之气,每位斗者的必经之路。初阶斗之气分一至十段,当体内斗之气到达十段之时,便能凝聚斗之气旋,成为一名受人尊重的斗者。

人群中,萧媚皱着浅眉盯着石碑前的紫裙少女,脸颊上闪过一抹嫉妒。

望着石碑上的信息,一旁的中年测验员漠然的脸庞上竟然也是罕见地露出了一丝笑意,对着少女略微恭声道:"薰儿小姐,半年之后,你应该便能凝聚斗气之旋,如果你成功的话,那么以十四岁年龄成为一名真正的斗者,你是萧家百年内的第二人!"

是的,第二人,那位第一人,便是褪去了天才光环的萧炎。

"谢谢。"少女微微点了点头,平淡的小脸并未因为他的夸奖而出现喜悦,安静地回转过身,然后在众人炽热的注目中,缓缓地行到了人群最后面的那颓废少年面前。

"萧炎哥哥。"在经过少年身旁时,少女顿下了脚步,对着萧炎恭敬地弯了弯腰,美丽的俏脸上,居然露出了让周围少女为之嫉妒的清雅笑容。

"我现在还有资格让你这么叫吗?"望着面前这颗已经成长为家族中最璀璨的明珠,萧炎苦涩地道,她是在自己落魄后,极为少数还对自己依旧保持着尊敬的人。

"萧炎哥哥,以前你曾经与薰儿说过,要能放下,才能拿起,提放自如,是自在人!"萧薰儿微笑着柔声道,略微稚嫩的嗓音,却是暖人心肺。

"呵呵,自在人?我也只会说而已,你看我现在的模样,像自在人吗?而且,这世界,本来就不属于我。"萧炎自嘲一笑,意兴阑珊道。

面对着萧炎的颓废,萧薰儿纤细的眉毛微微皱了皱,认真道:"萧炎哥哥,虽然并不知道你究竟是怎么回事,不过,薰儿相信,你会重新站起来,取回属于你的荣耀与尊严。"话到此处,微顿了顿,少女白皙的俏脸,头一次露出淡淡的绯红:"当年的萧炎哥哥,的确很吸引人。"

"呵呵。"面对着少女毫不掩饰的坦率话语,少年尴尬地笑了一声,却未再说什么,人不风流枉少年,可现在的他实在没这资格与心情,落寞地回转过身,对着广场之外缓缓行去。

站在原地望着少年那恍如与世隔绝的孤独背影，萧薰儿踌躇了一会，然后在身后一干嫉妒的狼嚎声中，快步追了上去，与少年并肩而行。

训练提示：这部有声小说的演播要注意以下三点：(1)区别于其他有声小说最大的不同是这一篇是玄幻小说，注意语言区别。(2)受众群体比较明确，大多为年轻人。(3)此类网络小说篇幅很长，注意用声状态。

稿件四

永不瞑目(片段)

凌晨，天还没有全亮，电话响了。静了一夜的电话在此时叫得异常尖锐，果然还是肖童。

他的声音急促而慌乱："庆春，是我，刚刚欧阳兰兰又给我来了电话，她没去海上，她说她现在在火车站附近。"庆春心里一怔，问："她在那儿干什么？""她说她要走了，向我告别。""她又在骗你，她一定和她爸爸在一起，他们现在应该已经在海上了。""也许吧，可我觉得，她没必要骗我。"庆春想了一下，说："你马上下楼，在宾馆大门口等我。"她放下电话，匆匆忙忙地穿好衣服，一边下楼一边用手持电话向省公安厅报告，请求支援。尽管她这时仍然认为这个突然的变化有百分之八十是虚惊一场。

省公安厅在宾馆的车库里给她留了一辆车。她把车开出来，在大门口接了等在那里的肖童和一直守在大堂的两位市局的便衣。他们向着破晓的霞光，穿过清晨冷清的街道，直奔火车站驶去。

他们赶到火车站时，站前的大钟刚刚敲了沉重的一响。他们几乎没顾上看是几点了便跑进了候车大厅。已经有几个线路的早班车开始检票了。市局的同志出示了工作证，检票员便让他们全都进了站台。庆春说："咱们得分开找，如果谁发现了他们，能抓就抓，不能抓就跟踪他们上车，注意别伤了群众。"她又对肖童说："要是你发现了，你就缠上欧阳兰兰，要她带你一块儿走，然后你有机会还是打那个电话！"肖童说好。她和肖童分开了，他们分头在两个站台上寻找。提着大包小包操着各地方言的乘客从她身边争先恐后地跑过。因为是刚刚检票，列车上倒是空空的还没上去多少人。

这是开往柳州的车。

在这个站台上她没有找到欧阳兰兰，却在人群中找到了刚刚赶到的省厅和市局的同志。

市局至少进来了十几个便衣。省厅的同志说，火车站的各个出口已经封锁，欧阳天只要进来了，就是瓮中之鳖。各出口的同志都看过通缉令上的照片，对他的相貌早就烂熟于胸。现在关键是别伤了群众。

车站派出所的同志也来了。介绍了情况：西边的站台是广州至湛江的"普快"，再往西那个站台还没有车，在那空着的站台的右边是广州至福州的特快，也已经开始检票放人了。

便衣们四散而去，庆春跳下站台，穿过路轨向西边的站台走。时间还早，大多数站台都还空着，发着寒光的铁轨静静地把躯干延伸进稀薄的朝阳和青白的晨雾中，越远越显得朦胧。

庆春这时还不知道，她和肖童等人一进站台就被欧阳天他们发现了。他们一直在站台的柱子、楼梯、货亭的掩护下，和便衣们进行着一场惊心动魄的捉迷藏的游戏。欧阳天本来决定他们三个人分散开走，但由于欧阳兰兰撕心裂肺地目睹了肖童带着便衣警察追杀过来的一幕，精神已经崩溃，他只能和建军架着她往前走。去福州的站台上，便衣重重，要上车显然已不可能。于是他们就往天桥上走，因为在另一个站台上，刚刚有一列客车到站，天桥一端的出站口已经打开，他们显然是想从天桥走出车站。但他们刚刚走上空无一人的楼梯，身后突然传来肖童的喊声："兰兰！"欧庆春和另两个便衣这时恰从另一侧走上天桥，她一方面想站在高处向下看一看，另一方面也是担心欧阳天会从这里往外走。肖童的喊声使她的目光投向对面的楼梯，她看见欧阳兰兰绊倒在楼梯上，回过头来与肖童四目相视。肖童的喊声也惊动了周围的便衣，空荡荡的楼梯上，三个被搜寻的目标立时暴露无遗。欧阳天和建军都张皇地没动，反倒是欧阳兰兰从怀里拔出了一支手枪，凶恶地对准肖童。肖童躲都没躲，依旧坦然地向她走去。他面目平静地向她说了一句什么，但庆春听不见，因为这时不知是谁喊了一声："不许动，把手举起来！"许多支手枪从不同方向对准了楼梯上的人。

庆春看到，欧阳天首先举起了双手，接着建军也举起了手。但这时她听见了枪声，像小孩子玩儿的那种麻雷子，那种在北京禁放烟花爆竹后就再也没有听见过的麻雷子，响得那么震耳，那么突然。连续的几声之后，她才看清欧阳兰兰手上还平端着一支枪，而肖童已经瘫在了天桥的楼梯上。庆春嘶声大喊，同时感到心里有什么东西像是离开了自己的躯壳。她不知道自己在喊什么，她只是下意识地竭尽全力想挽留住那个东西。

这时便衣们的枪声也响了，欧阳兰兰靠在楼梯的栏杆上坐着，已被击毙。欧阳天和建军拔出枪向天桥上挣扎逃去。便衣警察们从上至下两个方向奋勇地追击拦截，喊声和枪声响成一片。欧庆春则反向地冲下去，她冲下去抱起了躺在台阶上的肖童，她哭喊着：肖童、肖童！肖童的面容一片宁静。他胸口上全是血，嘴巴动动，已经说不出话来。他把插在胸前衣服里的手拿出来，惨白的手上像花开一样点染着血的红色。那手上拿着厚厚的一卷钱，一卷簇新的美元，递到庆春的怀里。他的嘴拼命翕动着，想要说什么，但听不见声音。从他的表情和动作的配合上，庆春听懂他是在说这钱，他在说这钱是给她的，让她收好，收好。然后，他就不动了。市局的同志围上来，七嘴八舌地问着，七手八脚地抬起他来。战斗显然已经结束了。

　　她看见他们抬着肖童磕绊着飞快地向外跑去，有人打着手持电话呼喊着急救车。人们把她抛在身后，她孤独地伫立在天桥的楼梯上，手里拿着那一万美元，她知道她的肖童已经死了。

训练提示：演播时要注意：(1)注意节奏变化。(2)体会人物在极度悲痛中如何用声音体现。(3)揣摩人物在濒临死亡时的语言状态。

思考与练习：

　　1.听王明军演播的《活着再见》并总结其特点。

　　2.听小曾演播的《纸婚》并总结其特点。

　　3.听艾宝良演播的《医药代表》并总结其特点。

　　4.听周建龙演播的《鬼吹灯》并总结其特点。

第五章　电视纪录片解说

教学目标：了解电视纪录片的类型及特点，熟悉不同类型电视纪录片的解说风格，掌握电视纪录片的解说技巧。

教学重点：电视纪录片的类型及解说风格。

教学难点：电视纪录片的解说技巧。

课时分配：8 课时。

第一节　理论概述

一、电视纪录片的概念和解说类型

"电视纪录片是一种非虚构的、审美的(非功利的)，以建构人和人类生存状态的影响历史为目的的电视节目类型，是人类个人记忆或某一团体集体记忆的载体，是对现实生活的有选择再现。"[①]国内外媒体都将电视纪录片作为自己综合实力的代表与象征。

电视纪录片内涵丰富，涉及领域、内容、题材很广，具有政治性、知识性、服务性和欣赏性。按解说样式可分为议论型、叙说型、抒描型、讲解型、字幕型。

二、电视纪录片解说的备稿

电视纪录片解说的备稿，除了"备稿六步"的共性要求外，还有其自身特点，即"三

---

① 徐帆,徐舫舟.电视节目类型学[M].杭州:浙江大学出版社,2006:3.

个方面、两个阶段、一个循环"①。

三个方面:全片创意、解说本体、画面图像。在电视纪录片解说备稿中,了解解说词和画面内容视听两个途径的全部信息,才能获得全片创意,形成解说的基调、风格、样态。只看解说词是处理不好解说的,因为解说词只包含了一半信息,另一半信息在画面语言中。

两个阶段:整体把握、具体把握。在电视纪录片解说备稿中,由于稿件不像新闻稿那样完整,有时甚至有句无段,所以只有理解了全片创意后,才能明白每一段解说词的具体作用,才能选择恰当的方式进行表达。

一个循环:在电视纪录片解说备稿中,首先要看解说词(从每段到整体),其次是看画面,然后是了解全片创意,最后再回到解说词(整体到每段)。这样形成一个循环。

第二节 示例分析

示例一

大国崛起(第一集片段)

导 语

公元1500年前后的地理大发现,拉开了不同国家相互对话和相互竞争的历史大幕,由此,大国崛起的道路有了全球坐标。

五百年来,在人类现代化进程的大舞台上,相继出现了九个世界性大国,它们是葡萄牙、西班牙、荷兰、英国、法国、德国、日本、俄罗斯和美国。

大国兴衰更替的故事,留下了各具特色的发展道路和经验教训,启迪着今天,也影响着未来……

序

绝大多数历史学家认为:公元1500年前后是人类历史的一个重要分水岭,从那个时候开始,人类的历史才称得上是真正意义上的世界史。在此之前,人类生活在相互隔绝而又各自独立的几块陆地上,没有哪一块陆地上的人能确切地知道,地球究竟是方的还是圆的,而几乎每一块陆地上的人都认为自己生活在世界的中心。

公元1500年前后,中国正处在明朝统治之下。郑和的船队七下西洋,但不是为了

---

① 陈京生.电视播音与主持[M].北京:北京广播出版社,2000:1.

开拓贸易,而是为了宣扬皇帝的德威。郑和死后,中国人的身影就在海洋上消失了。

阿拉伯和印度的商人与欧、亚、非大陆继续着商业往来,但他们的活动范围基本上局限在印度洋沿岸。

这是当时欧洲人笔下的世界,已知的三块大陆——欧洲、亚洲和非洲,分别由三个信奉基督教的国王统治,其他地方都是混沌未开。

但就在公元1400年以后的两百年间,欧洲绘图人笔下的几大块陆地宛如正在成长的胚胎,逐渐由模糊的团状,演变成我们今天所熟悉的清晰可见的模样。

正是从那个时候起,割裂的世界开始连接在一起,经由地理大发现而引发的国家竞争,拉开了不同的文明间相互联系、相互注视,同时也相互对抗和相互争斗的历史大幕。

不可思议的是,开启人类这一历史大幕的,并不是当时欧洲的经济和文化中心,而是偏居在欧洲大陆西南角上两个面积不大的国家——葡萄牙和西班牙。五百年前,他们相继成为称雄全球的霸主,势力范围遍及欧洲、亚洲、非洲和美洲。

那么,究竟是什么力量推动小小的伊比利亚半岛征服海洋,进而主宰世界长达一个多世纪呢?

示例分析:《大国崛起》是中国电视人以电视传媒这一特别的载体来展现近现代世界发展的一次实践。它试图以历史的眼光和全球的视野,为当下中国的现代化发展寻找镜鉴;试图站在人类文明发展的高度,以寻找人类共有的精神财富为叙述平台;试图在风云四起的历史变迁中,寻找推动国家发展的根本力量;以国际视野看待外国的发展模式,不单从经济发展的角度,而且从政治发展的角度,评述中国之形势。

以上稿件是纪录片《大国崛起》的第一集《海洋时代》的解说词片段。议论型解说,一般要求气息力度较强,出字饱满,基调严肃、质朴、庄重、大方;解说视角要有一定高度。

示例二

独领风骚·诗人毛泽东(片段)

第一集:宏程心路

1973年,刚刚大病一场的毛泽东,已经整整八十岁了。这年夏天,他用已经有些枯涩的情思,写了平生最后一首诗。

这年冬天,他让身边的工作人员把自己一生的全部诗词作品,重新抄写了一遍。抄完后,他一一核对,对其中的一些词句作些修改。然后让工作人员又抄写一遍,抄清后,又再次核对。

他似乎很想为后人留下一套完整的诗词定稿,又好像是在进行一次艺术上的自我总结。数量并不太多的七十来首诗词,正是毛泽东播撒在坎坷心路上的心灵花朵。

作为诗人,毛泽东是政治家诗人。

作为政治家,毛泽东是诗人政治家。

作为诗人,毛泽东是自信的。

四十多岁的时候,在陕北峰峦起伏的黄土高原上,他便举起套着灰色棉袄袖子的右手,指着自己对一个来访的美国记者说了这样一句——"谁说我们这里没有创造性的诗人?这里就有。"

1910年,即将出外求学的毛泽东,临行前改写了日本一个叫月性的和尚写的言志诗,夹在了父亲每天必看的账簿里——"孩儿立志出乡关,学不成名誓不还。埋骨何须桑梓地,人生无处不青山。"

离开韶山冲的毛泽东,到了长沙,到了北京,到了上海,到了广州,到了武汉,到了瑞金,到了遵义,到了延安。

直到1937年,人们才惊讶地发现,长期在山沟里,在马背上战斗的毛泽东,竟然还会写诗。

人们更为惊讶的是,正是毛泽东那不平凡的人生经历和丰富的人格素养,造就了别具一格的诗风,使典雅高古的旧体诗词和中国革命的历史风云紧紧地融合在了一起。

第三集:爱情之歌

1918年,二十五岁的毛泽东第一次到北京时,萌发了爱情。

在北京的公园和名胜一同观赏冬春景色的日子里,毛泽东和杨开慧确立了恋爱关系。

毛泽东和杨开慧,都是在五四思想解放大潮中成长起来的知识青年,又都富有个性和远大的追求。杨开慧后来回忆:她虽然爱毛泽东,"但绝不表示","我们彼此都有一个骄傲脾气,那时我唯恐他看见我的心"。

毛泽东和杨开慧,常常被深沉而含蓄的爱情表达方式所困扰。

堆来枕上愁何状,江海翻波浪。

夜长天色总难明,寂寞披衣起坐数寒星。

晓来百念都灰烬,剩有离人影。

一钩残月向西流,对此不抛眼泪也无由。

这首《虞美人·枕上》,是毛泽东在1920年冬天一次短暂别离时写给杨开慧的。

这是毛泽东诗词中唯一的一首纯粹写爱情的作品,唯一的一首属于婉约格调的作品。

1920年冬天,杨开慧来到湖南第一师范附小的教师宿舍,自由地和毛泽东结了婚。

一年后,毛泽东辞去了教职,把家搬到了长沙小吴门外的清水塘。

这时的毛泽东,已经成为行踪不定的职业革命家。

1923年12月底,毛泽东又要离开长沙,三年的夫妻生活离多聚少。

于是,一首《贺新郎·别友》就从心底里涌了出来:

挥手从兹去。更那堪凄然相向,苦情重诉。眼角眉梢都似恨,热泪欲零还住。知误会前番书语。过眼滔滔云共雾,算人间知己吾和汝。人有病,天知否?今宵霜重东门路,照横塘半天残月,凄清如许。汽笛一声肠已断,从此天涯孤旅。凭割断愁思恨缕。要似昆仑崩绝壁,又恰像台风扫寰宇。重比翼,和云翥。

1927年8月13日,一个朦朦胧胧的夜晚。杨开慧站在长沙板仓杨家后山的棉花坡上,再一次目送着穿一身布衫却要去领兵打仗的毛泽东渐渐远去。

杨开慧肯定不会想到,这竟是他们的永诀。

井冈山上的毛泽东,则四处托人打听杨开慧的下落。

示例分析:毛泽东的诗词内涵丰富、气势磅礴,在国内外有深远影响。大型电视文献纪录片《独领风骚·诗人毛泽东》以一个独特的视角,让我们再次走近毛泽东,它侧重展示了作为凡人毛泽东和诗人毛泽东的传奇般人生经历,让我们知晓毛泽东诗句背后那些鲜为人知的动人故事。

以上稿件是《独领风骚·诗人毛泽东》第一集、第三集的解说词。叙说型解说表达自然,语气亲切,语势平缓。解说本片时还要满含对毛泽东的崇敬之情。

示例三

大美青海(片段)

解说:3月,当我们这个星球的北半球开始进入美丽的春季时,青藏高原依然是万籁俱寂的白茫茫一片。青海湖边的那仁湿地,藏族牧民加吾才让正在统计这块25 000多亩湿地里的黑颈鹤数目。

(画面提示:地球动画 青藏高原雪景)

解说:3月,当我们这个星球的北半球开始进入美丽的春季时,青藏高原依然是万籁俱寂的白茫茫一片。

(画面提示:近景,雪景)

解说： 静！好静啊！连雪片落地声都能听到！

3月5日11点21分，2010年的第一只斑头雁打破了宁静。

它带着藏南雅鲁藏布江河谷湿地的一身草香，回青海湖娘家了。

观察斑头雁达25年的李英华知道，它的到来，预示着冰封了118天的青海湖将要"开湖"了。

这一刻，遗憾多年的李英华突然变得精神抖擞，他发誓，这一回一定要死死地盯住"开湖"那晚的所有响动。

但是，今年的"开湖"还是很鬼，就在他"稍稍打了个盹"的那个有风的夜晚，湖开了，冰化了。

而且还是难得一遇的"武开湖"。

李英华有点儿恨，其实，扪心自问，青海湖边的人有谁真正目睹过"开湖"壮举？

这就是圣湖的神圣所在，壮举总在不经意间展示于人！

是啊！这就是青海湖。

中国五大最美湖泊之首的青海湖。

雪山环抱的这一泓天湖之水啊，总有一种神秘萦绕着你！

（画面提示：加吾才让从下到上的展示）

解说： 生于斯长于斯的藏族牧民加吾才让也错过了2010年这难得的"武开湖"。第二天，他坐在青海湖那仁湿地这根"忘天柱"上，翘首以盼地等待着什么。果然下午5时30分左右，一对黑颈鹤如期而至飞临湖畔。

加吾才让用颤抖的手在《黑颈鹤日志》上写道：今天下午5时23分，2010年的第一对黑颈鹤回来啦！据观察，它俩比去年来时明显瘦多了。发生了什么事情？为什么？

加吾才让： 我想了一夜。后来我看到电视台新闻上说今年中国云贵高原特别干旱，黑颈鹤越冬区就在那边。

（画面提示：各种候鸟）

解说： 青海湖的4月，斑头雁回来了！黑颈鹤回来了！鱼鸥、棕头鸥也回来了，最后是如期而至的鸬鹚。

李英华： 今天是4月20日，到目前为止，青海湖"五大水鸟"基本上到齐了。

解说： 4月的青海湖就是一部鸟声的交响乐。这一刻，青海湖醒了。

斑头雁从哪里来，其迁徙路线多年来众说不一。

这些年，李英华凭借GPS跟踪仪，精确地定位了青海湖斑头雁的五条迁徙路线。

GPS显示，其中编号为74901的斑头雁，3月底从西藏雅鲁藏布江流域的墨竹工卡出发,每日飞行400多公里,中转停留在黄河源头的扎陵湖等地。十多天后出现在青海湖。

67586号飞行高度达8 000米,在穿过唐古拉山时可能遇到了一场大暴风雪,在高山深处的某处躲避风雪两天两夜,3月21日到达青海湖。

这些千里迢迢赶来的斑头雁,先在湖上细细地品味一番这个夏季栖息地。

(画面提示:三维动画)

解说: 青海湖,一个群山环抱的湖。一个呈东西长南北窄的湖。湖面海拔达3 196米的高原堰塞湖。环湖周长360公里,面积达4 583平方公里。它是中国最大的内陆湖泊。

(画面提示:三维动画)

解说: 它也许是世界上最年轻的湖。二百万年前,青海湖是一条流向黄河的河流,有一天,地壳开始隆起塌陷,在河流东去的路上抬升出了个日月山。从此河流成了堰塞湖,产生了一个比泰山还要高两倍多的天湖。

(画面提示:三维动画古地图)

解说: 青海湖就是一部大历史。湖畔的古羌人部落遗址,西海郡的界碑,吐谷浑人的古都,蒙古和硕特王的敖包,藏族牧民的经幡。

千百年来,各种文明在这里演绎着辉煌。天下山水千千万,有些山水注定和太阳离得很近。在云的催促下,日月山在舞动着斑斓。在阳光的照耀下,青海湖水从黛绿到浅蓝,神奇般地变换出六种颜色。天下湖泊万万千,唯有青海湖被原住民视为大智慧者白马江乃的神井之水,将其顶在头上,当诸神之一供奉着。

湖西北有个鸟岛,鸟岛上有个面积不大的蛋岛。今年蛋岛迎来了近万只斑头雁。

(画面提示:湟鱼自行车赛)

解说: 7月,满湖的水里游着满湖湟鱼,满湖的湟鱼引来了漫天的鸟。鸟的身后出现了一股由全世界顶级车手组成的车流。2010年7月17日, 147名世界级自行车手穿梭在油菜花和蓝水白云间,为第九届环青海湖国际公路自行车赛你追我赶。这一刻,青海湖进入了一年中最旺的季节。

(画面提示:祭湖)

解说: 湖畔的藏家儿女迎来了感恩的日子。这天,湖北岸的刚察县仙女湾湿地边聚集了上万人。一场青海湖最大规模的祭湖仪式开始了。

(画面提示:加吾才让的父亲放生)

解说: 第二天,加吾才让的老父也领着儿子和媳妇去沙柳河边举行家庭放生仪式。老父亲先放生了一棵树,他虔诚地对这棵沙柳树发了誓。

加吾才让的父亲：沙柳树啊，今后绝没有人砍伐你。愿你从今天起得到永生！

（画面提示：转移牧场）

解说：7月，当青海湖畔的鲜花盛开的时候，这里的牧民们正在准备转移牧场。转移牧场很累，但是为了青海湖牧草的休养生息，夏季，青海湖畔到处是牧民迁徙的牛羊群。万事俱备后，加吾便赶着牛羊，转场去布哈河上游的夏季牧场了。布哈河，是青海湖的母亲河。去布哈河看湟鱼，加吾想了8年了。

（画面提示：湟鱼）

解说：每年的7月，这些盐水里泡大的鱼儿，会成群结队地回游到布哈河、沙柳河等30多条淡水河里产卵繁衍后代。此时，河口的湟鱼跳着、蹦着、抢着逆河流而上。让你感喟：不管什么物种，无论多么卑微，皆负有延续自己种族的使命，在完成这一使命的过程中，它们是如此的神圣、勇敢、美丽！湟鱼为什么都不大，因为青海湖水温低，湟鱼一年只能长一两。是啊，在高原湖泊的生命禁区里，这些无鳞的鱼存在本身就是一个自然界的传奇，一个青海湖仍在讲述的传奇。

加吾顾不得长时间欣赏，他赶着牦牛找了个水浅的地方过了河。到了天峻山下的布哈河夏季牧场，已近黄昏。不一会儿，帐篷上冒起了炊烟。加吾安静地坐着，聆听仓央嘉措情歌。歌声把整个帐篷沉浸在古老的传说中。奶茶冒出清香的热气，炉火映红了每张脸。

示例分析：《大美青海》选取青海境内最具特色的青海湖、三江源、塔尔寺、昆仑山、柴达木五个景点作为拍摄对象，以点带面，体现"大美青海"的主题。青海湖是青海的面孔，是大美青海的符号。本集细致拍摄了青海湖各种鸟类的形态和细节，反映了青海湖良好的自然生态和少数民族珍爱动物、与自然和谐相处的生活状态。

以上稿件是纪录片《大美青海》第一集的解说词。抒描型解说多见于风情片中，解说时，咬字柔长，节奏轻快舒缓，语气亲切，感情真挚。

示例四

故宫（第二集片段）

惊心动魄的战争已见分晓，改朝换代正在进行。

公元1644年农历8月，在浩浩荡荡的随从队伍陪同下，一个六岁的男孩和他的母亲一起，从盛京老家向北京进发。男孩名叫福临，是大清王朝的顺治皇帝，此行的目的地是他们在北京的新家：紫禁城。对于六岁的顺治皇帝来说，这座他前所未见的高大城门，一定给他留下了新奇而深刻的印象。

这是紫禁城最大的门,有37.95米高。

按照中国的阴阳学说,正北叫子,正南叫午,所以位于紫禁城中轴线南端的这座城门,叫作"午门"。

穿过午门,紫禁城的真容出现在顺治皇帝的眼前。

这里就是他们的新家,而对这座宫殿的占有,也将是他们成为中国新的统治者的象征。

深红色的宫墙和金黄色的琉璃瓦是这座宫殿最引人注目的特征,而这绵延一片的红色和金色也使紫禁城与周边的建筑完全区分开来。

紫禁城的建筑分为前后两个部分:前半部分是处理朝政和举行重大礼仪活动的场所,称为前朝;后半部分是皇帝处理日常政务和帝后嫔妃的生活场所,称为内廷。

(同期声)故宫博物院副院长晋宏逵:紫禁城的总体部署就是这样,用若干条纵深的轴线来安排这么多的建筑,那么这些建筑都是用院落的形式来展开的。每个院落当中都有成组的建筑。每栋建筑相互之间都是有主有从、有正有配,它就是这样用建筑的手段,来表达封建社会、封建礼制所表达的那种等级和秩序。

传说中玉皇大帝的紫微宫一共是一万间,而人间的紫禁城一直流传着宫殿有九千九百九十九间半的说法。事实上,在长达五百多年的时间里,紫禁城一直在变化着。根据1973年故宫专家的调查,紫禁城现有的宫殿是八千七百零四间。

有人认为,当年顺治帝初次见到的紫禁城也许并不完整,因为比他早几个月进京的摄政王多尔衮,在给顺治皇帝的奏报中写道:李自成烧毁宫殿后逃走。

(同期声)故宫博物院副研究馆员李燮平:李自成确实放火了,那整个紫禁城受到什么损坏了,这实际上清代人自己有一个定位。乾隆朝修订的《日下旧闻考》就明确说过紫禁城宫殿是因胜朝之旧而斟酌损益之。意思是什么呢?就是说我对紫禁城的修缮都是在明代建筑的基础上来进行的。这就反过来说明一个什么问题呢?就是说紫禁城宫殿没像传说的那样因为李自成而受到那么大规模的破坏。

……

康熙三十六年,太和殿落成,盛大的落成仪式正在进行。这不仅是一座宫殿的庆典,更昭示着一个新的盛世的开端。

这就是今天我们看到的太和殿。

坐落在八米多高的汉白玉三台上的太和殿是紫禁城的核心,也是紫禁城整体建筑乐章的高潮部分。它的一切设计,都为着一个目的,就是把至高无上的皇权烘托到极致。

太和殿曾经是北京城最高的建筑,从庭院到正脊高36.57米,相当于12层楼房的高度。

太和殿也是紫禁城中最大的建筑。面积达2 381平方米，相当于半个足球场那么大。它的长宽比例正好是九比五，代表着九五之尊。

太和殿与身后的中和殿、保和殿一起构成前朝的主体，人们习惯称之为三大殿。

紫禁城的建筑很多地方都与九这个数字有关，九为最大，体现至尊的含义。像大门上的九排九路门钉，房檐上的九个走兽，等等。

然而，对于太和殿来说，连最大数字九都不足以表达它的尊贵，因此，在它的屋顶上出现了十个走兽。多出来的这一个叫行什，在中国所有古建筑中仅此一例。

太和殿是目前世界上最大的木质结构建筑。

在这个号称世界之最的大殿里，布置却相当简单。

在基台的烘托下，皇帝的宝座是唯一的主角。目光所及之处，皇权的威严辐射到每一个角落。

太和殿一共有七十二根大柱子，围绕着宝座的六根被贴上黄金，每根柱子上都有一条巨龙，这是皇权的象征。

从这六根金柱当中向上望去，藻井上有一条蟠龙，蟠龙嘴里倒垂下来的宝珠又叫做"轩辕镜"。

康熙皇帝对太和殿的这次重新修建，改变了它原有的九开间形制，变成了十一开间。可以说，这是此次重修中最为实用的改造。

(同期声)故宫博物院古建部副主任周苏琴：康熙三十四年重建太和殿的时候，考虑到防火的因素，所以就把木构的斜廊改成砖墙了，同时把太和殿两边的游廊改成了夹室，就形成了我们现在看到的这个面阔十一间的格局。实际上还是没有改变原来这个面阔九间周围廊的格局。

......

一座小小的宫殿见证了一个王朝从盛到衰的历史。

在等级森严、庄严肃穆的紫禁城中，有一片风格迥异的建筑透露出一份灵动和浪漫的气息。这就是宁寿宫花园，人们俗称乾隆花园，它是生性潇洒、喜好游历的乾隆皇帝的得意之作。

这个花园建在紫禁城的东北角。狭隘细长，曲径通幽，四个院落相连，风景各不相同，乾隆皇帝六下江南时最为欣赏的江南美景尽收园内。

花园中还处处显示出汉族传统文化对乾隆皇帝的深刻影响。

中国古代有一种祈福的祭祀活动叫禊赏，后来演化为人们暮春郊游的风俗。文人墨客此时也要相邀聚会，最著名的一次被记录在王羲之的《兰亭序》中。

九曲蜿蜒的水渠中清水流淌,随波逐流的酒杯停在谁的座前谁就要吟诗作赋,否则就罚酒认输,这就是"曲水流觞,修禊赏乐",乾隆皇帝以此为根据,给这个亭子起名"禊赏亭"。

花园中还有一个建筑叫"三友轩",室内以松、竹、梅装饰,松木刚劲而挺拔,腊梅凌寒而开放,翠竹秆直而心虚,三者皆处严寒而不谢,所以被称为"岁寒三友",古代文人以这三种植物比拟人品的刚直、高洁。乾隆皇帝不仅借"三友轩"表现自己的儒雅,更重要的是传达出清朝皇帝与汉族知识分子思想融合的一种态度。

……

中国古代的建筑设计,采用文字说明、图纸和烫样三者结合的方式。所谓烫样,就是立体的设计模型。它是中国古建筑设计中特有的产物。现在,故宫依旧保留着当年雷氏家族制作的烫样。

烫样用硬纸板、秫秸和木头等粘贴制作而成。模型制成之后,需要用小烙铁将细节部分烫平,故名烫样。

这是清朝晚期雷氏家族为紫禁城长春宫设计的烫样,在夏季长春宫院内建有一个巨大的凉棚。在烫样的相关部位,都有具体的文字说明和建筑尺寸。经过一层层展示,我们能清晰地看到建筑的内部结构。当时的烫样主要是为给皇上御览而制作的。皇帝的意志是决定宫殿建造最终的依据。

豪华、气派,号称小紫禁城的宁寿宫完工之后,乾隆皇帝一天也没有住过,他在退位后,依然住在养心殿内控制着朝政,直到公元1799年,他八十九岁时去世。

从明朝永乐年间到清朝乾隆年间,紫禁城历经三百多年的修建、改建和修缮,终于成就了今天展现在世人眼前的模样。而在紫禁城中演绎的历史,还将波澜壮阔地延续下去。

示例分析: 故宫,既是一座皇家宫殿,也是一座博物馆。它凝聚着近600年的宫廷变迁和人世沧桑,积淀了几千年的文化诉说和生命智慧,它以厚重的内涵,成为中华民族文化、艺术和社会、历史的里程碑。12集大型纪录片《故宫》,全面展示故宫辉煌瑰丽、神秘沧桑的宫廷建筑和丰富多彩、充满传奇的珍贵文物,细致讲述了不为人知、真实鲜活的人物命运、历史事件和宫廷生活。

以上稿件是纪录片《故宫》第二集的解说词。讲解型解说,一般用声比较平缓,语气质朴,耐心细致地将枯燥的内容讲清楚。此片解说语气上应透着一丝自豪感。

示例五

小留学生(片段)

解说:日本史称东瀛,唐代盛期,曾有大批的东瀛使者赴长安求学。1896年,清朝政府派了13名留学生赴日本,从此揭开了中国人赴日本留学的历史。一百年后的今天,我们踏着先人足迹,来到了这块陌生的土地。

(同期声)"天津来的。""上海来的。""西安来的。""北京来的。""来自于四川成都。""我来自福建。"

这是一部亲手制作的纪录片,是我们在日本生活的记录。

上集

解说:1996年10月19日。张焕然,35岁,今天是去机场迎接来日本定居的妻子和女儿。成田机场,张焕然现在是日本一家公司的职员。为妻子和女儿来日本做准备,已经几夜没有睡好觉了。

(同期声)张焕然:我现在考虑更多的是她们的语言问题,孩子的教育的问题。这是最头痛的,而且是相对来说,比喜悦更大一点,坦率地说,我前两天把孩子的学校联系好了。他们倒是挺热情的,而且……无条件地接受了(入学),但是还是有点担心啊,而且……不过真高兴,还有三十分钟,飞机就要到了。

解说:张焕然,北京人,五年前告别妻子和女儿来日本留学。法学硕士毕业后,正式就职才一年。与即将到来的妻子和女儿已经有三年没有见面了。阔别三年后异国团聚,第一次出国的妻子和女儿,张素,9岁,在北京的小学读三年级,父母的独生女。妻子是大学时代的同学,35岁。为全家欢聚而格外高兴的张素自见到父亲开始就一直说个不停。妻子辞去北京的会计工作,处理了家当,来到了丈夫工作和生活的东京。

(同期声)"对于日语方面有什么担心没有?"

"没有。"

"为什么?"

"学!"

"日本小学生欺负你的时候,你怎么办啊?"

"用学习来对付他们!"

"有什么具体打算吗?"

"在中国我跟我妈已经定了条约了。我一定要拿第一!"

"拿第一是为了什么?"

"为中国争口气啊!"

"为中国争口气?"

"嗯!"

"谁教的,没人教啊!"

"因为日本侵略中国,所以我就得为中国争气!"

"在这儿时就别讲这个了。"

"可以讲,这本来就是事实嘛!"

"那么你喜欢不喜欢日本?"

"现在还不好说。不好说,我妈说了友谊第一!"

"因为爸爸在这,所以才来,是吧?"

"否则咱也不来了。"

解说:次日清晨,来日本的第一个早晨。为了防备张素迷路,父亲事先准备了联络卡。张焕然夫妇几乎一夜都没有睡觉,收拾行李以及对将要开始的新的生活有说不完的话,不知不觉就到了天亮。今天是张素去日本小学入学的日子,在日本的生活将从今天开始。

(同期声)"你说什么?"

"今天你加不加班?"

"还不知道呢!"

"小心点啊!"

"我知道!"

"今天要加油啊!要加班,你打个电话回来。"

"哦!"

解说:家里唯一能说日语的父亲因工作忙不能请假送女儿去学校。胸前挂着父亲给准备的联络卡,母女俩手牵着手,去学校报到了。完全不懂日语的母女俩……已经有一个多月了,(张素和其他同学)之间,还是无法用语言交流。

(同期声)"你想跟她说什么呢?"

"我想问她几岁了。"

"她说她几岁呀?"

"听不懂。"

"从——前面——药店——拐——弯儿——可以吗?"

解说:天真的张素以为把中国话放慢说,对方就能听懂了,可每次都是以自言自语结束。星期五,每周一次的全校早礼,今天学校决定把张素介绍给全校师生。八王子市教育委员会还免费为张素请了一位翻译老师,期限为一个月。

(同期声)"希望大家早日和张素成为朋友。"

解说：校长亲自给张素做介绍，可张素事先一点儿也不知道自己要上台发言，没有任何的准备。

(同期声)"我叫张素。初次见面，请多多关照！"

"大家都懂了吧？她讲得多好啊。你可以用中文讲，我帮你翻译。"

"我希望以后我们都能成为好朋友。国家和国家之间永远是和平的，愿我们这一代永远捧起和平的鸽子，唱起和平的歌。"

下集

解说：一年后。同样的路，同样还是和竹田友纪一起，张素已经是四年级的学生。与以前不同的是，两个人一路说个不停。升入四年级后，班主任还是中村老师，同学们都长大了许多，同桌的依然还是佐藤君。对老师的提问，张素已经成了最快举手的学生。自从张素能举手回答问题后，中村老师已不再特意让张素回答问题了。随着时间的流逝，大家似乎忘却了张素是从外国来的小朋友。在这一年里，张素的成绩成了全班的第一名……

(同期声)"这种口风琴是口琴和电子琴的结合。它不用电，只要一边吹一边弹，就可以吹出音来，现在我给大家介绍一下。"

"通过这两年生活以后，我们大家都感觉到收获非常大，就是每个人都往前走了一步。"

"什么都老想争上进，要是人家比她强，她马上就那个。现在好多了，孩子大气多了。"

"你在日本是干部吗？"

"日本(小学)没有干部，谁都可以举手。没有就是说，你必须当干部。你学习好可以当干部，没有那么一说，你学习不好，你也可以当干部。"

"你在日本生活好吗？"

"还行！"

"哎，你这眼镜是什么时候戴上的？以前没看见你戴眼镜呢。"

"给我们唱首日本歌，好不好？"

"欢迎，欢迎！"

"那我给唱这个吧。"

解说：两个月后。首都机场。张素和妈妈来迎接从日本来的客人。

(同期声)"张素，看见了吗？"

"没有。看见了，看见了。"

"好久不见了,你戴眼镜了。"

解说：中村老师利用暑假想亲眼看看养育了张素长大的北京,想亲眼看看张素现在所在的学校。来中国是第一次。

示例分析：2001年6月,《小留学生》荣获日本放送文化基金奖"电视纪录片奖",总策划、总制片张丽玲荣获"策划奖"。这是在日华人首次获得该项大奖。

张丽玲等人耗时数年、跟踪拍摄数百名在日中国留学生后制作了大型系列纪录片《我们的留学生活——在日本的日子》,《小留学生》是其中一集,记录了一个9岁的中国小姑娘随父母来日本后的感人经历。该片首先在中国播出,引起了强烈的社会反响。2005年5月5日,富士电视台在黄金时段播出此片后,在日本社会也引起了巨大反响,以20.6%的高收视率创造了当年度同栏目的最高收视纪录。

以上是《我们的留学生活——在日本的日子》第七集《小留学生》上、下集的解说词。字幕型解说多用于跟踪记录某人或某些人生存状态的片子。此类解说词一般只起提示、补充字幕的作用,表达客观、平实、不动声色。

第三节　训练稿件

稿件一

中国通史·贞观之治（片段）

隋朝末年,隋炀帝变本加厉,愈加骄奢,荒淫无度。官府横征暴敛,民怨沸腾。公元611年,隋炀帝一意孤行,发兵远征高丽。老百姓心中长期压抑的怒火终于点燃。山东王薄、河南李密、河北窦建德、江淮杜伏威,到处是农民起义的旗帜,到处是反抗暴政的呼声。

太原留守李渊本为隋朝命臣,但长期得不到隋炀帝信任。李渊与窦皇后次子李世民认为,只有拥兵自立,才能保住家族地位和利益,并趁机扩张势力。在李世民的反复劝说下,李渊终于起兵。短短半年,李渊父子统率的军队超过20万。公元617年三月,隋炀帝被杀,隋朝灭亡。同年五月,李渊在长安即位,改国号唐。

随后,隋末农民战争变成唐朝统一全国的战争。

公元624年,各地农民军和割据地主武装被彻底消灭,山河归一。

统一中国的不朽功业主要李世民领导完成。

李世民战功赫赫,遗憾的是,他没能成为太子。

天下必归枭雄。于是,一场流血政变就在眼前。

公元626年初夏的一个清晨,十几个士兵埋伏在玄武门外,此刻,他们只等待一个人的发令。他们的将领正是唐高祖之子——李世民。这一天对他而言将是一场你死我活的拼杀,他挑选了最得力的尉迟敬德等九员大将与他同战,而他对战的目标,竟然是自己的亲兄弟——太子李建成和弟弟李元吉!

此时刚刚走出玄武门的李建成和李元吉感觉情况不妙,但为时已晚。李世民出现在眼前,他高声叫住二人。仓皇之间,李元吉欲拉弓射杀李世民,然而忙乱之下,竟然三次都无法张弓搭箭。反倒是冷静的李世民取出弓来,一箭射去,当场将太子李建成射死马下。随后双方展开混战,李元吉也中箭落马。这就是著名的玄武门之变。

两个月后,唐高祖李渊被迫交出兵权,并下诏退位。李世民登基,是为唐太宗,改年号贞观。

训练提示:《中国通史》以在历代治乱兴衰的历史经验与教训、统一的多民族国家基础上创造的文明为主线,利用丰富的历史资料,充分吸收当代考古学和历史学研究的最新成果,以时代演进纵向贯通、问题分析横向展开,以严谨科学的态度、宏阔的视野回顾中国古代历史的发展道路,展示中华文明的灿烂与辉煌。本段解说词选自《中国通史》之《贞观之治》,训练时要注意把握整体豪迈的历史气势,娓娓道来;声音以实声为主,吐字圆润集中,铿锵有力;解说过程中要注意重大历史事件的起因变化,形象生动,带世人回顾当年的历史。

稿件二

舌尖上的中国(第二季第一集片段)

不管是否情愿,生活总在催促我们迈步向前。人们整装、启程、跋涉、落脚,停在哪里,哪里就会燃起灶火。从个体生命的迁徙,到食材的交流运输;从烹调方法的演变,到人生命运的流转。人和食物的匆匆脚步,从来不曾停歇。

20多年风雨劳顿,之所以不觉得孤单,除了坚忍的丈夫、勤劳的妻子,相濡以沫的,还有一路陪伴的家乡味道。

在效率面前,麦客已经不属于这个时代。马万全一行,也许就是中国最后的职业割麦人。古老的职业和悠久的传说,正被机械们一茬茬收割殆尽。

一坛家乡味,将被带往1 000公里外的广东中山。也许有一天,它会以新的形式在他乡重现。千百年来,食物就这样随着人们的脚步,不停迁徙,不断流变。无论脚步走多远,在人的脑海中,只有故乡的味道,熟悉而顽固。它就像一个味觉定位系统,一头锁定了千里之外的异地，另一头则永远牵绊着记忆深处的故乡。

一顿归乡宴，穷尽乡间名厨的全部手艺。中断几十年的相识和旧情，重新接通，瞬间让一切回到从前。少年熬成白发，故乡变了模样，但各种老味道历久弥新。半生闯荡，带来家业丰厚，儿孙满堂。行走一生的脚步，起点、终点，归根到底都是家所在的地方。这是中国人秉持千年的信仰，朴素但有力量。

这是剧变的中国，人和食物比任何时候走得更快。无论他们的脚步怎样匆忙，不管聚散和悲欢，来得有多么不由自主，总有一种味道，以其独有的方式，每天三次，在舌尖上提醒着我们，认清明天的去向，不忘昨日的来处。

西藏林芝，印度洋吹来的暖湿季风，植物正在疯长，又到了白马占堆忙碌的季节，天麻和灵芝是重要的经济来源，但是一个月后，它们将消失得无影无踪。从峡谷到雪山，7000米的海拔高差，让林芝成为世界高山植物区系最丰富的地区。弟弟高中毕业，白马得迅速赚够他读大学的费用，在此之前，他为弟弟准备了一份特殊的礼物。西藏80%的森林集中在这里，白马努力搜寻几天前发现的蜂巢。现在他得想办法达到树顶，在当地人眼中，蜂蜜是宝贵的营养品，值得为它冒险，听起来难以置信，但这种风俗已延续了数百年。白马选了一根藤条，使自己与大树相连，从现在起，这根藤条关系性命，看起来进展不错，一个小时后，白马爬了很高，但还有更高的距离要爬。父亲放心不下，匆匆赶来，白马不敢用双手砍树，速度明显慢了下来。现在，他准备摆脱藤条，40米高，并且没有任何保护，这是一次危险的行走，野蜂并不怕人，白马从长辈那里学会了点燃烟雾，迫使蜜蜂放弃抵抗，砍开蜜蜂藏身的树洞，就可以得到最甜美的蜂蜜。在与世隔绝的森林里，甜食非常难得，而蜂蜜，是白马能带给家人最珍贵的礼物。甜食是人类最简单、最初始的美食体验，蜂蜜的主要成分是果糖和葡萄糖，作为早期人类唯一的甜食，蜂蜜能快速产生热量，补充体力，这对我们的祖先至关重要，和人工提炼的蔗糖不同，蜂蜜中的糖，不经过水解，就可以直接被人体吸收。在中国的厨房，无论制作菜肴还是甜点，蜂蜜都是其他糖类无法替代的。当然，白马最喜欢的是酥油蜂蜜。

训练提示：《舌尖上的中国》为中央电视台播出的一部美食类纪录片，主要内容为中国各地的美食生态。通过对中华美食多个侧面的描写，展现食物给中国人生活带来的仪式、伦理等方面的文化；见识中国特色食材以及构成中国美食特有气质的一系列元素；了解中华饮食文化的精致和源远流长。解说时需要灵活运用声音弹性，婉转地表达出大自然中各种食材的美感，表现出中国人民的勤劳。

稿件三

敦煌（第一集片段）

"你为什么一定要把它们拿到欧洲去呢？"当这个英国人第一次展示他在中国搜集的文物时，当地官员只是这样淡淡地问了一句。他叫斯坦因。

有人说他是那一代最惊人的探险者、考古学家，也有人说，他是盗贼，是骗子，是丝绸之路上的魔鬼。1907年初夏，他第一次来到敦煌。敦煌位于亚洲中部，东经93度，北纬40度。它北临蒙古高原，西接新疆塔克拉玛干沙漠，南邻青藏高原，这个位于中国甘肃西部，这个仅有18万人口的小城市，曾经是连接东西方贸易的咽喉要道，丝绸之路上的一颗明珠。

1 000年前，曾有四条道路从这里通向西方。十几个世纪以来，这里曾经汇集着来自欧洲的货物和文化，来自中亚的语言及文字，来自印度的艺术和宗教，它们在这里与中华文化全面交融。莫高窟藏经洞的文献被称为人类进入中世纪历史的钥匙。但是，当斯坦因来到时，这个沙洲小县已经被中国人遗忘了。陆续登场的是西方人。他们有英国人，过去的一个世纪，是属于这个国家的，世界三分之一以上的商船，飘扬着他们的米字旗；有法国人，在东南亚丛林里，已经布满了他们的身影；有德国人，他们已经在中国山东建起了欧式洋房；还有俄罗斯和亚洲新崛起的日本，他们正在中国的东北开战。当这些国家越来越强大时，古老的中国仍在沉睡。

1900年，斯坦因在中国新疆开始了他的第一次探险。与京城轰轰烈烈的庚子战乱相比，他的身影有些微不足道。但是，这一年敦煌城外的一个小人物，不经意间将他和这片山崖连在了一起。

训练提示：纪录片《敦煌》是对敦煌1000多年的历史和生活的生动展示。该片视觉惊奇，真实再现历史场景，将故事片的一些成功元素有效地融合进来，增强纪录片的观赏性和趣味性，使节目在保持文化内涵的同时，更加充实、更能贴近受众。所以，在解说时，需要通过声音营造敦煌的真实感，气息充沛、声音有力、变化丰富。

稿件四

信仰（片段）

这条建成于20世纪初的古驿道，是当时连通海丰与广州的重要通道。驿道两旁这些有百年历史的潮汕风格的店铺，见证了这里自古以来的热闹与喧嚣。80多年前，在人们的欢呼声中,这里的楼房被刷成了红色,一个苏维埃政权、一块红色革命根据地在此建立。

(同期声)海丰县彭湃小学学生读书声:磊落奇才唱大同,龙津水浅借潜龙。愿消天下苍生苦,尽入尧云舜日中。

就在这棵大榕树下,这首诗的作者,一个26岁的青年,穿着从长工那里借来的破旧短褂,怀抱着德国产最新式的留声机,给农民宣传他的信仰。

(同期声)彭湃次子、核潜艇专家彭士禄:他是个大地主出身,海丰数一数二的。

然而就是这个富家子弟,宣称"我即贫民""我即制度的叛逆者",要发动农民起来革命。他的名字叫彭湃。

这是个拥有1 500多名佃户的大地主家庭,平均下来,30多个佃户养活一个彭家成员,可以想象彭湃从小过的是多么富裕优越的日子。然而,走出彭家大院,当时的中国却是另外一种样子。

从19世纪中叶起,在与外国列强签订了1 000多个不平等条约和章程之后,中国,已逐渐沦为了半殖民地半封建社会,救亡图存的民族使命迫在眉睫,无数仁人志士进行了千辛万苦的探索和不屈不挠的斗争,却始终未能改变中国的社会性质和中国人民的悲惨命运。

1917年,祖父同意21岁的彭湃出国留学,并在他身上寄托了"谋官爵、耀门楣"的厚望。然而,在他炽热的内心里洋溢着的却是另外一种热情。

当时苦闷彷徨的中国人在各种各样的"主义"中寻找着各自的信仰。自由主义、实用主义、国家主义、无政府主义,好人政府、联省自治……到底哪一个能解决中国的问题呢?这一年11月爆发的俄国十月革命,让共产主义这个在欧洲游荡的幽灵,进入了中国先进分子的视野。

在日本早稻田大学的图书馆里,彭湃读到了《共产党宣言》,激动不已的他感觉自己触摸到了救中国的真正良方。1921年,彭湃学成回国。就在这棵大榕树下,当着一万多农民的面,彭湃将一箱子田契铺约一张张烧毁,而随着那一把火烧掉的是彭家折合成今天每年近400万元人民币的收入!在烈火中闪耀的,是与传统剥削和压迫制度决裂,动员农民起来革命的信仰之光。

荣华富贵、高官厚禄、锦绣前程,这是自古以来很多人孜孜以求的梦想,但被这些虽然年轻却找到了信仰真谛的革命者弃之如敝屣。

训练提示:纪录片《信仰》以党的90多年光辉历程为背景,通过讲述革命、建设、改革各个历史时期优秀共产党员坚持理想信念、发挥先锋模范作用、保持先进性和纯洁性的感人故事,深刻阐释了共产党人的核心价值观,是一部兼取政论片、文献片、纪实片之长,融思想性、教育性、艺术性、观赏性于一体的经典电视片。训练时,应态度客观,立场坚定,严肃准确,声音稳健而有变化。

稿件五

复兴之路(第一集片段)

(福建马尾港)这是位于中国东南的一个小镇。2006年,小镇上的一个造船企业,迎来了自己140岁的生日,今天的中国已是世界第三造船大国,马尾造船股份有限公司只是行业中十分普通的一家企业。而在140年前的1866年,马尾造船厂的建立却是一件备受关注的大事。船厂的创办者——大清国闽浙总督左宗棠在奏折中说修建造船厂的目的是"欲防海之害"。肩负着如此重大的使命,中国第一个也是当时亚洲最大的现代船舶修造厂,在小镇马尾动工了。

100多年前,大清国在海上遭到了怎样的侵害?一个造船厂,如何能迎接这个挑战?马尾造船厂开始修建的26年前,危机从海上而来。1840年6月,集结在澳门沿海之外的英国舰船,出发北上,入侵中国。此后两年中,清政府屡战屡败,最终被迫议和。历史学家称这场战争为"鸦片战争"。古老中国以这样的方式,开始了自己的近代历史。

那么,中英之间为什么会爆发这场战争?它将会造成怎样的后果呢?也许,英国议会在1840年4月的3天辩论可以帮助后人考察战争的根源。关于是否对中国开战,看起来似乎是与两种植物有关的贸易引起的——英国人的鸦片和中国人的茶叶。

……

对于工业革命后生产能力激增的英国来说,扩大世界市场是它最急迫的愿望。中国的邻邦印度此前已经成为英国掠夺原材料、倾销工业品的殖民地。为了获取利润,英国殖民者在中国人中制造了一种需求——鸦片,以此在40年间,掠走了三四十亿两白银。马克思曾谴责道:"非法的鸦片贸易,年年靠摧残人命和败坏道德,来填满英国国库。"

……

英国议会最后以5票的优势否决了反对党提出的反战议案,鸦片战争爆发。

在这场从海上而来的挑战中,完全没有准备的清政府遭遇了完全没有预料的失败。道光年间的中国,作为东方的大国,拥有80万的军力,而英国派出的远征军初期只有7 000人,到战争结束时也不过2万人,偌大一个帝国为什么会败于远道而来的英军?

……

腐朽导致愚昧，愚昧加剧了腐朽。洋务运动期间，中国自主修建了第一条铁路，起自河北唐山，止于胥各庄，名为唐胥铁路。1881年建成后，清政府却认为，火车震动了东陵的先王神灵，因而禁止使用机车，只准以骡马拽引车辆，人称"马车铁路"。而打败了大清国的日本，1872年由英国人建成第一条铁路，明治天皇亲自参加了通车典礼。国人纷纷前来，在月台上脱去鞋子，小心翼翼地登车参观庆贺。7年后，日本已经开始自己设计和修建铁路。对待铁路态度的差异，暴露了清王朝封建专制统治与时代大潮间的巨大落差。此时，欧美各国已经进入以电气化为标志的第二次工业革命。中国武科考试的内容却还是弓马骑射，文科考试的内容仍然是八股文章。然而，洋务派却一再称"中学为体，西学为用"，认为中国文武制度"事事远出于西人之上，独火器不能及。"

正如马克思指出的那样，"一个人口几乎占人类三分之一的幅员广大的帝国，不顾时势，仍然安于现状，由于被排斥在世界体系之外而孤立无依，因此竭力以天朝尽善尽美的幻想来欺骗自己，这样一个帝国终于要在一场殊死的搏斗中死去。"残酷的现实证明，洋务运动无法实现自强的目的，不是中国现代化的方向。那么，究竟什么才是救亡的良方呢？

……

在三民主义中这一革命纲领的指导下，孙中山和一批批爱国志士进行了多次武装起义，并最终成功领导了改变中国历史进程的辛亥革命。

这是位于广州市先烈路的一座墓园，这里安眠着72位年轻的革命党人。1911年4月27日，黄兴率领120余人在广州起义，在牺牲的革命党人中，有很多是专门回国参加起义的留学生，其中包括年仅24岁的林觉民。广州起义的两天前，林觉民在一方白色手帕上写下了给妻子的绝笔信："吾自遇汝以来，常愿天下有情人都成眷属；然遍地腥云，满街狼犬，称心快意，几家能彀？"虽然满怀着对亲人的殷殷深清，但为了苦难中的祖国，林觉民舍弃了他眷恋的妻子和即将出生的儿子。历史将永远铭记一代志士仁人"以天下人为念"，用青春、幸福乃至生命为天下人谋永福的伟大情怀。他们的勇气和精神已成为中华民族的宝贵财富。

广州起义半年后，1911年10月10日武昌起义爆发，不到三天，武汉三镇光复。不到一个月，全国就有13个省宣布独立，脱离清政府统治。短短四个多月，大清王朝土崩瓦解。

一个王朝终结了，一个在中国延续了2000多年的封建君主专制制度灭亡了。一个共和制的国家在亚洲诞生了！

……

然而，辛亥革命是一场不彻底的革命，它只是赶跑了一个皇帝，中国仍旧在帝国主义和封建主义的压迫之下，反帝反封建的革命任务并没有完成。在接下来的岁月中，谁能真正完成反帝反封建的历史使命？谁能让中国人过上有尊严的生活？中华民族的伟大复兴还将经历怎样的艰难曲折，才能找到一条正确的道路呢？

训练提示：这是央视第一部全面、系统地梳理中国近现代历史的系列节目，由《大国崛起》的原班人马制作，有人称是《大国崛起》的姊妹篇。《复兴之路》是站在新的历史起点上，回首过去，展望未来。训练时，应通过声音表现出浩荡的历史，平稳大气地抒发对历史的赞颂。

稿件六

抗战（第十二集片段）

解说：国歌为什么唱这句话，中华民族到了最危险的时候，每个人被迫着发出最后的吼声，要起来啊！

中国有一个传统，叫"多难兴邦"。灾难的本身教育了我们应该如何。我们牺牲所有的幸福，我只有一个信念，就是要把帝国主义赶出去！

一个民族的文化是一个民族的凝聚力，是一个民族精神的内核。国家如果不强大，不可能在世界上有地位。中华民族从精神上真正站起来了。这是抗日战争最大的精神财富。

主持人：中国人民的抗日战争是中国近代以来反抗外敌入侵，第一次取得完全胜利的民族解放战争。对经历过那场战争的人来说，那一段刻骨铭心的岁月，永远不会忘记。没有经历那场战争的人，感受到了60年前中国人民流淌过的鲜血和眼泪，会多一份清醒。我们不能忘记历史，忘记了，我们怎么迈步呢？

解说：当战争已经远去，今天的我们，对于60年前父亲的苦难和鲜血，母亲的屈辱和眼泪，还有多少感受和记忆？

这本日记记录了抗战期间，云南保山最边远的乡村，一个普通的小学教师在日本人的轰炸和细菌战中的悲鸣。也许是人生太悲惨，内心太悲苦，这本日记在以后的60多年里，再也没有被打开过。

……

解说：当年，德国法西斯在集中营里建造毒气室、焚尸炉大屠杀；而日本侵略者在中国大地上用最原始方式进行大屠杀！

据有关专家调查，仅在辽宁境内，大规模的、比较大规模的万人坑就有35处，死亡人数 58 万多人。

解说：91 岁的本多立太郎是侵华日军的老兵。1939 年 8 月驻扎在江苏金坛，曾杀死过中国战俘。对战争的记忆让他痛悔，也唤起了他的良知。虽然内心受着战争罪恶的煎熬，但严肃的悔悟仍受到了人们的欢迎。

本多立太郎（日本老兵）：我为自己 60 年前所犯的罪恶，来此谢罪。从战争结束到现在，我一直是这种心情。无论什么理由，也不容许人类自己虐杀人类的生命。虐杀人类的生命就是犯罪。

解说：他已不是第一次到中国来忏悔、谢罪。从 1986 年起，本多立太郎就在日本各地进行侵华战争忏悔演讲，至今已有 1 027 次，听众达 18 万人。

刘奔，中国社会科学院教授，侵华战争中的日本遗孤。他出生的长野县，是当时日本最贫穷的地区之一，派到中国东北的人也最多。日军溃败后，一家人失散，祖母带着极度瘦弱的刘奔逃难。不料祖母也病故，3 岁的刘奔成了孤儿，被中国人收养。今天，刘奔也成为一个老人了。

刘奔（日本遗孤 中国社会科学院 教授）：我养父啊，在黑龙江虎林县日本宪兵队，差点被他们折磨死。但最后，他收养了我，所以一想起这些事儿，我就难以忘怀。我觉得我们父子之间心能相通，因为前面有很多经历，从小是怎么对待我的，后来在很艰难的条件下供我上大学，付出很大代价。他从来就没有担心过将来我会对不起他。当时他工资才 39 元，每个月给我寄 20 块钱。

解说：刘奔一家是 1945 年春到中国的。当年为了永久侵占中国，日本在侵华期间，组建了 1 000 多个开拓团，向中国东北移民共 166 万人。日本战败投降后，有 4 000 多日本战争孤儿被遭受日本侵略者奴役和践踏的这个国家的人民所收养。对那些在生命边缘挣扎的日本遗孤，历经灾难，早已是一贫如洗的中国养父母伸出了仁爱之手。她们用自己的乳汁和口中省下的食粮，把这些孩子喂活养大。这，就是仁义中国。

……

解说：历史是民族的年轮，记忆是我们的文化基因。

在日本侵华战争疯狂的军事机器企图吞并征服中国的时候，中华民族共赴国难。国民党数百万军队主要在日军进攻的正面作战，特别是抗战初期，以国民党军队为主体的正面战场打过一些大仗、胜仗，给日军以沉重打击。许多国民党将士在抗日战争中英勇杀敌，壮烈牺牲。敌后战场作为抗日战争主战场，在中国共产党的领导下，钳制和消灭了日本侵略军大量兵力，中国军民付出了极大的代价，并取得辉煌的战绩。

……

解说：中华民族以巨大的民族牺牲，与日本侵略者殊死搏杀，最终赢得了胜利。60

年后再回首,我们看到,最可宝贵的就是那浴血重生的民族之魂。

……

面对历史,不能背过身去。正确地对待历史,就是要把对那场战争的反省落实到行动上,不要再伤害中国人民和亚洲有关国家人民的感情了。

明史知耻、明史知理、明史知责,以史为鉴、面向未来。

训练提示: 大型文献纪录片《抗战》是为纪念中国人民抗日战争暨世界反法西斯战争胜利60周年,由中国中央电视台推出的12集文献纪录片。训练时,要保持客观冷静的播讲态度,吐字圆润,饱满有力,将中华民族的豪迈用声音生动地表现出来。

稿件七

人民艺术家——老舍(片段)

找寻不到湖水的涟漪,我们无法忘记你;追寻着你蹒跚的足迹,你的身影又渐渐清晰……

肃立在白雪环绕的墓地前,一行简洁的文字映入我们的眼帘:文艺界尽责的小卒,睡在这里。

一位诗人曾经这样说过:有的人活着,他已经死了;有的人死了,他还活着。尽管时空无情地转换,但我们仍然无法把他与这座坟墓联系在一起,因为他还活着。他,活在他的小说里,活在他的戏剧中,活在教学的课堂上,活在中国和世界人民心里。

1924年,勤敏、好学、热情、善良的老舍被教会选拔到英国伦敦大学东方学院任教,教授中国语。从此,出身城市贫民的满族后裔走上了向世界介绍中国、宣传中国文化的讲坛,与不同肤色的学生师长切磋东西方文化异同,寻求民族独立和解放的真理。

走在伦敦街头,随处可以被一个个高耸的雕塑、古朴神秘的教堂和藏在台阶、砖缝里的典故、传说所吸引。那错落有致、风格典雅的建筑,油画里常见的田园般风景的街景郊野,全民族礼貌友好、和谐亲爱、健康向上的整体素质和形象,一切陌生而感人的情景像磁石般牢牢地抓住他的眼球,撞击着他那颗稚嫩的心。回望万里之遥多舛多难的祖国母亲,他的视线渐渐模糊。

1924年的英伦三岛,不仅开启了老舍的创作之门,也重塑了他的人生理念。

伦敦圣詹姆斯公园31号——老舍当年侨居的公寓。

徜徉在这条恬静而安详的小街,看着街头匆匆过往的不同肤色的市民,我们不禁仰望高台阶上明亮的门窗,仿佛看到踌躇满志的老舍先生在伏案疾书,在苦苦研读。老舍曾经这样描述过自己的学习:"到了英国,我就拼命地念小说,拿它作学习英文的课本。念了一些,我的手痒痒了。离开家乡时自然想家,也自然想起过去几年的生活经验,为什么不写写呢?"于是,老舍的心开始萌动,那故乡的人人事事都一股脑地涌上他的心头、涌上他的脑海、涌上他的笔尖。

他开始动笔,而且一发不可收拾。他的创作彻底舍弃中国小说章回体的旧形式,充分运用往日中国和英国生活的种种感受及他富有幽默的特点,大胆地写下去。准确地说,在英国的五六年间,老舍以他特有的勤奋,创作完成了两部长篇小说:《老张的哲学》《赵子曰》和半部《二马》。

"昨夜西风凋碧树,独上高楼,望尽天涯路。"

王国维曾巧妙地把晏殊的爱情感受表述为文学的一个境界,而这个境界恰恰准确无误地体现了老舍在异乡投身创作的形态。虽说他初期的作品,在功力和技巧方面还显得稚嫩,过于具象,但它足以体现出老舍作为新文学开拓者的独特风范和荡涤传统文化的勇敢胆魄,同时也崭露其文学大家的气势。

老舍是最先向中国人发送西方文学发展信息的中国学子之一。但在他洋洋800多万文字,1 000多部小说、戏剧和其他门类作品里,你除了从嗅觉上可以感知到那种追求自由、渴求民主的呐喊外,似乎感受的都是土得掉渣的纯中国地方化、纯老北京的风俗地标和生活元素。纵观老舍先生那些感动过无数中国人的作品,你都会感到有一种气场、一种力量在影响着你的呼吸、你的脉动,在撞击着你的灵魂。那就是"爱",是对国家、对民族、对大众、对生活的大爱。

1929年老舍辗转欧洲列国,途径新加坡回到祖国。1930年7月起,到济南齐鲁大学任教。1934年秋,改任山东青岛大学教授。课余继续从事创作。沿袭原来艺术取向的作品有长篇小说《离婚》和《牛天赐传》等,比之早期作品,描写从浅露趋向含蓄,相当圆熟地形成了他作为幽默作家、北京人情世态的风俗画师、市民社会的表现者和批判者独特的艺术风格。面对愈来愈严酷的社会现实,他的创作出现两种新的趋势:一是日益关切国家大事,由此触发写作的灵感。如受到日本侵略者制造的"五三惨案"的影响,写了《大明湖》;九一八事变引起他"对国事的失望",遂有寓言小说《猫城记》的问世。二是更加关注城市劳动人民的苦难,以此作为主要描写对象,也从此成就了老舍的创作特色和道路。《月牙儿》叙述母女两代沦为暗娼;《我这一辈子》诉说下级警察的坎坷经历;在《骆驼祥子》中,以从农村来到城市拉车的祥子个人的毁灭,写出一场沉痛的社会悲剧。成功地把城市底层暗无天日的生活引进现代文学的艺术世界,是老舍的一大建树。《骆驼祥子》是他个人也是中国现代文学史的杰出作品。从30年代初起,他开始写作短篇小说,《赶集》《樱海集》《蛤藻集》等。其中如《柳家大院》《上任》《老字号》《断魂枪》诸篇,绰约多姿,文笔犀利,是白话小说的成功建树,也是当时文坛不可多得的佳作。此时的老舍进入了创作高峰期,其文学造诣也达到了炉火纯青的程度,老舍已在中国新文学战线占有极其重要的位置。

……

《龙须沟》是老舍新的创作里程碑,他因此获得了北京市政府颁发的"人民艺术家"的荣誉称号。50至60年代,尽管他担任多种职务,社会活动频繁,但他仍然勤奋创作。小说、报告文学、散文、话剧多样多产,而话剧创作更是突飞猛进,有《春华秋实》《西望长安》《红大院》《女店员》等。自50年代后半期起,他的作品又转向历史题材,如话剧《茶馆》《义和团》(又名《神拳》)和小说《正红旗下》(未完成)等,这些作品描绘近代北京的历史风云,大手笔表现老北京的风土人情和历史变迁。特别是话剧《茶馆》,以一座小小茶馆作为舞台,展开了清末戊戌维新失败、民国初年北洋军阀盘踞时期、国民党政权崩溃前夕三个时代的生活场景和历史进程,写出旧中国的日趋衰微,揭示必须寻找解放出路的真理。老舍的话剧艺术在这部话剧中得到重大突破,老舍在这部话剧中表现出惊人的艺术造诣和成就,引起国际话剧界的高度关注和好评。是当代中国话剧舞台和北京人民艺术剧院最享盛名的保留剧目。

……

1966年8月24日,老舍受"文革"迫害,含冤辞世,中国人民从此失去了一位伟大的艺术大师、文学巨匠。

训练提示: 老舍是我国著名的作家、艺术家,《人民艺术家——老舍》主要展现了人民艺术家老舍先生的生平事迹。训练时,要注意对老舍先生创作细节的讲述,力求为受众还原一个最真实、最伟大的人民艺术家。

稿件八

京剧(第一集片段)

2010年11月16日,北京城一个普通的日子。当这座城市在初冬的斜阳下慢慢醒来,生活的舞台上,一如既往的是北京人习以为常的繁忙与精彩,不管诗意还是凡俗、古老还是现代,这个舞台诠释的,已是活在21世纪的中国人的选择。

大多数人并不知道,从这一天起,联合国教科文组织"人类非物质文化遗产"的名单上,多了一个以这座城市命名的一种古老戏曲的名字:京剧。

京剧是国粹,这是中国人由来已久的共识。然而,当"国粹"写入"遗产",一则以喜?一则以忧?我们无从回答。

站在北京城南的永定门向北望去,仿佛可以看到天边。200年前,从南方来的徽班也许就是从这里,陆陆续续地走进北京城开始了他们的辉煌之旅。就是这样一座宽广的城市,为百年来众多京剧艺人的粉墨登场提供了最坚实的舞台。

在老北京的传说里,京剧是从茶楼到戏园子几代中国人一脉相承、欲罢不能的疯狂沉醉与痴迷,忘我的追捧、山呼的喝彩。在那些有情和无情岁月里,京剧之于大多数中国人,既是各层人士沉浸其中乐此不疲的一种生活方式,更是一种刻骨铭心的温情慰藉。

在好奇的外国人眼里,京剧也许首先是一个神秘而优美的梦境。仅仅80年前,当来自中国的国色天香在太平洋彼岸的纽约百老汇舞台首次绽放,大多的西方人认为,京剧艺术无疑超越了东西方之间所存在的障碍。80年后,联合国教科文组织全票通过,把中国京剧列入世界《人类非物质文化遗产代表作名录》。

京剧百年,这个舞台曾经见证了太多粉墨登场的艺人无以掩饰的光荣或梦想、得意或失落。程长庚、谭鑫培、杨小楼、余叔岩、梅兰芳……正是这些熟悉或陌生的名字,成就了一个王朝的跨越世纪的欢娱,也成就了京剧自身的灿烂与辉煌。

当所有的繁华已成过往,所有的热闹归于沉寂,关于京剧,关于那些将自己的精魂映射在舞台之上的戏梦人生,我们的讲述就从这个早已陨落的王朝开始……

训练提示:八集纪录片《京剧》秉持着一种基于历史的冷峻和理性的情感基调,让受众更加真切地看到时代带给京剧的呵护或伤害、感知京剧作为"国粹"的高贵与不凡,从而让更多的人找回久违的认同,甚至多少悟察出一条关于"振兴"的路。训练时,通过声音讲述在京剧走过的200多年里,这方舞台的所有"唱、念、做、打",开启一个民族独特的文化艺术记忆。力求生动地表现出代代伶人或一飞冲天、或一蹶不振的春风得意、血泪心酸,以及上自帝王权贵、下至升斗小民的万千"戏迷""票友"一掷千金的倾力追捧或玩物丧志的疯狂痴迷。

稿件九

最后的山神(片段)

"山神啊!请你赐福给我们,赐福给山林。"

这是春节过后的第一个早晨,中国东北部的大兴安岭,这是冰天雪地的季节。每年的这一天,孟金福都要在马尾上系红布带,在鄂伦春人眼里,萨满的马是神马。新年里第一次乘骑,系红布带表示尊崇。孟金福是中国境内鄂伦春族中的最后一位萨满。

这种用几根树干做支架,用兽皮围起来的住处,鄂伦春人叫"仙人住"。这是孟金福夫妇在山林中的家。在过去的千百年中,鄂伦春人就这样世代生息在大小兴安岭,一直过着从远古沿袭下来的游猎生活。不知道鄂伦春人在山林中生活了多少世纪,他们的族名鄂伦春意为山岭上的人。

"火神啊,我们向你祈求生活平安,山神啊,每天都赐给我们福气吧!"

到了20世纪50年代初,中国境内的鄂伦春人在政府的帮助下,走出山林,分几处定居。当时全族人口2 256人。孟金福夫妇是在山林中出生长大的。定居以后的40年,他们还是习惯在山林中生活。

"遥远的月神,正月十五,我们虔诚地敬拜你。请你保佑我们幸福永驻。保佑我们猎运兴旺。"

今天是农历正月十五。在过去是鄂伦春人祭月神的日子。定居以后,就不讲究这些了。但孟金福相信:在这个时候,月亮神正在天上望着人们。鄂伦春的先民崇信萨满教。萨满教是原始的自然宗教,以自然万物为神灵。日月水火、山林草木,都可以成为他们膜拜的对象。众神之中,山神是主管山林狩猎的神灵。在他们的心中有着特殊的地位。孟金福每到一片山林,先要选一棵高大粗直的松树,雕刻一尊山神像。他觉得这样他就与这片山林共同沐浴在神灵的庇护之中了。每天早晨,孟金福离家出去狩猎。每次打到猎物,他都认为是山神的赐予。

"山神啊!感谢你给我猎物。接受这溢着香气的祭品,再次赐给我好运。"

离家走远了,点上一堆篝火,山林的任何一块地方,都可以成为孟金福他们的落脚之地,成为他们的家。

多日打不到猎物,孟金福他们就会到山神面前述说委屈和祈求。"什么祭品也没有,就给山神敬支烟吧!我们就要上山打猎了,请为我们准备一些猎物,为我们排除困难吧!"孟金福的枪太老了,老得都不易找到同型号的子弹。可他不想换成自动步枪,他认为那样看不出猎人的本领。他更不肯学着用套索、夹子去捕猎。他认为那样不分老幼地猎杀,山神是不会高兴的。鄂伦春有一首歌唱道:兴安岭的大树有多少根,就问问我们鄂伦春;兴安岭的野兽有多少种,就问问我们猎人。孟金福这一辈子,眼看着树林越来越稀,野兽越来越少,常常感到山神正在离他远去。感到一种无可依托的孤独。

男人外出狩猎,这个家就留给了女人。家就是仙人住的里里外外。在鄂伦春人的家里,女人是围着男人转的。丁桂琴18岁由父母做主,嫁给了大他15岁的孟金福。有了这个家。这30几年的日子,生儿育女,风霜雨雪,一晃也就过来了。"香啊,有面味。"孟金福回到家时,这是冬日里最温暖的黄昏时分。因为是老夫少妻,孟金福对老伴就多了几分兄长味的温情。

北方的夏季来得很晚。在夏天来临的时候,孟金福夫妇搬到了靠近河岸的林中。孟金福要让自己年轻些,他觉得这样才和夏天的美丽相般配。"这还剩两要没刮净。"

黄昏和清晨,是孟金福出去狩猎和捕鱼的时候。夏季出猎,都是乘坐这种用桦皮制作的小船。桦皮船为鄂伦春人所独有。离家之前,老伴要用柳条打他一下,这是老辈传下来的习俗。"女人打男的一下,今天就有运气。不会空手回来。"孟金福经常是看好一个风向稳定的夜晚,去蹲碱场。蹲碱场是鄂伦春人传统的狩猎方法。碱场,就是盐分大的湖泊或水滩。到了夜里,动物常来吃草喝水。猎人就在这时候伏击它们。这一夜,一只动物也没有出现。如今,动物是越来越少了。北方的夏季,夜短昼长。太阳出来之前,水面上浮起了蒙蒙的雾气。桦皮船在晨雾中滑行,没有一点声响。孟金福听到了动物的声音。声音远去了。

7月的头十天。白桦树的水分最大。是剥桦皮的好时候。孟金福桦皮船老了。他决定趁这几天做一条新船。孟金福小心地握着刀尖,使刀刃正好划破树皮而不伤得太深,一年以后这棵树还能长出新皮。船的龙骨要有樟子松,它的木质柔韧而结实。只用斧子和猎刀,他们就把一棵粗圆的松树劈成薄薄的木片。将桦皮和樟松片背回驻地,就可以开始做船了。"50,51,52,53,54,55、56、57、58。58个,够不够?"对孟金福来说,做一条桦皮船不是什么难事。有人帮忙,一天的功夫也就够了。做一条桦皮船,不用一颗铁钉、一段铁丝,一切取自樟松和桦皮。小块的桦皮可以做一些小容器。过去山林中的鄂伦春人家中的日常用具大都是用桦皮做的。北半球的许多民族都有使用桦皮的历史。形成了特有的桦皮文化。但像鄂伦春人这样使用桦皮的时间这么长、制作的水平这么高,却是很少的。今天,鄂伦春人也很少用桦皮制这个了,会制作的人也只剩下了几位老年人。"噢!又干成了一件大事。"大自然在赐予人类衣食之源的同时,也把智慧赐予了我们。一棵雕有山神的松树被砍伐了。孟金福见到时,有一种自己被砍伐了的感觉。

那以后的很多日子,孟金福再也没有出去狩猎和捕鱼。后来,他们回定居地的家住了些日子。这里到处飘荡着孩子们的笑声。当他们再回到山林时,短暂而美丽的夏天就要过去了。同来的还有郭宝林一家。郭宝林夫妇是定居后出生长大的第一代鄂伦春人。受过学校教育,有固定工作。现在郭宝林是乡政府干部,妻子是教员,女儿在读中学。他们的生活道路与上一代已完全不同。定居,像一道线,划开了鄂伦春人的过去和现在。两家人住在了一起。他们对山林的感情却不相同。孟金福的山林是有神灵的,郭宝林的山林,就是山林。孟金福为郭宝林的女儿郭红波模仿驼鹿的叫声。鄂伦春人称驼鹿为han,han是兴安岭特有的鹿种。郭红波这代人离山林更远了。很难听到han的鸣叫。

又一个冬天来了。又一位鄂伦春人去世了。死去一位老人就意味着鄂伦春人又远离了山林一步。"你是个好人啊,怎么就去了呢?愿你的灵魂安息吧!"鄂伦春人传统的安葬方式是风葬。他们认为,这样死者的灵魂就会随风飘回山林。在我们的请求下,孟金福表演了萨满跳神。中断40年后,这位鄂伦春族最后的萨满又敲响了他的萨满鼓。"空中漂浮的诸神,请光临我们生身之地,燃起篝火指引你,敲起神鼓呼唤你。快点降临吧,请赐福予我们,赐福予山林。"在过去千百年的岁月里,萨满鼓声曾不时地回荡在兴安岭的山林之中。今天,恐怕是最后一次响起了。孟金福的老母亲对儿子表演萨满跳神极为不快:"神走了,不会来了。"

训练提示:《最后的山神》是20世纪末探讨人与自然的关系的一部非常重要的作品,是一部典型地运用"真实电影"式纪录片拍摄手法的作品,以客观的镜头描述了一种文化的消失。本片展现了大部分鄂伦春人永远结束了狩猎生活后,孟金福夫妇仍然保留着的最原始的生活方式和宗教信仰,表达了对现代文明的控诉和对已逝去或即将逝去的文化的惋惜。训练时,要注意讲述感。

思考与练习:

1. 请举例说明纪录片的定义和范畴。
2. 纪录片的"三、二、一"分别指的是什么?
3. 请举例说出纪录片解说的种类。
4. 举例说明怎样才能解说好一部纪录片。

第六章 广告配音

教学目标:了解广告配音的概念和特点,初步掌握广告配音的基本技巧。
教学重点:广告配音技巧。
教学难点:广告配音技巧。
预计课时:32 课时。

第一节 理论概述

一、广告配音的概念

广告配音是指播音员、配音员对各类广告片的解说词进行有声语言的创作,让解说词从文字变为声音的过程。张颂先生在《广告播音艺术》的序言中说"广告播音是广播电视广告中有声语言的再创作"[1]。广告配音可直接、生动、精确、有效地塑造企业、城市、个人、产品的形象。

二、广告配音的特点

广告配音是一个十分特殊的领域,融合了广告学和播音学的相关知识。广告配音既区别于新闻播音,也不同于纪录片解说,它是商业语言的一种,"是包含在商业语言范畴当中的"[2]。广告配音具有商业语言的共性特征:

---

[1] 雪琴.广告播音艺术[M].北京:广播学院出版社,2000:序 1.
[2] 孙悦斌.声音者:孙悦斌配音理论与实践技巧[M].北京:中国传媒大学出版社,2016:98.

1.营销性

广告配音以短小精悍的几句话介绍清楚商品的特性、功能,以求在最短时间内获得消费者的认可。

2.扩张性

当产品有了自己的消费圈后,为了扩大消费群体,提高消费者的购买率,就要发挥广告配音的说服、煽情功能,突出产品的个性。

3.全局性

广告的四个目标为说服、劝说、纠正、提醒,它们一般是结合在一起的,因此,广告配音时,要将画面和声音结合起来,应注重考虑广告的整体性。

4.精准

在进行广告配音时,要使用正确的重音、恰当的节奏、适当的夸张和符合广告文字风格色调的声音。所以,配音时,需要在一定程度上对声音进行改造与设计,通过个性化的语音,充分吸引观众的注意力,将广告的传播效果发挥到最大。

另外,广告配音还有以下特点:第一,时间短;第二,内容丰富;第三,声音多变。要在几句话里表达出丰富的产品信息,对广告配音提出了很高的要求。

三、广告配音的功能

以我们日常最为常见的电视广告为例,它的广告配音有如下几个功能:

1.补充画面,解释细节,渲染气氛

相比于声音,画面在表现具体形象上有着绝对的优势,但是对于抽象的含义、复杂的意义则很难通过画面来表现。因此,在广告中,配音补充了画面的不足,将细节解释得更清晰,让观众对广告理解得更清楚、明白。此外,在渲染气氛、展现人物内心活动时,配音的作用就更加突现出来了。

例如,《昆仑润滑油》广告:

润物无声,昆仑润滑油,源自中国石油。

此则广告的画面为:一个陀螺从旋转中停了下来,润滑油使它更加稳定、高速、安静地旋转;画面放大到汽车旋转的轮胎与直升机的螺旋桨。配音"润物无声"解释了画面细节,然后引入主题——昆仑润滑油。

2.补充人物形象及塑造企业形象

在广告画面中出现人物时,观众只有透过声音才能更加深刻地认识人物。通常企业规模、现代化的生产方式、精神饱满的员工等可通过画面来表现,但是不能体现企业的具体信息,配音则能更直接、更生动地展现企业形象。

例如,统一润滑油:

统一润滑世界。
美国康明斯售后服务用油认证,
德国 MAN 售后服务用油认证,
瑞典 VOLVO 售后服务用油认证。
油压强大,世界认证。
统一油压王,有压力,才有动力。
统一润滑油。

奔波在各国的汽车司机使用统一润滑油的场景是广告重点表现的画面。通过配音将一系列汽车生产企业对该润滑油的认证生动地体现出来,在广告语最后阐述"有压力,才有动力"的经营理念,塑造一个世界级的企业形象。

3.揭示主题

对于电视广告来说,配音比画面更能揭示主题。以配音来表达主题思想与内涵更能节省时间。例如,奥迪 A4 广告画面以飞鸟和奥迪 A4 的对比体现无极变速器的平滑性,与壁虎的对比体现其全时四驱的稳健性,连续转弯的奥迪 A4 与海螺对比体现其引擎的澎湃动力。以上皆以画面和字幕来表现,最后用"品位源自内在"的配音揭示与深化主题。

四、广告配音的要求

广告配音需要对声音形象进行设计和塑造。优秀的配音给受众带来的冲击力和感染力会给人留下非常深刻的印象。此外,配音的艺术效果对于广告的收益有促进作用。那么,在进行广告配音时有什么具体要求呢?下面从三个方面进行探讨。

1.与广告的主题风格相贴合

不同的广告有不同的主题与风格。按内容分为故事型、抒情型、宣传型;按音乐分为轻快型、舒缓型、凝重型。因此,广告配音在选择声音时要考虑到广告整体的创意、风格、主题,否则不仅不能辅助广告画面去诠释广告含义,还会弄巧成拙,影响广告的传播效果。

2.以人的声音类型作为选择依据

我们根据人自然发声时声音在高、中、低音区的自如程度和发声质量的差异,粗略地将人的声音划分为男高音、女高音、男中音、女中音、男低音、女低音、儿童音等几种类型。各种广告对配音员的声音类型有不同的要求。比如,男低音一般指的是成年男性的声音,从听感上判断,这类声音低音明显松弛醇厚,并伴随一定的"下潜扩散"感,在兼具一定年龄感的同时,还能传递出丰富阅历与审美品位,适合塑造汽车、房产广告中成功男性的声音形象。

需要提醒的是,在实际配音过程中,常会遇到多种声音感觉交替表现和使用的情况,所以我们在配音时,应该根据自己的声音条件,并结合具体广告的要求,进行分析与调整。

3. 与广告产品诉求对象的审美相一致

目前,很多广告商会根据产品所服务对象的审美的不同来选择配音的声音和形式,即广告产品诉求对象的不同影响着广告配音的审美,这不同的审美也影响着广告选择配音的标准。每个人的审美标准一般都受他们自己的人生经历以及所处环境影响,但是每一类特定的受众必定都有他们共同认可或者都能接受的声音美的标准。

在中国人的传统文化观念里,成熟男性是"力量""责任""稳重"等的象征,这类人群也往往是社会责任和家庭责任的双重承担者。由此,在汽车、金融、房地产和通信等需要体现出实力、责任与信赖的行业,以及烟、酒等相对以男性为主力消费群体的商品领域,成熟的男性声音便会成为广告配音的首选。

"由于广告本身所具有的商业性、信息性、艺术性、诱导性等,广告播音要求语言表达具有新颖性、生动性和鼓动性,有时可采用声音特技和渲染夸张的语言表达手法。"①此外,广告配音还应考虑与画面、音响等多重因素的配合。更高一个层次的要求是,"与广告的主题风格贴合""与广告产品诉求对象的审美相一致"②。

第二节 示例分析

示例一 食品类

1. 旺仔 QQ 糖

女:哇,旺仔 QQ 糖。

男:哇,旺仔 QQ 糖。Come on baby,come on baby,come on baby。

---

① 张颂.中国播音学[M].北京:中国传媒大学出版社,2003:34.
② 王明军,阎亮.影视配音艺术[M].北京:中国传媒大学出版社,2007:123.

女:你也要吃一颗吗?

男:Yes.

女:旺仔QQ糖。

男:哦,我的宝贝。

示例分析:女声喜悦明朗,男声可爱有力,充满童真童趣。

2.M&M'S巧克力

女:能给我们拿点巧克力吗?

男:好,没问题。嗯?哎,快到碗里来。

巧克力:哼。你才到碗里去。

旁　白:香浓牛奶巧克力,五彩薄脆糖衣M&M'S,妙趣挡不住。

巧克力:你就不能找个大点的碗吗!

示例分析:女声轻快清新;男声充满活力,语气肯定;旁白有惊喜感,充满诱惑力;巧克力的声音则略带抱怨。

3.奥利奥

男一:你知道吗?我会用奥利奥变魔术。

男二:啊,真的吗?

旁白:右扭扭,看蓝莓。左扭扭,看树莓。

男二:喔……看飞机。

男一:奥利奥呢?

男二:变走啦!

旁白:扭一扭,舔一舔,泡一泡。全新奥利奥缤纷双果。

示例分析:男声是童声,活泼可爱;旁白男声清晰明朗。

示例二　饮料类

1.全家伯朗咖啡

男:小姐,你坐到我的位子了。

女:先生你有订位吗?

男:当然。

女:那上面是什么?

男:是外星人接收器。

女:那左边呢?

男:是看超过十秒就会掉泪的夕阳。

男:今天,我遇见了平行世界的另一个自己。

女:我遇见了平行世界的另一个自己。

男:Let's café. My café moment.

示例分析:男声清新自然;女声大方自信。

2.农夫山泉饮用天然水(身体水篇)

男声:身体中的水,每18天更换一次。水的质量决定了生命的质量。我们不生产水,我们只是大自然的搬运工。

示例分析:有共鸣感,声音浑厚。

3.泉阳泉(老子篇)

男配:泉,居善地;泉,事善能;泉,动善时。上善若水,唯泉,君子必观,泉,以鉴以为,泉阳泉。

示例分析:声音浑厚,沉稳持重,语速较慢。

示例三 药品类

1.芬必得新头痛装

公益律师这条路不好走,我却走了12年。每一个眼神都是一个沉重的托付,每一个案子都是一个难关。头痛时,连一个小小的托付都实现不了。芬必得牌酚咖片新头痛装,直达头痛部位,快速起效,去痛更安心。我们会永远站在一起。芬必得新头痛装。

示例分析:广告词大都是公益律师郭建梅的自述,给人真实的感觉,语言平和、踏实。这则广告不仅宣传了药品,更传递出一种正能量。

2.新康泰克美扑伪麻片

应对感冒,新康泰克牌美扑伪麻片,快速出击。针对流鼻涕、鼻塞、咽痛、发烧等多种症状,新康泰克牌美扑伪麻片,缓解多种感冒症状,表现更出色。新康泰克牌美扑伪麻片。

示例分析:为卡通人物配音,声音可怪异、夸张。音效有警报声、汽车引擎声,并伴随一些具有科技感的声音。

示例四　酒类

1.泸州老窖

你能听到的历史135年,你能看到的历史173年,你能品味的历史439年,国窖1573。

示例分析:女声轻声哼唱做背景,男声厚重舒缓,有历史感。

2.五粮液长三角酒

岁月历练,不改厚重的文明;旷古沧桑,不变五粮的浓香;神奇窖藏,酝酿传奇的品质。品质成就财富,五粮液长三角酒。

示例分析:音乐悠扬有力量,配音浑厚大气。

3.五粮液黄金酒

入口柔,一线喉。人参?鹿茸?五粮液集团保健酒公司黄金酒!五种粮食、六味补品,好喝又大补。谢谢了哈!哎,哎,我女儿送我的,要喝叫你儿子买去。满上满上……

示例分析:开始配有鸟鸣声,两人似在北京的四合院内,"一线候"有唱戏的韵味,音乐欢快。男声稍显苍老,但又不失欢快、轻松。

示例五　家居类

1.欧亚达家具

欧洲的尊贵,亚洲的精致,荟萃世界至尊品牌,演绎超凡个性,生活主流家,欧亚达家具。

示例分析:男声浑厚,背景音乐有一种空灵的感觉。

2.曲美家私

精致生活,曲美空间,当代生活系列家具。

示例分析:配音圆润通透,端庄大气,品位高雅。

示例六　金融类

1.招商银行生意贷

女:哎,这家银行的利息真不错啊。

男:还是招行生意贷更省,随用随时还,利息用一天算一天,汇款还全国免费呢。

女:真的!

画外音:招商银行生意贷,随用随时还,省一天,你就赚一天。

示例分析:前面夫妇俩对话部分偏表演台词,较为活泼,生活感强。画外音部分由声音浑厚的男声所配,语调大气。背景音乐是轻快的乐器鸣奏曲。

2.招商银行金葵花理财

实现梦想,需要精心规划。金葵花理财,以专业的财富管理,支持郎朗和您的每一个梦想。金葵花理财,专注您所专注。

示例分析:配音前面有娓娓道来的讲述感,后面则是充满渴望。

示例七　房地产类

1.布查特国际公寓

13米挑高的奢华殿堂,与拉斯维加斯的名贵遥相呼应,法国宫廷建筑艺术,迪拜级奢华用料,构筑世界级"手工定制空间",10 000米海岛式泳池,比肩全球的五星级休闲酒店服务,世界精英豪宅,布查特国际公寓。

示例分析:声音华丽,轻松但略带慵懒,有质感。

2.虹海地产

广慈湖畔,湖伴一生,依山而建,临水而居,高端与舒适的生活从广慈湖畔风生水起。建设新城首席湖畔高尚社区,出则繁华,入则宁静,西式大宅,亲水为上。品自然奢华生活,圆山水别墅之梦,虹海地产,亲情奉献。

示例分析:广告词随着图片缓缓说出,慢而有分量。

3.碧桂园

小时候常常听爸爸讲海的故事,阳光、沙滩……让人特别地开朗,在这么美的海滩,拥有一所自己的房子,与家人在一起开开心心,这样

的生活才是最幸福的。碧桂园十里银滩,就如三亚一样美,年内最后一批精装度假洋房,现正热售,别再错过。

示例分析:配合画面说出广告词,轻松、甜蜜、幸福。

示例八　汽车类

1.东风标致308

出色让我欲罢不能,我是陈坤,选择东风标致308,选择出色。

示例分析:声音自信洒脱,时尚有活力,稍显霸气。

2.丰田卡罗拉

全新COROLLA畅快登场,一汽TOYOTA。

示例分析:年轻的男声青春洋溢,动感有活力。

第三节　训练稿件

稿件一　食品类

1.蜜娇颜

1只蜜蜂酿1000克蜜,要飞行30万公里,吮吸100万朵花。懂得它的坚持,就容不下半点杂质,蜜娇颜,4道品质检验,3次新鲜净化,2次杀菌消毒,1次性独立包装,0添加,100%原蜜,蜜娇颜。

2.酸菜牛肉面

有人模仿我的脸,还要模仿我的面。模仿再像也不是统一老坛。统一来一桶老坛酸菜牛肉面,传统老坛,双重发酵,这才正宗,这酸爽不敢相信。统一来一桶老坛酸菜牛肉面。

3.德芙浪漫邂逅

男:嗨!

女:是你啊!

男:我订的书到了吗?啊!对了,给你的。

女:谢谢!还没到!

男:这个……

女:说了还没到！明天再来试试吧！

旁白:德芙纵享丝滑。

4.肯德基

男:请我吃意式肉丸饭,说吧,有什么事?

女:你表哥……人怎么样?

男:看样子,就不错,还很实在呢。超有料,特有味道。

女:条件这么好,眼光一定很高吧。

男:不高啊,才16块。

旁白:肯德基用心做好饭。新意式肉酱肉丸饭,浓香意式肉酱配上鲜嫩肉丸,只要16元。

5.双汇

男:双汇大肉块,有肉块,才好吃。双汇大肉块,与众不同。

齐:就是与众不同,双汇开创中国肉类品牌。

6.薯愿

女:从明天起晚饭再也不吃啦。

旁白:别找借口,有薯愿吗? 非油炸,焙烤的薯愿来啦。好丽友薯愿,如你所愿。好丽友。

女:我也要薯愿。

7.奥利奥巧克力棒

女:来个奥利奥巧克力棒吧。

旁白:香浓巧克力包裹着威化。

女:再给我一块吧。

旁白:奥利奥巧克力棒全新上市。

8.可爱多

男:同学喜欢酸奶般纯,还是芒果般热情? 都喜欢? 那就在一起吧。

旁白:芒果酸奶合二为一,爱在一起,可爱多了。全新芒果酸奶口味。

9.雀巢威化

男一:嘿,小宝,在吃什么?

男二:雀巢威化。嗯,好脆的威化还有好吃的巧克力。嗯,真好吃!

男一:分我一块吧。

男二:我要留着,踢完球再吃。

旁白:雀巢威化。

10.益达

男:嗨!

女:嗨!

男:这么晚才下班啊!

女:是啊!

男:我帮你加热。

女:谢谢。嘿,还有这个!

男:这个对牙齿好哦。好了,好好照顾自己。

女:你也是。

男:嘿,你的益达。

女:是你的益达。

11.绿箭

女:哎呀,又死机了!

男齐:我来我来……

男:绿箭无糖薄荷糖,小小两粒,透彻清新,我来看看,其实我也不会。

旁白:绿箭无糖口香糖,清新彻底!

12.胡姬花花生油

青岛胡姬花花生油,唯选山东青岛上等花生,传承百年古法小榨工艺,重现难以超越的天然醇香。青岛胡姬花古法小榨花生油,可被传承,难以超越。

13.福娃糙米卷

福娃糙米卷,和其他零食不同哦,100%糙米做的,更有美味卷心。糙米的,符合健康新观念,糙米卷,福娃的。

14.果然爱水果汤圆

果然爱水果汤圆,这一刻,给出水果自然的味道,让真实果粒,唇齿留香,由此而生,只为与众不同的精彩,果然爱水果汤圆。

旁白:三全食品专注速冻。

15.沙琪玛

旁白:好吃的沙琪玛,要用好材料。沙琪玛好吃的秘诀,要看设备和技术,徐福记沙琪玛,吃了就知道。

女:徐福记!

16.娃哈哈八宝粥

男:你看到了什么?

旁白:娃哈哈系列八宝粥,那么晶莹,那么滑润。

男:这就是娃哈哈的八宝粥,上等原料,一等工艺。

旁白:信赖品质,信赖专家八宝粥,当然娃哈哈。娃哈哈系列八宝粥。

17.思念

女:您找什么?

男:找打。思念手打天下。

旁白:劲打面,手打天下,手工水饺。美美一餐,美美思念。

18.伊利巧乐兹

女:丝滑巧克力,纯净细腻的香草冰激凌,完美滋味,是真享受。全新榛子巧克力,喜欢你,没道理。伊利巧乐兹。

19.德克士

男:德克士,脆皮炸鸡。

旁白:卡,一次就ok!

男:再一次更好。哇,秘制香料配方,独特酥香脆皮德克士脆皮炸鸡,鲜嫩多汁,超乎想象。

旁白:卡,很好。

男:导演不好。

旁白:很好。

男:再一次,开心就要卡兹卡兹。

20.q虾堡

齐:罗志祥,黄金q虾堡好吃的秘密究竟是什么?

男:它的秘密就是,虾肉的q弹;更大的秘密是,秘制塔塔酱。虾排鲜滋味,德克士,q虾堡。还有我的新专辑哦,开心就要卡兹卡兹。

21.3+2

全新3+2,多样感觉,多层更美味,3+2就要有模有样。

22.士力架

男一:大哥,你敢再虚点吗?饿得跟林黛玉似的,手软脚软。

女:要不你来?

男一:再说一遍。

男二:来条士力架吧。怎么样?

女:嗯,来劲了!

旁白:横扫饥饿,做回自己,真来劲,士力架。

23.回头客

女:什么是回头客?买了又买就是回头客,吃了又吃就是回头客。铜锣烧,就是回头客。

旁白:回头客食品。

24.盼盼小面包

早餐要吃好,盼盼法式小面包;下午饿得早,盼盼法式小面包,随时来一包,小巧方便味道好,盼盼法式小面包,盼盼食品。

25.德芙心声

精心德芙心声,做到身心愉悦。

26.波力海苔

男:海是大大的。

女:海是蓝蓝的,海是什么味道的?

男:吃了才知道。

齐:海的味道我知道,波力海苔。

27.夹心脆

波力海苔,波力海苔。海苔加鱼趣,波力海苔夹心脆。海的味道,我知道。波力海苔夹心脆。

28.康师傅

鸡蛋,孕育完美的营养,康师傅更加挑剔,只留下纯鲜蛋黄,让饼干变得特别营养蓬松。哇,蛋黄也苏苏,康师傅蛋黄也苏苏!

29.奥利奥软香小点

男:啊哈,有个软绵绵的东西在那里。

女:软绵绵的在这里。

男:软香小点。

女:在这里奥利奥,嗯,好松软啊!

男:有巧克力味哎!

旁白:全新奥利奥软香小点,想不到的松软!

男:再来一块。

女:我吃光光了!

旁白:软香小点,只有奥利奥!

30. 阿尔卑斯太妃奶糖

总有真心在身边,阿尔卑斯太妃糖,真正巧克力夹心,融情于口,由爱心生。

31. 金丝猴奶糖

金丝猴奶糖,香浓美味、奶香浓郁,吃着甜、喝着香,三颗金丝猴奶糖就是一杯好牛奶。美味更健康,金丝猴奶糖,美味健康一起来。

32. 雅克 V9

补充维生素,你可以选择雅克V9,每天两粒雅克V9,随时补充9种维生素。想吃维生素糖果的就跟我来吧。雅克V9,我的补维站。

33. 喜之郎果肉果冻

男:喜之郎果肉果冻。

女:休闲娱乐来一个,轻松好自在;婚庆节庆来一个,生活真精彩;开心时间来一个,欢乐时光太爽快;全家团聚来一个,幸福乐开怀。喜之郎,多点关心,多点爱。

男:果冻,我要喜之郎。

训练提示:食品类广告应注意用声音激发人的食欲,使人产生垂涎三尺的感觉。

稿件二 饮料类

1. 康师傅绿茶

阳光嘉年华,放飞好心情。康师傅绿茶。

2. 农夫果园(焕然一新篇)

女:农夫果园,焕然一新。包装换、口味换、水果换更多。什么都换,只有"天然"不换。农夫果园,喝前摇一摇。

3. 保力达蛮牛

顾客一:老板,我要蚵仔煎,不要蚵仔。

顾客二:老板,我要蚵仔煎,不加蛋。

老　板：汤来了！

顾客三：老板，我的味噌汤加贡丸。

老　板：哦。

顾客四：我的是贡丸汤加蛋。

老　板：你？

顾客五：味噌汤加贡丸，蚵仔煎加蛋不加蚵仔。

老　板：味噌汤不加蚵仔，蚵仔煎加贡丸不加蛋？

顾客五：味噌汤加贡丸，蚵仔煎加蛋不加蚵仔。

老　板：呃……

顾客齐：味噌汤加贡丸，蚵仔煎加蛋不加蚵仔。你累了吗？

男：保力达蛮牛，精力充沛，保力达蛮牛。

4.优乐美（我是你的什么）

女：我是你的什么？

男：你是我的优乐美啊！

女：原来我是奶茶啊！

男：这样我就可以把你捧在手心了。

男：奶茶，我喜欢优乐美！

5.咖啡时光

女：不好意思，可以帮个忙吗？谢谢！

男：你……认识我吗？

女：……不认识。

男：听到她的回答，我笑了。那时候的心情就像美式，单纯、轻松。

女：那我……

男：每个演员都希望被全世界的人认识，但我却要谢谢那个假装不认识我的女生。谢谢她给我一个自在的下午。

6.雀巢咖啡（创意篇）

男：嗯？沙发、椅子呢？

女：还有桌子，都还没到呢……

男：有些时刻，灵感让世界美好。我的灵感一刻，我的雀巢咖啡。

7.露露杏仁露

许晴：冬天要温暖，更要滋润。露露杏仁露，珍贵山杏仁，带给你暖暖的滋润。真杏仁,真滋润,露露杏仁露。

8. 红牛饮料

男:是时候红牛了,红牛维生素功能饮料!

9. 蒙牛特仑苏

男:自然的恩赐,成就我们的不同凡响,不断追求的人生,就像我选择特仑苏。

郎朗:品味特仑苏,享我人生。

男:不是所有牛奶都叫特仑苏。

10. 蒙牛

男:幸福从不抽象,因为你知道它来自哪里。对于你,幸福有着自己的定义和期许。哪怕这幸福看似很小,我们也深知每一个点滴对你的意义,好比阳光、空气、水之外,那份不可或缺的生活的动力。你专注于幸福的每一个点滴,我们来专注每一个你。蒙牛,只为点滴幸福。

11. 立顿奶茶

男:我喜欢充满朝气的味道。

男:精选高原阳光的上等红茶,融入丰富甜美的牛奶,调配出黄金比例的奶茶。

男:让今天充满朝气。

12. 汇源百分百鲜橙汁

女:在心灵与自然之间我感受到的是这份纯。汇源百分百鲜橙汁,橙的味道,纯的体验。

13. 汇源果汁(健康金时刻篇)

女:我喜欢早晨,因为早晨是我喝水果的黄金时刻哦。

男:汇源特有无菌冷灌装技术,把新鲜水果的原汁原味包起来。

女:早点喝汇源,这就是我健康活力的秘密。

女:汇源果汁。

女:你也要早点喝汇源哦。

14. 伊利谷粒多

女:你的健康"型不型"?伊利谷粒多,谷粒加牛奶,十四种营养元素,更多膳食纤维。有型健康,来自伊利谷粒多。

15. 达利园青梅绿茶(摘青梅篇)

刘若英:达利园青梅绿茶,绿茶青梅来相配,天生是一对。达利园青梅绿茶,酸甜好回味。

合：绿茶配青梅。

刘若英：还是头一回。达利园青梅绿茶。

16.哇哈哈八宝粥

男：香甜润滑的哇哈哈八宝粥，每一天早晨、每一次出游、每一个外出，哇哈哈八宝粥，随时随地营养美味。

17.南方黑芝麻糊

旁　白：一听到黑芝麻糊的叫卖声我就再也坐不住了。

王力宏：南方黑芝麻糊爱心杯。

旁　白：经典浓香，杯杯关爱，真爱随心，浓香随性。南方黑芝麻糊爱心杯，爱相随。南方黑芝麻糊。

18.加多宝

男：怕上火，喝加多宝。全国销量领先的红罐凉茶改名为加多宝，还是原来的配方，还是熟悉的味道。怕上火，喝加多宝。

19.六个核桃

梅婷：六个核桃核桃乳，不仅好喝，丰富的核桃营养更有益大脑，经常用脑的要多喝。经常用脑，多喝六个核桃。

训练提示：饮料类广告应注意用声音塑造清爽、香甜等多种感觉。

稿件三　药品类

1. 葵花胃康灵

小年轻，老胃病。痛就吃药，不痛就停，那不行。盯住葵花胃康灵，治疗老胃病，按疗程服用。盯住他，吃完一疗程。葵花胃康灵，葵花药业。

2.毓婷

女人其实需要很多保护。有些保护他能给你；有的保护，毓婷才能做到。爱到忘情时，不要忘记，毓婷72小时紧急避孕。有爱有毓婷，紫竹药业。

3.999牌感冒灵颗粒

咱没有感冒药了。买西药，好得快；买中药，治本。西药快，中药好，西药快，中药好，西药快，中药好。中西结合999牌感冒灵颗粒。

4.999牌感冒灵颗粒

感冒的时候,人很难受,很虚弱,特别需要一个朋友在身边。999牌感冒灵颗粒,就是这样的朋友。那暖暖的一杯,不仅能让人摆脱困扰,更能给人一种温暖,就像朋友在身边,暖暖的很贴心。这样的朋友你也需要。999牌感冒灵颗粒,三九医药。

5.儿童咳液

(妈妈忧心忡忡 宝宝咳嗽声声)儿童咳液,清热润肺,祛痰止咳。宝宝不再咳,妈妈开心乐。儿童咳液,同仁堂国药。

6.贵州百灵金感胶囊

感冒小问题。金感胶囊,用于普通感冒、病毒性感冒,感冒不要小题大做。金感胶囊,贵州百灵。

7.哈药六牌钙加锌

妈妈都希望孩子强壮又聪明,我给他用哈药六厂钙加锌。钙锌同补,营养双吸收。补两样,只花一样钱。

8.藿香正气水

预防、治疗热伤风、中暑、肠胃不适,请用同仁堂牌藿香正气水。郊游、出差、居家,夏季必备。同仁堂,藿香系列用药,同仁堂国药。

9.急支糖浆

为什么追我?我要急支糖浆。止咳、消炎、化痰,我当然要它。急支糖浆,健康世界,太极无限。

10.葵花牌健儿消食口服液

孩子不吃饭,第三才是助消化。那第一第二呢?健脾第一,养胃第二,助消化第三。葵花牌健儿消食口服液,健脾养胃助消化,三效合一,妈妈记住哦。葵花药业。

11.葵花肺热咳喘口服液

小葵花妈妈课堂开课了。孩子咳嗽老不好,多半是肺热。用葵花牌小儿肺热咳喘口服液,清肺热,治疗反复咳嗽,妈妈一定要记住哦。葵花药业。

12. 999强力枇杷露

老公,咳嗽了,要喝999强力枇杷露,止咳很强力。强力止咳,认准999。

13.三九胃泰

妈妈说,胃难受的时候,要喝三九胃泰。三九胃泰,舒缓多种不适,胃舒服多了。小胃病,喝三九胃泰。

14.斯达舒广告

演戏用真心,做药用良心。好胃药,斯达舒,管用。胃痛、胃酸、胃胀、胃不舒服,别扛着,用好药,快用斯达舒,舒服。修正药,良心药、放心药、管用的药,修正药业。

15.同仁堂六味地黄丸

同仁堂六味地黄丸,千年古方,百年品质,滋阴补肾,犹如画龙点睛。百年品质,值得托付。同仁堂牌六味地黄丸,同仁堂国药。

训练提示:医药类广告注意用声音传达药品的可信度。

稿件四　酒类

1.五粮液王者风范酒

平静中蕴含澎湃的激情,弹指间启迪问鼎的谋略,感悟王者的豪迈,放眼王者的视野,品味王者的风范,王者风范,我们永恒的追求。王者风范酒,五粮液股份有限公司荣誉出品。

2.泸州老窖精品特曲

宝马中的宝马,汗血宝马;名剑中的名剑,干将、莫邪。名酒中的名酒,泸州老窖精品特曲。

3.稻花香

丰收是成功的喜悦,丰收是一生的托付,丰收是幸福的团圆,丰收是爱的延续,丰收是共赢的激情。稻花香,珍品一号。人生丰收时刻,稻花香。

4.洋河蓝色经典——梦之蓝

一个梦想,两个梦想,三个梦想,十三亿个梦想,一个民族的梦想。中国梦,梦之蓝。

5.茅台迎宾酒

相逢,人生的机缘;相识,人生的财富;相知,人生的感动。茅台迎宾酒,迎宾迎天下。

6.茅台王子酒

做事要出于心,做人要出于情,品酒要出自真正的名门。茅台王子酒,王子尊天下。

7.水井坊

水井坊,中国高尚生活元素。

8.扳倒井

澎湃于外,超然于内,悟道于心。人生多豪迈,中国扳倒井。

9.劲酒

健康的品质,健康的祝愿,健康的滋味。劲酒虽好,可不要贪杯哦。

10.青岛啤酒

青岛纯生,鲜活人生。

11.拉菲葡萄酒

尊贵传承,顶级傲视,拉菲埃尔威斯干红葡萄酒。

12.习酒

仁者乐山,大器如碑;君子之品,经典酱香。习酒窖藏1988。

13.贵州大曲

蕴藉五千年雅风灵韵,沉淀春去秋来的岁月累积。贵州大曲,贵州茅台集团扛鼎力作。

14.河套王酒

我只喜欢42°的阳光,我只喜欢42°的酒韵,我只喜欢42°的人生。天赋神韵,淡雅浓香。42°河套王。

15.十八酒坊

天赋其柔,地蕴其厚,醇柔典范,经典流传。醇柔典范,十八酒坊。

训练提示:酒类广告应注意用声音塑造出酒的品质。

稿件五 家居类

1.富得宝家具

贾静雯:我喜欢有创意的生活,生活不能平淡无奇,需要创意的调和。新的创意,心的优越。富得宝家具。

2.富邦玛凯龙家具

奢华是一种品位,价格是一种身份,用心感受奢华人生,品味不一样的细节之美。有选择才会生活,顶级家具富邦首选。

3.蒂森橱柜

爱上厨房,爱上蒂森橱柜。

4.斯可馨家具

范冰冰：称心、舒心、安心、放心，斯可馨表里如一，健康到家。只为健康生活，斯可馨家具。

5.虹桥家具

一个区域的家具，一个传奇的故事，一个畅销的品牌。虹桥椅家，椅统天下。

6.掌上明珠创意广告

费翔：我的舞台是全世界，我的心始终在家。以智慧演绎家具之美，掌上明珠家具。

7.韩丽橱柜

李冰冰：放大韩丽的精彩，感受韩丽的味道，演绎精彩人生，品味精致生活。

旁白：HANEX 韩丽橱柜。

8.掌上明珠家具

（女声）看着他整天忙碌地工作，为的就是让我们拥有一个温馨的家，家是我们梦想的开始。（男声）关于家的未来，你一定会有很多的畅想和疑问，什么样的家具最适合你，取决于家具的品质和服务，更取决于你的生活方式。在掌上明珠，我们带你找到答案。

9.科荣办公家具

巧妙的构思，跨时空的联想，流畅的曲线。科荣办公家具，办公环境提高效率。

10.红星美凯龙家具

大 S：选老公要挑，选家具我也很挑哦。

小 S：哪一样你不挑啊。

大 S：要挑风格，挑款式，挑颜色。要挑卖场，挑环境，挑服务。还要挑价格哦。

小 S：来到这还怕没得挑啊。

合：红星美凯龙，全球家居，品牌典范。

11.列维士家具

品味卓越，享受成功，列维士家具。

12.巴比伦阳台家具

探索阳光的奥秘，捕捉自然的精彩，经营家的蓝天。巴比伦阳台家具，每天都有好时光。

13.怡品源家具

出演角色我很慎重,选择它更要百里挑一。我看中外形,当然内在也很重要,家住久了才知道,它是真的好,怡品源家私值得我一生托付。怡品源家私,全身为家。

14.欧瑞家具

(男声)看,餐台我选的。(女声)哼,今年最新设计的椅子,我选的。(男声)茶几,我选的。(女声)舒服吧,沙发,我选的。(男声)全都是欧瑞家具,我选的。(女声)你是我选的。(浑厚男声)时尚空间,写意生活,欧瑞家具。

15.双虎家私

生活中有一种关怀,相依相伴;有一种品质,恒久不变。双虎家私,精心细作,始终如一,给爱家爱生活的你。中国驰名商标,双虎家私名品。

16.双叶家私

作为男人,父亲说要成功,母亲说要实在,妻子说要浪漫,我做到了,双叶也做到了。双叶家具。

17.掌上明珠家具

爸,你别忙了,一会我来。(女声配音)终于有了新家,爸爸总是放心不下,不经意间想起从前,当时最美的记忆,莫过于爸爸为我买的第一台电视,感觉我是最幸福的孩子,他总是给我最好的,却常常忘了自己。(女孩声音)爸!(女声配音)小时候我们是父母的掌上明珠,现在父母是我们的掌上明珠。(男声配音)有家就有掌上明珠。掌上明珠家具。

18.圣奥家具

一杯咖啡98,品位无价;一支球杆8000,健康无价;一份合约6000万,友情无价。工作有价,享受无价。让工作成为一种享受,圣奥办公家具。

19.蓝鸟家具

姥姥结婚的时候用蓝鸟家具,妈妈结婚的时候也用蓝鸟家具,大家都羡慕她。妈妈说,踏实幸福的感觉,时代在变,蓝鸟品质不变。我要结婚了,还是选蓝鸟家具。大品牌,好品质,蓝鸟家具,中国驰名商标。

训练提示:家居类广告配音应注意用声音塑造居家的幸福感。

稿件六　　金融类

1.中国民生银行

我,喜欢笑。这不仅是对自己的犒赏,也是给别人最好的礼物。

2.招商银行

新的一年,因您而变得更美好。招商银行,因您而变。

3.招商银行

当您在享受温馨时刻,市场的方向正瞬息万变。我们对您的财富管理从未停止,金葵花理财,关注您所关注。

4.招商银行

是伙伴,点亮我的梦想。招商银行助力贷,中小企业的合作伙伴!

5.招商银行

你的信用卡有五个保镖吗？招商银行信用卡,五重安全,刷卡无忧!

6.浦发银行

新思维,心服务,浦发银行。

7.中信银行

信念,让热情永不止息;信赖,让托付恒久不变;信心,让梦想终将实现。中信银行。

字幕:信念、信赖、信心

8.中信银行

支持的力量,中信银行。

字幕:支持,起跑的力量。支持,跨越的力量。

9.中信银行

2008,我还不能上场,但场下,我一样能做得很好!中国,加油!中信银行,给您支持的力量。

字幕:加油,2008,实现冠军梦想。

10.中信银行

我用心服务,我真诚奉献。共铸诚信,用心奉献,中信银行。

11.中国农业银行

大行德广,伴您成长。

12.中国农业银行

总有别人不曾攀越过的山峰,总有别人不曾走过的路,总有别人不曾看过的风景,总有别人不曾拥有的收获。大行德广,伴您成长,中国农业银行。

13.中国工商银行

中国工商银行,让希望与您更近。

14.中国工商银行

八十年叶茂根深,造福于国计民生。

15.广州商业银行

政府的银行,市民的银行。

训练提示:金融类广告配音应注意用声圆润大气,具体要求应根据广告词而定。

稿件七 房地产类

1.瑞元大厦

热烈庆祝瑞元大厦荣获2007年延吉房地产"最佳精品楼盘"。瑞源品质,值得信赖。市中心区亲水景观公寓,瑞元大厦C座,全面发售。

2.西郡名苑

首创延吉水景长街,法兰西皇家园林社区,一路的人文风景,一路的法兰西风情,尊贵、奢华、彰显身份。一处音乐喷泉广场,一处法国风情水街,共同融汇了8万平方米法国国家园林景观社区。入主西郡名苑,感受皇家园林生活区,瑞源地产荣誉出品,西郡名苑。

3.世茂外滩新城

相遇是上天给我们选择的缘分,相知是我们给自己选择的迁移,相伴是岁月给所有人选择的承诺。璀璨丽江,溢彩之城,世茂外滩新城,0255—8828888。

4.南宜地产

(汶川地震2008年5月12日14时28分)如果当时是这样,能挽回多少无辜的生命。为您打造一个安全的家,南宜地产一直在努力。

5.翰林华府

或许,你不会理解如何去寻找一件艺术品;或许,你一生都在寻找人生的真谛,但不一定能找到值得你欣赏的房子。别样的房子,住于心,看得见的大宅生活,看不见的上流社区,到大环境中找你的房子。翰林华府,西大江畔精工大宅。

6.俊杰华府

俊杰华府,北海大道核心领地,典层金品,元旦荣耀登场。俊杰华府。

7.T、N、L Touch New Life

触摸,新生活。

8.沈城首席双语社区

沈城首席双语社区,龙净都市晨光,你在寻找一个舒适的社区,我们在实现千万个人的梦想:"把最好的户型送给妻子、孩子,是我的自豪,能够让小孩子从小就接受国际双语教育,让我非常安稳。""挽着老公的手散步,看着孩子在天然的园区里健康成长,我感到很幸福,最主要的是在每天的散步中,孩子可以自然地学习英语,这让我非常欣慰。"沈城首席双语社区,龙净都市晨光。

9.佳兆业中心

告别一个时代,迎来一个中心。2010,佳兆业中心,以世界仰望的高度,树立一个无与伦比的都会地标综合体。会聚全球顶尖风尚,真正国际生活城,于此完美演绎。CBD地标综合体,佳兆业中心。

10.宜兴碧桂园

五星级的家——碧桂园,首次进驻宜兴,为成功人士建造好的生活社区。精心选取宜兴潜力地段,20分钟畅达市区,陵阳山当度假区,拥山临湖,生活在花园里,规建星级会所、无边际园林泳池、风情商业街等配套。精心打造全石材雕花立面钻石墅、西班牙双拼美墅、全湖景电梯洋房,更有国家一级资质物业服务,就像匹配24小时的尊贵管家。多年努力奋斗,当然是好好享受生活,大品牌,值得等待。碧桂园,给你一个五星级的家。

11.乐昌碧桂园

买房,如同寻找终身伴侣,好房子是可以相伴一生的幸福。乐昌至高品质生活社区,乐昌碧桂园,值得拥有。碧桂园11年地产智慧精心打造,位处乐昌行政中心发展新区,快捷接驳广乐高速、武广专线,靠山面江,独享两公里长的万亩翠林。社区建造乐昌最好的五星级标准酒店,拥有数千坊商业街和大型超市,引入优质教育资源,具备国家一级资质的物业管理公司提供24小时保安。酒店式社区物业服务,家政、园林维护……盖精装美墅洋房的高标准产品,物超所值,专为乐昌成功人士而建造。乐昌碧桂园,给您一个五星级的家。

12.碧桂园

每个人都有父母,每个人都离不开父母的呵护照顾,每个人的健康成长都有父母的精心付出。"长大了,我要送一个五星级的家给爸爸妈妈。"(孩子说的话,声音稚嫩)碧桂园,给您一个五星级的家。

13.南国奥林匹克花园

生活激情高尔夫,南国奥林匹克花园。

14.国泰四季花城

国泰四季花城,60万平方米双景观榜样社区,紧邻巴彦淖尔市政府,雄踞巴市未来核心,紧邻400亩市民广场,直面330亩河套公园,地理位置得天独厚。100亩城市街心公园东西贯穿,休闲娱乐、办公、购物等完善的商业配套,让生活轻松便捷。国泰四季花城以高贵典雅的品质特征,打造临河首席北欧风情建筑,用桃园、柳园、杉园、梅园四大主题命名,构成春、夏、秋、冬四大主题园林区块,为您编织360度生活集锦。巴彦淖尔市宾馆作为国泰四季花城的尊荣会所,给您一个五星级的家。花城专线:0478—8208855、8252225。国泰四季花城。

15.四季花城万米钟晴翠园

城南绿色高尚社区——四季花城万米钟晴翠园,大型保健泳池,卓越空间,舒展身心,户户空中花园,成功自有非凡处,四季花城。

16.花城四期

四季是温馨的,风景是永恒的,凭水而居,人性空间。万科四季花城,艾西湖畔千亩大型生态社区,产品全面升级。花城四期,即将开盘。

训练提示:房地产类广告配音多数要求用声浑厚大气。

稿件八 汽车类

1.讴歌 MDX

你有两种选择,改变道路,或者,换一种SUV。ACURA mdx配备超级四轮驱动的自由控制系统,用大胆突破的动人外观,仪表纷繁,表里如一。

2.丰田凯美瑞

更多安全,更显从容。08款CAMRY载誉登场,CAMRY为您成就卓越。广汽TOYOTA。

3.奥迪 A6L

创想改变未来,全新奥迪 A6L。

4.福田拓路者

拓路者,北京福田汽车。

5.新途胜

每一个印记,都是一种荣耀。新途胜,以质取胜,北京现代。

6.宝马 7 系

字幕:平衡,用以衡量,掌控自若。

画外音:全新宝马 7 系,唯一衡量,全局在握。

7.北京现代途胜

启程尽情看,奔腾吧,自由本能,途胜。

8.TOYOTA 皇冠

字幕:亦刚亦柔故凝练,亦静亦动故自信,亦简亦繁故包容,知性演绎人生。

人声:crown 皇冠,一汽 TOYOTA。

9.宝马 3 系

是什么,成就了王者?是平衡,是力量,是灵动,更是自始至终的激情。新宝马 3 系,擎动,心动。

10.宝马之悦

我们制造汽车,更创造无限激情。让灵感天马行空,将梦想化作现实。我们以创新定义未来,赋予科技情感,让每一次的体验,都带来心灵的感动。宝马之悦,缔造乐趣,分享感动。

11.奔驰 C 级轿车

人生就是一个不断超越的过程。超越已有的高度,超越过去的成就,直到超越那一个个曾经完美的自己。这时的你,才是真正强大的你。新一代梅赛德斯奔驰 C 级轿车。

12.BUICK 别克

心静,思远,志在千里,别克。

13.BUICK 君越

体验超越,别克 LACROSSE 君越。

14. 超越完美 新一代奔驰 C 级轿车

人生,就是要突破自我。激发最强的自己,不靠运气,只靠实力。争取胜利,每一步,超越他人,更超越自己,挑战自我,超越完美。新一代梅赛德斯奔驰 C 级轿车,驾驶挑战赛正在招募中。

15. 宝马系

当尊崇成为标准,当气度成为高度,当前行成为品行,当引领成为习惯宝马 7 系。

16. 新迈腾

对白:喂,到哪里了?

男:马上就到。

女:快点,到了。

女:爸爸!

男配:全新一代迈腾,傲然登场。Das Auto 一汽大众。

17. 雪弗兰景程

奢华是装饰的,舒适是真实的。十五项高端配置,自信体验真实的舒适。新一代中级车,雪弗兰景程,自信如我。

18. 雪弗兰景程

空间是形式的,感受是真实的。2700 超长轴距自信感受真实的宽广,新一代中级车雪弗兰景程,自信如我。

19. 大众朗逸

我没有披风,我也不会飞,我更没有拯救过世界。但我相信,每一个超越昨天的人都是超人。

孩子:爸爸,今天你是第一名。

画外音:全新朗逸,心强,自锋芒。Das Auto。

训练提示:汽车类广告配音一般两种要求:一种是动感,另一种是稳健。

思考与练习:

1 什么是广告配音?

2 广告配音的功能有哪些?

3 广告配音与新闻播音的区别有哪些?

4 广告配音的根本诉求是什么?

参考文献

1. 林洪桐.表演影视手册[M].北京:中国电影出版社,2007.
2. 王淑炎,林通.影视演员表演技巧入门[M].北京:中国广播电视出版社,1998.
3. 关瀛.演员创作素质训练[M].北京:中国戏剧出版社,2005.
4. 崔新琴,霍璇.影视表演艺术与演员的培养[M].北京:中国戏剧出版社,2005.
5. 林洪桐.表演应试手册——芝麻芝麻把门开[M].北京:中国电影出版社,2007.
6. 罗莉.文艺作品演播[M].北京:中国传媒大学出版社,2003.
7. 林洪桐.表演艺术教程——演员学习手册[M].北京:中国传媒大学出版社,2000.

后　记

播音主持艺术是实践性非常强的语言艺术,随着时代的变迁,语言的发展更是日新月异。以往的教材以媒体作为介质的较多,如《广播播音主持教程》《电视播音主持教程》《电视新闻播音主持教程》等。如今,除了传统的广播电视以外,又出现了新媒体。本书的编写源于我们在教学改革探索时的思考,源于围绕播音与主持艺术专业基本能力,即"播、说、诵、演"能力训练时没有合适教材的苦恼。于是,我和我的同事们便集思广益、群策群力地开始了编纂工作。在我们的共同努力下,"播音主持实务教程"终于问世了。这其中既有积极的探索,又有辛勤耕耘,也有收获的喜悦和些许的遗憾。

《演播实务教程》重点编写了演播课程的教学内容。每一单元包括"理论概述""示例分析"和"训练稿件"三个板块,既有理论讲解又有训练材料。本书提供的大量训练材料都来源于国内主流媒体近几年播出的节目。本书是在我们使用多年的讲义的基础上,经过多轮课程实验又修改补充后才呈现给大家的。遗憾的是,由于编者水平有限,疏漏在所难免,欢迎专家和同行对本书多提宝贵意见,对此我们将不胜感激。

本册的编写具体分工如下:表演基础训练由夏凡斐、李杨撰写,广播剧演播由王海燕撰写,影视剧配音由王海燕、张树楠撰写,小说演播由张树楠撰写,电视纪录片解说由王海燕、匡素萍撰写,广告配音由张树楠撰写。

书稿结成,心中万千感慨最终化为两个字:感谢。感谢我的恩师、中国传媒大学博士生导师曾志华教授欣然作序!感谢山东青年政治学院播音与主持艺术专业的创办者武传涛教授!感谢我的同事们的鼎力配合!感谢学院领导对我们的一贯支持!感谢出版社给我们提供的机会!

感谢岁月,感谢这个世界的春夏秋冬,让我们在前行的路上能够感到温暖;感谢生活和时间,让我们在这个夏天成长蜕变。

王海燕

2017 年 6 月于济南静心斋

图书在版编目(CIP)数据

演播实务教程 / 王海燕总主编. —北京:中国传媒大学出版社,2017.10
(播音与主持艺术专业"十三五"规划教材 播音主持实务教程)
ISBN 978-7-5657-2025-3

Ⅰ.①演… Ⅱ.①王… Ⅲ.①播音—语言艺术—高等学校—教材
②主持人—语言艺术—高等学校—教材 Ⅳ.①G222.2

中国版本图书馆 CIP 数据核字(2017)第 113550 号

演播实务教程
YANBO SHIWU JIAOCHENG

总 主 编	王海燕
副总主编	尹 航 许 浩
策划编辑	赵 欣
责任编辑	赵 欣 张 笛
特约编辑	高卓毓
责任印制	曹 辉
封面设计	拓美设计
出版发行	中国传媒大学出版社
社 址	北京市朝阳区定福庄东街1号 邮编:100024
电 话	86-10-65450528 65450532 传真:65779405
网 址	http://www.cucp.com.cn
经 销	全国新华书店
印 刷	北京玺诚印务有限公司
开 本	787mm×1092mm 1/16
印 张	13.5
字 数	277 千字
版 次	2017年10月第1版 2017年10月第1次印刷
书 号	ISBN 978-7-5657-2025-3/G·2025 定 价 38.00元

版权所有 翻印必究 印装错误 负责调换